中国发展研究基金会
CDRF
China Development Research Foundation

中国儿童发展报告2023

促进农村儿童高质量发展

中国发展研究基金会 著

中国发展出版社
CHINA DEVELOPMENT PRESS

图书在版编目（CIP）数据

中国儿童发展报告. 2023：促进农村儿童高质量发展 / 中国发展研究基金会著. —北京：中国发展出版社，2023.9
ISBN 978-7-5177-1386-9

Ⅰ. ①中… Ⅱ. ①中… Ⅲ. ①少年儿童—研究报告—中国—2023 Ⅳ. ① D432.5

中国国家版本馆 CIP 数据核字（2023）第 167966 号

书　　名：中国儿童发展报告 2023：促进农村儿童高质量发展
著作责任者：中国发展研究基金会
责 任 编 辑：吴　佳　王海燕
出 版 发 行：中国发展出版社
联 系 地 址：北京经济技术开发区荣华中路 22 号亦城财富中心 1 号楼 8 层（100176）
标 准 书 号：ISBN 978-7-5177-1386-9
经　销　者：各地新华书店
印　刷　者：北京博海升彩色印刷有限公司
开　　本：889mm × 1194mm　1/16
印　　张：12.75
字　　数：300 千字
版　　次：2023 年 9 月第 1 版
印　　次：2023 年 9 月第 1 次印刷
定　　价：88.00 元

联 系 电 话：（010）68990625　68360970
购 书 热 线：（010）68990682　68990686
网 络 订 购：http://zgfzcbs.tmall.com
网 购 电 话：（010）88333349　68990639
本 社 网 址：http://www.develpress.com
电 子 邮 件：15210957065@163.com

《中国儿童发展报告2023》课题组名单

顾　问：

卢　迈　中国发展研究基金会原副理事长

蔡建华　中国发展研究基金会儿童发展研究院高级顾问

项目负责人：

方　晋　中国发展研究基金会副理事长兼秘书长

项目协调人：

杜智鑫　中国发展研究基金会儿童发展研究院副院长

主报告作者：

李　实　浙江大学共享与发展研究院院长、教授

汪三贵　中国人民大学教授

背景报告作者：

王振耀　北京师范大学中国公益研究院院长

韩凤芹　中国财政科学研究院研究员

霍军生　中国疾病预防控制中心营养与健康所研究员

李敏谊　北京师范大学教授

李兴洲　北京师范大学教授

王春超　暨南大学教授

杜智鑫　中国发展研究基金会儿童发展研究院副院长

李雨童　中国发展研究基金会儿童发展研究院项目主任

赵　航　中国发展研究基金会儿童发展研究院项目主任

郑云蔚　中国发展研究基金会儿童发展研究院项目副主任

项目执行人：

郑云蔚　中国发展研究基金会儿童发展研究院项目副主任

李雨童　中国发展研究基金会儿童发展研究院项目主任

序 言

党的二十大做出了推动中国式现代化建设的重大战略部署。中国式现代化不仅呼求“物”的现代化，更对“人”的现代化提出期许。儿童是民族的希望，国家的未来。儿童作为全生命周期的第一阶段，决定着人生后续各个阶段的发展与提升。改革开放40余年所激发的经济、社会进步一方面为农村儿童发展积累了大量人力资本，并创设了越来越优良的条件，另一方面也为农村儿童高质量发展提出了更多的问题与挑战。今天的农村儿童都将在2050年之前进入劳动力市场，并成为经济发展和社会进步的建设者和贡献者，彼时的他们建设国家、社会和获得个人幸福的能力将在相当程度上取决于当下他们所接受的养育、营养、保护和教育条件。因此，可以肯定地说，农村儿童的高质量发展将是推动实现中国式现代化宏伟蓝图的奠基石。《中国儿童发展报告2023：促进农村儿童高质量发展》的主要目的就是将推进中国式现代化提出的重大战略部署落实到农村儿童发展领域。报告通过综合最新儿童发展理论研究，梳理近年来中国农村儿童发展的现状、问题和趋势，通过有力的数据、实例和国内外经验，为农村儿童的高质量发展政策制定提供了科学建议，以期为实现中国式现代化贡献力量。正如报告中所提出的美好愿景：2035年城乡之间儿童教育机会会更加均等，教育质量和健康水平的差异会有明显的缩小，农村儿童发展将达到很高水平，不仅要与城市儿童基本持平，而且要追上发达国家的水平。农村儿童不仅“幼有所育”，而且要有更加科学的、水平更高的养育条件和方式；不仅“学有所教”，而且享有优质的教育资源；不仅“弱有所扶”，而且儿童的权利和发展得到全面保障。

本报告的完成，得益于课题组的全力投入和辛勤工作，以及多位专家学者、中国发展研究基金会工作人员、志愿者和社会各界人士的大力支持。感谢李实教授与汪三贵教授两位主报告作者。他们作为各自领域里的知名专家，不仅对儿童发展的各个侧面有长期、深入的观察与研究，同时还能够深入浅出地将复杂的理论和现实实践转化为易于理解接受的研究成果。他们为报告提供了重要的智力支持，也展示了严谨的态度和认真负责的精神。我也要特别感谢中国发展研究基金会原副理事长卢迈和儿童发展研究院高级顾问蔡建华，他们为报告的写作积极献计献策，以深厚的理论素养和长期积累的政策经验，确保了报告的深度和质量。

为了使报告的分析具有坚实的基础和广阔的视角，基金会先后召开了多次专家座谈会和报告讨论会，并委托多个跨学科领域的专家撰写了 8 份背景报告。这些背景报告及作者分别是：《农村地区 5 岁以下儿童营养健康发展背景报告》（霍军生）、《农村学前教育的发展》（李敏谊）、《中国农村义务教育发展中的问题和政策设计》（王春超、王珧）、《农村中等职业教育的发展》（李兴洲）、《农村儿童发展投入现状分析》（韩凤芹、曹蕊、李丹、张宇暄）、《构建多主体共同参与的农村儿童保护体系》（王振耀）、《农村婴幼儿家庭照护情况》（杜智鑫、李雨童、郑云蔚）、《营养改善计划助力农村儿童健康发展》（赵航、杜智鑫、常成）。这些座谈会和背景报告中的很多研究资料和建议已经被本报告采纳，在此表示衷心感谢。

中国发展研究基金会的同事把推动中国儿童发展作为自己的志向和事业，为此兢兢业业投入并努力完成报告各项工作。儿童发展研究院副院长杜智鑫带领团队出色地完成项目的策划、组织和写作工作。郑云蔚、李雨童很好地完成了项目具体的组织工作，同时还承担了召开研讨会、辅助研究和报告编辑完善及后勤工作。儿童发展研究院许多同事参加了报告各章节的修订工作：杜智鑫（第一章、第十章、第十一章），刘蓓（第二章），郑云蔚（第三章），段天雪（第四章），赵航（第五章），史丽佳（第六章），赵春霞（第七章），摩瑟伊萝（第八章），刘鹏（第九章）。国际交流部的吴巍为课题经费筹措做出了贡献。

滨州士平公益基金会、中国儿童发展基金、中诚信托有限责任公司为本报告的撰写提供了慷慨资助。

最后，值此报告出版发布之际，再次感谢所有支持本报告的各位朋友们，你们的支持和鼓励让我们有能力完成这项重要的工作。未来我们将一如既往地致力于儿童发展事业的研究、呼吁和推进，为每一个孩子创造阳光起点，让报告提出的中国式现代化和儿童发展美好愿景早日实现！

中国发展研究基金会副理事长兼秘书长 方晋

2023 年 4 月 16 日

目 录

第一章

导　论

党的二十大召开标志着中国经济社会发展进入一个新阶段。党的二十大报告提出走中国式现代化的发展道路，在 21 世纪中叶建成社会主义现代化强国这一宏伟目标。实现中国式现代化需要探索不同路径，需要体制机制创新，需要提高全体人民的发展能力和创造力。当前中国仍处在经济社会发展不平衡和不充分阶段，实现中国式现代化需要从解决实际问题入手，坚持高质量发展，提高社会财富创造和积累，以缓解发展不充分的矛盾；坚持社会公平正义，实现均衡发展，以缓解发展不平衡的矛盾。

中国式现代化是“物”的现代化，更是“人”的现代化。全体人民的全面发展既是中国式现代化的出发点，又是其落脚点。人的全面发展需要落实到每个人全生命周期的不同阶段，儿童成长时期是全生命周期的起始阶段，又是最关键的发展阶段。对于个人来说，儿童时期所具有的发展机会和条件，形成的发展能力影响着其成年后的发展能力和生活水平与质量；对于国家来说，儿童高质量发展是国家实现可持续发展和现代化目标的根本所在。总而言之，没有儿童的高质量发展就不能推进长期可持续发展的进程，也不可能建成现代化国家。

党的二十大报告提出全面推进乡村振兴，扎实推动乡村产业、人才、文化、生态、组织振兴。同时提出“科教兴国、人才强国”战略，将教育、科技、人才作为全面建设社会主义现代化国家的基础性、战略性支撑。这些战略部署需要落实到各个发展领域，包括儿童发展领域，特别是农村儿童发展领域。近期一些政府部门正在采取行动，如国家卫生健康委员会、国务院妇儿工委办公室、国家乡村振兴局共同启动“助力乡村振兴战略——基层儿童早期发展”项目。该项目总体目标是要在基层推广促进婴幼儿早期发展的技术和方法，以婴幼儿营养、喂养和回应性照护为重点，增强婴幼儿养育人养育照护知识和技能，促进婴幼儿早期发展，提高人口素质，助力乡村振兴，推动共同富裕。这将会在很大程度上影响中国农村儿童发展的未来前景。

当前中国农村儿童发展状况从不同层面反映了当前中国社会发展的不平衡不充分问题。从不平衡的角度来看，农村儿童发展滞后于城市儿童，属于弱势和需要重点关注的人群；从不充分的角度来看，农村儿童发展是社会发展各个方面中的短板，是最需要加大力度扶持的方面。因此，在大力推进中国式现代化进程中，农村儿童优先发展应该是一种战略选择。

一、农村儿童高质量发展的迫切性

在推进中国式现代化进程中要把儿童高质量发展放在优先的位置。在当前背景下，中国儿童发展中最值得关注的是农村儿童发展问题。没有农村儿童的高质量发展，就没有中国儿童的全面发展，就没有乡村的高质量发展，就无法实现乡村振兴和中国式现代化的发展目标。

促进人的全面发展是马克思主义的根本宗旨①，也是中国共产党人长期坚持的发展方向。人的发展的基础是儿童发展。儿童时期是人的生命周期中的第一阶段，也是最为关键的阶段，儿童时期的发展决定着人生的后续各个阶段发展能力的提高。在乡村振兴的背景下，农村儿童发展的重要性不言而喻。现在农村儿童的发展水平不仅决定着未来新型农民的素质和能力，影响他们的生活水平和幸福感，而且是高质量全面推进乡村振兴战略的基础和条件。现在农村的绝大多数儿童在 2050 年之前都会进入劳动力市场，都会成为社会财富的创造者和贡献者，他们的能力和创造力很大程度上来自于他们所受的教育、获取的人力资本以及在儿童早期阶段受到的家庭和社会环境的影响。因此，可以肯定地说，儿童获得充分良好的成长环境和发展条件，形成高水平的认知能力和非认知能力将是中国乡村振兴成功的关键。特别是儿童早期发展对于中国经济社会的未来发展具有重要意义（World Bank，2011）。而且，乡村振兴的根本目的是促进农民农村的共同富裕，促进全体农民的全面发展，由此可以认为儿童发展能力的提升应是乡村振兴成功的标志性成果之一，也体现了农村基本公共服务的可及性和水平及人的发展能力的提升。从中国发展的大背景来看，儿童的高质量发展将是中国经济高质量发展和实现中国式现代化的奠基石。

长期以来中国一直重视儿童发展问题，在促进儿童发展方面做出了值得称赞的成绩，农村的儿童发展也取得了巨大的进步。特别是随着中国农村绝对贫困的消除和农民收入水平的提高，农村儿童的营养状况得到了根本性改善。正如一项农村儿童营养评估报告所显示的，与 2012 年相比，2020 年农村 15 岁男女生身高分别提高了近 10 厘米和 8 厘米，学生的体质健康合格率从 70.3% 提高至 86.7%，营养不良率从 20.3% 下降到 10.2%，贫血率由 19.2% 下降到 9.6%（中国发展研究基金会，2021）。这些指标显示了农村儿童健康水平的大幅度提升。与此同时，农村儿童受教育机会和水平也有明显提高，其中最大的进步是农村学前教育的快速发展。自 2010 年以来，中国农村学前教育事业获得了长足发展。从 2010 年到 2019 年，农村幼儿园数量从 58684 所增加至 101447 所，增加近 1 倍，特别是西部地区，农村幼儿园数量从 16318 所增加至 40264 所，增加近 1.5 倍（李敏谊，2021）。

① 马克思、恩格斯在《共产党宣言》中指出：代替那存在着阶级和阶级对立的资产阶级旧社会的，将是这样一个联合体，在那里，每个人的自由发展是一切人的自由发展的条件。

但是应该看到，由于整体社会经济发展不平衡，儿童发展也存在较为突出的不平衡性。儿童发展在城乡之间存在较大的差距，农村儿童发展不足的问题已成为中国儿童发展中的短板，而一些边远落后农村地区的儿童发展问题更是短板中的短板（中国发展研究基金会，2022）。实现农村儿童更高水平的发展和能力提升，既是推进乡村振兴的应有之义，又为乡村振兴战略的顺利实施和目标实现提供了人力资源基础。一些国际经验表明，儿童发展对于现代化建设具有长期的促进作用，对于提升农村劳动力素质和能力具有决定性作用（Heckman，2005）。一些国际经验进一步表明，没有全体儿童的充分全面发展就没有人的全面发展目标的实现，就不可能实现现代化。一个国家的现代化首先是人的现代化，人的现代化首先是儿童的发展，是儿童发展潜力的最大释放。

二、农村儿童高质量发展对于乡村振兴的意义

党的十九大报告首次提出了实施乡村振兴战略。2018 年 9 月，中共中央、国务院印发了《乡村振兴战略规划（2018—2022 年）》，提出到 2035 年和 2050 年的目标。到 2035 年，乡村振兴取得决定性进展，农业农村现代化基本实现。农业结构得到根本性改善，农民就业质量显著提高，相对贫困进一步缓解，共同富裕迈出坚实步伐；城乡基本公共服务均等化基本实现，城乡融合发展体制机制更加完善；乡风文明达到新高度，乡村治理体系更加完善；农村生态环境根本好转，生态宜居的美丽乡村基本实现。到 2050 年，乡村振兴，农业强、农村美、农民富的愿景全面实现。党的二十大报告进一步提出全面推进乡村振兴。坚持农业农村优先发展，坚持城乡融合发展，畅通城乡要素流动。加快建设农业强国，扎实推动乡村产业、人才、文化、生态、组织振兴。

乡村振兴是为了人民，是为了实现全体农民的共同富裕和全面发展，乡村振兴更要依靠农民，全体农民积极参与到乡村振兴的实践中，发挥聪明才智，勤劳创新，创造更多的社会财富，为乡村振兴做出贡献。在推进乡村振兴中农民发展能力的提高，人才振兴是关键。只有农民发展能力不断提高，不断产生人才和引进人才，才能与乡村振兴形成一种长期的、可持续的、良性的相互促进关系，一种内生的发展机制。

农村儿童发展与乡村振兴都是经济发展中的长期问题。农村儿童发展对于乡村振兴战略目标的实现具有长期的、持续的影响，农村儿童发展的水平和质量决定着未来乡村振兴战略的成败。乡村振兴战略的成功和目标的实现离不开劳动力素质和劳动生产率的提高，离不开农村人才振兴，而在乡村振兴和劳动力能力提高及人才振兴的相互促进的发展链条中儿童发展起到基础性、决定性、长期性作用。

1. 人的全面发展是乡村振兴的理论基础

乡村振兴是为了农民农村的共同富裕，是为了建设人与自然和谐相处的环境，是为农民建设更加美丽的幸福家园。说到底，乡村振兴的根本目的是为了人民，为了农民，是为了实现全心全意为人民服务这一中国共产党人的根本宗旨。人的能力提高不是自然而然的过程，它是以物质丰富为基础，以人的身心健康为条件，以创新型教育体系为助力，以优美的环境为保障，以和谐社会环境为支撑。

实现人的发展需要人力资本投资。现在人力资本投资理论认为，人具有多种潜在的能力，这些潜在能力转化为实际的能力，需要家庭和社会资源的投入，包括人力和物力的投入。这种投入又被称为人力资本的投资，经过投资后提高的能力被称为人力资本。人力资本不仅能带来个人和家庭的经济收益和非经济的收益，也会产生社会效益，有益于劳动生产率的提高和社会进步。人力资本理论还认为，对一个人一生的不同阶段进行投资，获得的个人收益和社会收益是有差异的。正如詹姆斯·赫克曼（James Heckman）的研究结果表明，在儿童早期阶段进行投资是收益最高的，而随着年龄的上升，人力资本投资的收益是不断下降的（Gertler，Paul et al.，2014）。因此，儿童发展需要人力资本投资，需要家庭和父母的付出，需要社会的关爱和帮助，需要政府的参与、干预和支持。

2. 儿童的全面发展是人的全面发展的前提

人的发展具有生命周期的连续性，没有儿童时期充分和全面的发展，青年时期的发展会受到严重的制约。现代人力资本理论认为人在儿童阶段的认知能力和非认知能力，除了受到遗传的影响外，更多地受到家庭环境，邻里关系，社会环境和政府公共政策的影响（Heckman，Rubinstein，2001）。中国的发展经验也表明了这一点。在计划经济制度下，农村教育发展滞后，尤其是学前教育几乎一片空白，即使到了改革开放以后农村学生在升学、就业等方面还是远远落后于城市学生。到了改革开放时期，由于没有消除城乡分割的状态，没有及时进行优质教育资源的均衡配置，没有及时弥补城乡教育质量的差别，导致现在农村劳动力在就业和职业选择上处于不利地位。

3. 儿童人力资本投资是乡村振兴的长期驱动力

提高农村儿童的发展能力，缩小城乡儿童发展能力的差别需要加大对农村儿童人力资本的投资，特别是对儿童教育、健康的投资。人力资本的投资不仅有助于提高农村儿童的发展环境和条件，也会提升农村公共服务水平，促进农村产业发展。发展社会事业、改善民生和提高农民的获得感和幸福感将是乡村振兴战略的重要任务，其中发展高质量教育和建设更加有利于儿童健康的医疗保障和卫生服务体系又是中心任务。与城市相比，农村儿童事业发展较为落后，需要大量投资用于改善农村公共服务的基础设施[①]，用于吸引更多的专业技术人员，引进更先进的技术设备，等等。这些投资同时也会带动农村经济发展，助力推进乡村振兴。

4. 农村儿童发展的制约因素

我国农村儿童发展能力相对于国家的总体发展水平而言是滞后的，相对于城市儿童来说更是明显滞后。一些儿童发展的指标显示，相对于城市儿童的发展水平，农村儿童的发展水平要滞后5 ~ 10年。这有历史的原因，也有现实的制约因素，需要对一些主要的制约因素加以分析和化解。

第一，对儿童发展的重要意义缺乏充分的认识。在过去相当长一段时期中，社会发展理念就是创造财富，重视经济发展和物质生产，忽视了人的发展，更忽视了儿童发展，尤其是轻视了儿童早期发展的重要性。这使得社会资源集中投入经济发展领域，用于生产建设投资，对教育和健康的投入相对较少，影响了教育和卫生健康事业发展，进而影响到儿童发展。近年来，儿童发展事业相对滞后的局面有所改善，但是儿童优先发展的观念并没有形成。

第二，在有限的用于儿童发展的资源中，以城市优先为导向的资源配置造成了农村儿童发展所需的资源严重不足。农村的发展水平明显落后于城市，农村居民的收入水平也是明显低于城市居民。在这种情况下，农村儿童想要得到与城市儿童相同的发展条件，必须对农村儿童提供更多的公共资源，而实际情况并非如此。众所周知，农村教育的软硬件都落后于城市，农村的医疗资源也落后于城市。这种状况制约了农村儿童的超越式发展。

第三，儿童早期发展离不开家庭的养育条件。从儿童的生长环境和家庭的养育条件来看，儿童家庭的经济状况、父母的受教育水平和育儿知识等都是儿童早期发展中至关重要的因素。相比来说，农村在这些方面显然不如城市。这进一步造成了农村儿童在成长起点上就已落后于城市儿童。特别是在城乡分割的背景下，大量农村劳动力到城市打工，导致不少农村儿童与父母分离，成为留守儿童，给儿童身心健康带来或多或少的不利影响，而且这种影响也许会伴随其一生。

第四，农村缺少有利于儿童发展的社区环境。在大量农村劳动力外出打工就业的情况下，农村老、幼、病、残成为主要人群。儿童在这种生活环境中，小伙伴关系会淡化，交际能力得不到培养，在一定程度上会影响他们非认知能力的提高。

第五，农村没有形成一种儿童发展的制度体系，资源投入不足。儿童发展是一个长期的过程，涉及儿童成长的不同阶段；又是一个全局性的问题，涉及儿童发展每一个阶段的不同维度。因此，促进儿童发展是一个系统过程。从儿童发展的不同阶段来看，有婴幼儿时期、学前教育时期、义务教育时期、高中教育时期，每个时期有不同的需求，需要不同的投入。从不同维度

① 韩凤芹、曹蕊、李丹等,《农村儿童发展投入现状分析》，背景报告。

来看，儿童成长有营养的需求，有教育的需求，有身体健康的需求，有心理健康的需求，等等，这些需求也需要不同的投入。因此，解决儿童发展不同阶段中不同方面的需求需要建立一个系统的制度体系，以及一套行之有效的政策体系。

儿童发展是一个长生命周期的发展过程。对于儿童发展的不同时期来说，0 ~ 6 岁是他们的“黄金发展期”，是他们未来发展的基础期和关键期。因此，在制定儿童发展的政策体系时，儿童早期发展政策应该成为核心内容。

5. 农村儿童发展的前景

随着中国式现代化的推进，农村人口仍会不断减少，农村儿童数量也会出现更大幅度的下降，这是一种历史必然的趋势。图 1. 1 根据第六次和第七次全国人口普查数据计算出 2010 年和 2020 年农村 0 ~ 14 岁儿童占全国同年龄段儿童的比例，从中不难看出这一比例有着非常明显的下降，从 57% 下降到不足 39%。而且，越是农村低龄儿童，其占比下降幅度越大，如 0 ~ 4 岁农村儿童的占比从 2010 年的 59% 下降到 2020 年的 36%。这一变化趋势既为农村儿童发展带来了挑战，也带来机遇。在资源投入不断增加的情况下，随着农村儿童数量不断减少，每个儿童可以分享到更多的公共资源，从而不断提高其发展的机会和条件。现在的农村儿童中一部分仍会留在农村，另一部分会离开农村去城市。

到 2035 年全体人民的共同富裕要取得明显的实质性进展。这是实现共同富裕的第一个阶段性目标。在推进共同富裕的背景下，实现城乡基本公共服务均等化将会加快推进，特别是直接影响到农村儿童发展的农村教育和卫生健康事业将会得到巨大的改变，农村儿童发展滞后的问题将会得到根本性解决。

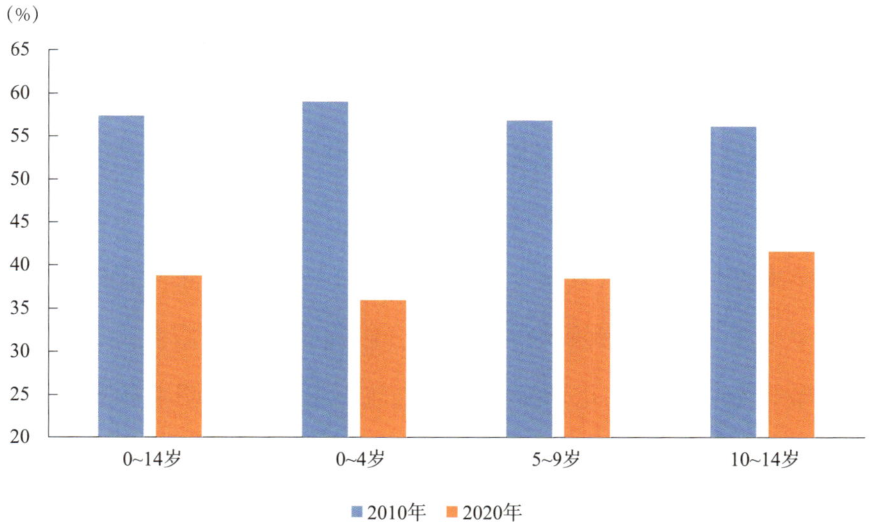

图 1. 1 2010 年、2020 年农村儿童（0 ~ 14 岁）占全国儿童的比重

资料来源：作者根据国家统计局第六次全国人口普查数据、第七次全国人口普查数据计算。

三、农村儿童高质量发展是乡村现代化的标志

儿童发展水平和差距也是衡量一个国家社会治理能力和现代化水平的重要指标。从国际社会来看，一个国家现代化水平体现在儿童发展能力和平衡发展上，而全体儿童的全面发展既是现代化水平的促进因素，又是社会治理和现代化水平的重要特征。

1. 中国农村儿童发展的进步

儿童发展表现为全面性和多维性，表现为多种能力的提高，因此衡量儿童发展需要多维标准。它包括了一系列衡量发展能力水平的指标，有衡量认知能力和非认知能力的指标，也有测量营养状况和健康水平的指标。

对我国农村儿童发展的进步与不足，已有的研究呈现出以下几个主要观点：第一，相对于过去状况，现在农村儿童发展水平有了明显的提高；第二，相对于城市儿童而言，农村儿童的一些发展指标的提高幅度更加明显，反映了在儿童的某些发展方面城乡之间差距有明显缩小的趋势；第三，农村内部不同地区之间儿童发展水平仍有较大的差距。这既是对我国农村儿童发展状况的一个基本判断，也表明了农村儿童未来发展政策的一种指向。

2. 儿童发展对经济和社会发展的长期影响

儿童发展对经济和社会的影响是长期的，具有一定的滞后性。儿童发展的投入是现期的，也是需要长期坚持的，是一种长期的人力资本投资，而这种投资收益往往不是可以即时看到的，需要很长时间以后才能看到它的巨大社会效益。因此，促进儿童发展需要长期眼光，需要战略思维，在很大程度上考验着政府的社会治理能力和配置公共资源的智慧和水平。

中国城乡转型过程仍在持续推进，城乡人口格局仍会变动，还会有农村人口流向城市，现在的农村儿童不久会成为城市居民。在这样一个格局下，看待农村儿童发展不能仅仅局限在它对农村未来发展的影响，要看到它对未来城市发展产生的影响，是一种全国性的影响。

应该看到，现期儿童发展水平决定着一个地区和国家的未来发展方向和可持续发展能力。首先，儿童发展的水平影响到未来劳动力能力和素质，影响到未来经济的劳动生产率，影响到未来劳动力工资和居民收入水平。其次，儿童发展的不平衡会带来未来劳动市场中工资差距和收入分配差距的扩大。再次，儿童发展的不平衡会影响到社会阶层和人口结构的变化，影响到（相对）贫困的代际传递。最后，儿童发展会影响到未来社会文明演化过程。一个基本的逻辑是：未来的社会发展是由未来的就业人群决定的，未来的就业人群素质与能力则是由现在的儿童发展水平所决定。总之，中国未来社会经济发展目标的实现寄托于现在儿童发展的水平和质量，更寄希望于现在农村儿童发展的水平和质量。

3. 儿童高质量发展是乡村现代化的主要标志

中国式现代化也是乡村现代化。乡村现代化具有很多标志，其中一个重要标志是儿童高质量发展的现代化。具体来说，到了乡村现代化时代，我们看到的是这样一幅景象：全体乡村儿童都能免于贫困与饥饿，有充足的营养、健康的身体，接受优质的学前教育和义务教育，享有高水平的医疗服务，有积极乐观的奉献精神、与人为善的社会教养，成为国家现代化建设的可用之才。

四、报告的主要观点和建议

儿童是国家的未来、民族的希望，儿童的高质量发展是一个国家现代化的重要标志。实现中国式现代化不仅需要“物”的现代化，更需要“人”的现代化，需要实现人的全面发展，需要人在全生命周期发展的各个阶段获得更加充分的发展条件和公平的发展机会。

本报告旨在立足中国式现代化和乡村振兴战略，着重分析中国农村儿童发展现状，试图全面、系统地探讨中国农村儿童发展面临的问题与发展前景，农村儿童发展的路径和策略，为中国农村儿童高质量发展提供参考和政策建议。

报告第二章从农村儿童发展现状出发，系统回顾了脱贫攻坚战以来，我国农村儿童发展取得的巨大成就：农村儿童彻底摆脱了绝对贫困、儿童健康状况得到显著改善、儿童教育公共资源明显提升、儿童获得更多福利与关爱。然而，受经济社会发展水平的制约，农村儿童发展仍然存在不平衡不充分的问题：与城市儿童相比，很大比例的农村 0 ~ 6 岁儿童发展潜能未得到充分发挥，脱贫地区的情况更为严峻；农村地区学生非认知能力水平也与城市学生存在差距；农村儿童营养健康存在明显的地区和城乡差异，且儿童年龄越小，城乡差距越大。因此，促进农村地区儿童发展，特别是儿童早期发展，最大限度提升农村儿童人力资本数量和质量，是缩小城乡儿童发展差距、实现教育均衡的有力抓手，也是实施乡村振兴战略的重要内容。

报告第三章从农村 0 ~ 3 岁婴幼儿养育角度出发，指出儿童早期养育对其未来发展会产生巨大作用。促进儿童早期发展的经验包括充足的营养、积极的看护、积极的社会心理刺激以及家庭对早期学习的支持，这些经验对 3 岁以下的儿童尤其重要。针对我国农村婴幼儿早期养育的现状，该章指出几大问题：父母外出务工造成的隔代养育问题凸显；农村地区照养人缺乏科学早期养育和看护照顾技能，家庭养育环境较差，缺乏刺激儿童早期发展的必要条件，照养人心理健康问题不利于儿童早期发展；农村儿童早期发展所需公共服务供给与投入不足；当前国内尚未建立一套标准化的培训体系及培养模式。该章最后介绍“慧育中国：山村入户早教计划”“毕节农村儿童发展综合示范区项目的 3 岁以下婴幼儿养育指导试点”“养育未来”“儿童早期发展”“慧育希望儿童早期发展”等相关儿童早期养育的试验项目，为农村婴幼儿早期养育提供有益参考。

报告第四章分析了农村儿童学前教育现状与问题。2010 年以来，我国加大了对学前教育的扶持力度，开展持续 10 年的普及学前教育的行动计划，学前教育发展基金更多地向农村地区，特别是中部农村地区、欠发达地区倾斜，这使得这些农村学前教育取得了长足的进展。然而，学前教育的城乡和地区不平衡问题仍然比较突出，特别是农村部分地区存在着学前教育发展滞后，教育质量低下的问题，严重影响到这些地区的儿童发展。该章认为农村普惠性幼儿园建设刻不容缓，还需要关注推进以县城为重要载体的城镇化建设，以及人口流动的背景下，促进农村学前教育的高质量发展。

报告第五章分析了农村义务教育发展现状与问题。随着乡村振兴战略的提出和部署，乡村教育在乡村振兴中越来越具有基础性、引领性、全局性作用。农村义务教育是农村儿童获取知识、增加人力资本积累的主要途径，提高农村义务教育质量成为缩小城乡差距的重要途径。农村小学和初中教育发展情况可以从学生发展、师资力量、办学条件和经费投入 4 个方面来看，农村义务教育发展既有成绩，也有不足，面临着不少挑战。针对农村义务教育发展面临的问题，应该从以下 3 个方面促进农村义务教育的更快发展：推进农村学生数量和质量均衡发展；建设高水平农村义务教育教师队伍，进一步优化农村义务教育资源配置；普及信息网络和数字科技在教育和教学中的应用，提高学生学习和实践数字技术的能力。

报告第六章着重分析农村中等职业教育的发展脉络和重要意义。在中国大力推进乡村振兴之时，农村中等职业教育迎来高质量发展的时机。乡村振兴需要各行各业大量的专业人才，需要发展面向农村的职业教育，通过农村儿童发展，培育和凝聚人才推进乡村振兴，输送专业人才，助力乡村振兴；提升技能水平，改善就业环境；提供技术支持，实现创新发展；服务当地产业，构建新发展格局。但是，也该看到农村中等职业教育面临的许多挑战，由于教育质量不高和教学内容不能适应市场需求，造成了中等职业教育毕业生就业不稳，工资偏低等问题，从而影响到他们对中等职业教育的选择。解决这些问题的出路是中等职业教育制度和体制改革，在政府的大力投入和扶持下，实行更加多元化、市场化、面对社会需求的办学体制和机制。

报告第七章重点分析了农村儿童的营养与健康现状。农村儿童营养和健康的总体状况：5 岁以下儿童的身高、体重总体趋势向好，但与城市地区相比仍存在一定差距，且存在一定的性别差异；婴幼儿母乳喂养现状堪忧，6 月龄内婴幼儿纯母乳喂养率整体偏低且呈下降趋势，照养人的科学喂养知识存在不足；学生存在缺铁性贫血问题；贫困地区[1]的儿童营养不足问题依然存在，微量营养素缺乏仍较为普遍。儿童时期营养不良会阻碍儿童大脑和体质发育，进而影响到学习、成年后的生活和工作。儿童营养健康是一项投入较小而回报很高的人力资本投资，全面改善农村地区儿童营养和健康需要政府、社会和家庭三方的共同努力，更需要一些体制机制和资金的投入。

报告第八章介绍了中国农村儿童保护体系的进步和面对的挑战。随着儿童权利法治保障体系逐步完善，未成年人保护工作体制机制进一步加强，完成了从兜底保障向分类保障、从补缺向适度普惠、从物质保障向物质保障 + 服务保障转型升级。在农村地区儿童福利与保护事业取得突破性进展的同时，儿童福利与保护制度体系仍存在发展不平衡不充分等突出问题。在农村地区，儿童面临的暴力和剥削表现形式有家庭暴力、校园暴力、儿童性侵害、利用儿童乞讨、拐卖儿童等。该章还介绍了有关儿童保护的公益试点项目，包括民政部、联合国儿童基金会和北京师范大学中国公益研究院三方合作，共同发起实施的“中国儿童福利示范项目”；由民政部与联合国儿童基金会在全国九县（市、区）开展的为期 3 年的“护童成长——儿童关爱服务体系建设试点项目”；中国乡村发展基金会于 2015 年底发起的“童伴妈妈”项目；爱佑慈善基金会设立的“爱佑安生”项目；等。

报告第九章从公共服务均等化的视角，分析农村儿童发展的公共资源投入策略。针对 0 ~ 3 岁婴幼儿早期养育及托育，国家层面目前并未出台明确的资金投入政策这一问题，该章提出鉴于学前教育的重要性，国家财政应该高度重视学前教育，特别是农村学前教育的资金投入。教育资金的投入主体包括政府、家庭和社会等，其中以政府和家庭投入为主。对于农村儿童教育体系，包括农村幼儿园、农村小学、农村初中和农村职业高中，教育投入主要分为国家财政性教育经费、民办学校举办者投入、捐赠收入、事业收入、其他教育经费五大类，其中事业收入又包括学费。

报告第十章介绍儿童发展的国际经验，既有发达国家的经验，也有发展中国家的经验。可以从一些国家在儿童发展领域中的合作模式、服务模式、经济政策、法律法规和儿童保护 5 个方面获得相关启示。一是政府、家庭、社区、企业共同协作的合作模式。多方合作，责任明确是合作模式的基本原则，决定了儿童发展项目的可持续性。儿童发展是一个综合的过程，涉及营养、卫生保健、教育等多方面的问题，相应地也就需要多个部门的共同合作。二是实行因地制宜、因人而异的儿童福利政策。政府在制定福利政策过程中需要将儿童发展不平等

① 2020 年以前统称为贫困地区，2020 年脱贫后统称为脱贫地区。

的区域分布情况及导致不平等的相关因素加以考虑，尤其需要持续关注农村地区，缩小城乡儿童发展差距。三是通过立法提高教育质量，保障儿童接受学前教育的权利。许多国家目前已经将学前教育纳入义务教育的范畴，也有国家让家庭自主选择是家庭教育还是社会、政府教育（即接受幼儿园等学前机构的教育）。四是提高儿童发展领域的治理能力，加强儿童保护。目前大部分国家都有预防儿童暴力的工作机制。国家做出保护儿童的承诺，以提高所有利益攸关方针对儿童的暴力行为问题和后果的认识；有针对性地采取干预措施；制定中央计划和地方政府计划，加强地方设施等物资供应，同时中央应定期实行行动计划的评估与监测，确保可持续的财政来源。

报告第十一章提出农村儿童未来发展愿景和相关政策建议。提升农村人力资本质量，不仅是破解乡村振兴人才瓶颈之举，更是实现乡村振兴的关键。应该看到，解决农村人力资本短缺、人才不足的根本出路是从农村儿童发展抓起，以促进儿童发展为抓手，提高农村人力资本积累，推进农村人才振兴，加快中国式现代化进程。该章具体政策建议：第一，切实落实“幼有所育”，提高农村婴幼儿养育质量，加大早期养育的投入力度，探索早期养育服务的多种模式。第二，切实落实“学有所教”，提高农村教育质量，持续提升农村学前教育的覆盖面和质量水平，促进农村义务教育高质量与均衡发展，促进农村中等职业教育高质量发展。第三，切实落实“弱有所扶”，消除儿童成长的风险。第四，加强农村儿童的营养水平，提高健康水平，加大对农村儿童营养与健康的投入，探索综合型妇幼营养干预服务模式，加强对农村儿童心理健康干预。第五，加大对农村儿童发展领域的资源投入，加大国家财政资金的投入，也要增加家庭和社会资金的投入，同时还要增加人力资源的投入，特别是通过激励机制优化吸引更多优质师资人员进入农村儿童发展领域。需要优化投入资源的结构，将有限的资源投到最需要的地方，大幅度增加对儿童发展的“黄金期”（0 ～ 6 岁）的投入，为儿童未来发展带来最大的效益。

本报告的愿景是：到 2035 年城乡之间儿童教育机会更加均等，教育质量和健康水平的差异会有明显的缩小，农村儿童发展不仅要与城市儿童基本持平，还要努力争取追上发达国家的水平。农村儿童不仅“幼有所育”，而且要有更加科学的、水平更高的养育条件和方式；不仅“学有所教”，而且享有优质的教育资源；不仅“病有所医”，而且享受高水平、免费的医疗服务；不仅“住有所居”，而且住上更加安全、舒适的住房；不仅“弱所有护”，而且享有最安全的成长环境。总之，2035 年的中国将是全体城乡儿童健康、幸福成长的乐园。

第二章

农村儿童发展的成就与挑战

在全面建成小康社会、打赢脱贫攻坚战背景下，脱贫地区和其他农村地区儿童的基本生存需要已经得到满足与保障，营养状况持续改善，受教育机会更加平等。但农村地区要实现高质量发展仍然面临重大的挑战，主要表现在儿童发展水平城乡差距和区域差距大，且 0 ~ 3 岁阶段表现得尤其突出。站在新起点上，农村儿童作为未来乡村振兴的中坚力量，其人力资本质量很大程度上决定了乡村振兴的人才供给水平，从而决定了农业农村现代化的进程和乡村振兴的质量。基于这一背景，本章从农村儿童公共服务供给和农村儿童发展出发，分别分析现阶段农村儿童公共服务供给与农村儿童发展所取得的成就，然后分析所面临的挑战，为下阶段实现农村儿童高质量发展指出重点方向。

一、农村儿童发展取得的成就

（一）儿童公共服务供给取得明显进展

脱贫攻坚期间，一系列促进农村儿童健康成长和推动农村儿童全面发展的公共服务体系和政策相继出台，农村儿童生存和发展状况得到显著改善，农村儿童公共服务供给水平取得重大进步。

1. 儿童健康相关政策体系逐步完善，基层保健服务能力持续提升

从 2001 年开始，国务院连续发布了 3 个 10 年期的儿童发展规划，阐述中国儿童健康政策的发展重点。在此基础上，为缩小城乡之间儿童健康不平等的程度，国家采取多项针对性政策。2013 年国家人口计生委、财政部发布《关于推进国家免费孕前优生健康检查项目全覆盖的通知》，其目标对象为农村户籍的待孕夫妇，服务内容包括为计划怀孕夫妇提供优生健康教育、病史询问等多项免费孕前优生健康检查服务。此外，针对贫困地区的新生儿健康和儿童营养改善，2011 年发布《国务院办公厅关于实施农村义务教育学生营养改善计划的意见》，在集中连片特困地区开始试点推进义务教育学生营养改善计划；2013 年发布《2013 年贫困地区儿童营养改善项目方案》，要求为贫困地区 6 ~ 24 月龄婴幼儿补充辅食营养补充品（营养包），为 6 ~ 18 月龄婴幼儿每天提供 1 个营养包。

2021 年，国家卫生健康委员会发布《健康儿童行动提升计划（2021—2025 年）》，明确提出了推进儿童健康事业高质量发展的 7 项举措，包括新生儿安全提升行动、出生缺陷防治提升行动、儿童保健服务提升行动（包括加强儿童健康管理、强化儿童营养喂养与运动指导、促进儿童心理健康、推进儿童眼保健服务等）、儿童早期发展服务提升行动、儿童中医药保健提升行动、儿童健康服务体系提升行动、智慧儿童健康服务提升行动等。在此基础上发布《中国儿童发展纲要（2021—2030年）》，提出使保障儿童权利的法律法规政策体系更加健全，城乡、区域、群体之间的儿童发展差距明显缩小等目标，儿童在健康、安全、教育、福利、家庭、环境、法律保护等领域的权利进一步拓展。

政策法规的完善，使农村儿童基层保健服务能力提升。目前，0 ~ 6岁儿童健康管理已纳入国家基本公共卫生服务，由基层医疗卫生机构向辖区内0 ~ 6岁儿童免费提供13次健康检查服务，包括健康检查和家长健康管理指导等。截至2021年12月，全国共有妇幼保健机构3052家、妇产医院809家、儿童医院228家、综合医院儿科门诊6947个，儿科总床位数约53万张，从业人员近64万人（国家卫生健康委员会，2021）。自2021年起，国家卫生健康委员会启动实施中西部地区县级儿童保健人员培训项目，中央财政按照每人每天120元、每人培训120天的标准给予支持，重点提升基层儿童保健人员预防保健能力、临床诊疗能力和公共卫生服务能力。

2. 儿童基础教育提升政策密集出台，教育环境显著改善

聚焦基础教育关键领域、薄弱环节，不断完善乡村教师队伍、优化学校布局、提升农村办学环境、重视弱势群体教育。《乡村教师支持计划（2015—2020年）》提出“拓宽乡村教师补充渠道”“增强乡村教师职业吸引力”“提升乡村教师能力素质”，构建了政府、社会、市场协同推进的工作机制。《国务院办公厅关于规范农村义务教育学校布局调整的意见》《教育部办公厅关于农村义务教育学校布局调整有关问题的通报》《国务院办公厅关于全面加强乡村小规模学校和乡镇寄宿制学校建设的指导意见》等文件相继颁布，加强了对小规模学校、教学点和乡镇寄宿学校的建设。在贫困地区甚至还恢复了一些撤并掉的教学点，以便确保偏远地区的孩子能就近上学。同时出台《农村普通中小学校建设标准》，采取措施有序扩大县镇学位供给，消除现有大规模、大班额学校。《关于深入推进义务教育薄弱环节改善与能力提升工作的意见》提出围绕义务教育学校办学条件薄弱环节和人民群众关心的突出问题，采取有效措施缩小城乡、区域差距，促进教育公平。2021年，中央财政安排300亿元补助资金，重点用于支持中西部和东部部分困难地区义务教育的发展。《“十四五”学前教育发展提升行动计划》提出补齐普惠资源短板、完善普惠保障机制、全面提升保教质量等重点任务。《“十四五”特殊教育发展提升行动计划》提出聚焦拓展学段服务，推进融合教育和提升支撑能力，全面提高特殊教育质量。这些行动计划均要求加强省级统筹，指导市县和学校制定实施方案，细化时间表、路线图，并建立跟踪督导机制，确保如期完成目标任务。

我国建立了学前教育、义务教育和职业教育的城乡教育一体化体系。投入方面建立了城乡统一，重在农村，中央和地方分项目、按比例分担的城乡义务教育经费保障机制，农村中小学生生均一般公共财政预算教育事业费支出和生均公共财政预算公用经费支出明显增加。2012—2021 年，我国财政性义务教育经费从 1.17 亿元增加到 2.29 亿元，占国家财政性教育经费投入的比例始终保持在 50% 以上（姚岩，2022）。农村教育投入明显增加，农村学前教育投入在学前教育国家财政性经费中的比例不断提升。2021 年全国幼儿园数量达到 29.5 万所，比 2011 年增长了 76.8%，其中 60% 左右的新增幼儿园分布在农村地区，且农村普惠性幼儿园覆盖率达到 90.6%；义务教育阶段学生免费就读，农村学生接受职业教育的机会显著增加，乡村教师支持服务体系日益完善，中西部 22 个省份 8 万所乡村学校的 129.8 万名教师受益于乡村生活补助政策，乡村小规模学校占比稳定，占全国小规模学校总数的 87.98%，保障了农村学生就近入学的机会（中华人民共和国教育部，2022）。

3. 儿童保护体系更加健全

农村儿童关爱保护不仅事关儿童权益，也影响社会和谐稳定。党和政府十分重视农村儿童关爱保护工作。党的十八届三中全会明确提出，要健全农村留守儿童关爱服务体系。2016 年国务院下发的《国务院关于加强农村留守儿童关爱保护工作的意见》指出，各地区、各部门要加强农村留守儿童关爱保护工作队伍建设，配齐配强工作人员。2019 年民政部等十部门联合印发《关于进一步健全农村留守儿童和困境儿童关爱服务体系的意见》，对农村儿童保护工作的职责分工、人员配给和能力建设等做了具体部署。2021 年出台贯彻落实《中华人民共和国未成年人保护法》的配套法律法规，未成年人保护法律体系更加健全。修订后的《中华人民共和国未成年人保护法》包括家庭、学校、社会、网络、政府、司法六大保护体系。同时，有关部门出台了多项配套法律文件。国务院未成年人保护工作领导小组印发了《国务院未成年人保护工作领导小组关于加强未成年人保护工作的意见》，教育部《未成年人学校保护规定》全面细化了学校的保护职责。

落实全面综合的未成年人司法保护制度，初步形成儿童友好的司法体系。最高人民检察院在全国检察机关开展“检爱同行 · 共护未来”未成年人保护法律监督专项行动，推行督促监护令制度，履行未成年人司法保护主导责任，助力完善“家庭、学校、社会、网络、政府、司法”未成年人保护大格局。最高人民法院成立少年法庭工作办公室，在 6 个巡回法庭设立了少年法庭巡回审判点，并重新界定少年法庭的受案范围，将与未成年人权益保护和犯罪预防关系密切的涉及未成年人的刑事、民事及行政诉讼案件纳入少年法庭受案范围，创设家庭教育令制度等。通过一系列卓有成效的改革部署，中国特色未成年人司法体系专业化、规范化、人性化水平不断升级，儿童友好的司法理念日益深入制度建设中。

4. 儿童福利保障制度不断优化

儿童福利从补缺型向适度普惠型转变，国家对儿童福利的责任范围与保障程度不断扩大与提升，不断加强顶层设计，提高保障标准，丰富保障内容，提升服务水平，服务对象不断拓展，服务内容由单纯物质供给为主向物质加精神服务迈进。

一是儿童福利保障制度不断完善。儿童福利保障既是我国社会保障体系的重要组成部分，也是我国社会保障体系建设的短板。民政部设立了儿童福利司，主要负责拟定儿童福利、困境儿童保障、儿童收养、儿童救助保护政策与标准，健全农村留守儿童关爱服务体系，指导儿童福利、收养登记、救助保护机构管理工作。在此基础上，县级以上各级民政部门均开始设置儿童福利等机构，对促进儿童福利事业发展起到了至关重要的作用。儿童福利工作迎来了新机遇，站上了新起点。此外，儿童福利保障内容从基本生活保障拓展到康复、医疗、教育等综合保障，保障内容不断拓展，实现由补缺型向适度普惠型的转变。2021 年 6 月，民政部、国家发展和改革委员会联合编制的《“十四五”民政事业发展规划》，围绕提升儿童福利保障水平、健全未成年人保护体系、加强困境儿童保障和留守儿童关爱等方面明确了重点任务和主要举措，提出一系列发展目标。

二是困境儿童生存发展基础更加坚实。困境儿童保障标准提高，保障对象扩面，认定程序更加完善。2010 年，国务院办公厅出台意见，对孤儿基本生活进行补助；2019 年国家层面首次对孤儿基本生活补助标准提标 50%；2021 年，孤儿等特殊儿童群体保障标准纳入价格临时补贴保障范围；2022 年，全国在儿童福利机构集中养育孤儿平均保障标准从 2012 年的每人每月 940 元提高到 1697.4 元，其他随亲属生活的社会散居孤儿平均保障标准从 2012 年的每人每月 634 元提高到 1257.2 元（中华人民共和国民政部，2022）。2019 年 6 月，儿童福利保障对象从弃婴、孤儿，覆盖到事实无人抚养儿童等群体，保障对象不断拓展，且孤儿、事实无人抚养儿童认定程序更加完善。2021 年 6 月，孤儿、事实无人抚养儿童认定申请受理实现“跨省通办”，避免了孤儿、无人抚养儿童因申报不便被排除在国家保障体系之外，将党和政府对特殊儿童群体的关爱落到实处。

三是未成年人保护机制和机构建设不断加强。2013 年 5 月，《民政部关于开展未成年社会保护试点工作的通知》发布，首次将帮助和支持未成年人有效应对“家庭监护困境和成长障碍”的工作纳入政府职责范围，探索建立“以家庭监护为基础，以社会监督为保障，以国家监护为补充”的监护制度，开启了建设国家监护服务制度的进程。2016 年，国务院相继印发《关于加强农村留守儿童关爱保护工作的意见》和《国务院关于加强困境儿童保障工作的意见》，首次从国家层面系统性地明确未成年人保护中家庭、政府、学校和社会责任，制定了包括强制报告、应急处置、评估帮扶、监护干预等环节在内的救助保护机制，自此推进了国家监护服务体系的建构，使儿童保护服务更加全面综合。2021 年 4 月，国务院成立未成年人保护工作领导小组，形成未成年人保护工作的“中枢机制”，推动未成年人保护工作。截至 2021 年 9 月底，全国省、市、县三级人民政府全部建立未成年人保护工作领导小组，形成“家庭、学校、社会、网络、政府、司法”六方共同发力的儿童保护大格局。2021 年，民政部等 14 部门印发《关于进一步推进儿童福利机构优化提质和创新转型高质量发展的意见》，部署在“十四五”期间推动县级儿童福利机构养育儿童转移至地市级儿童福利机构集中养育，推进儿童养育、医疗、康复、教育、社会工作一体化发展，实现中华人民共和国成立以来孤儿养育模式的历史性跨越。截至 2022 年 3 月底，全国儿童福利机构由原来的 1217 家优化为 998 家，219 家县级儿童福利机构顺利实现转型（中华人民共和国民政部，2022）。

（二）农村儿童发展取得全面进步

脱贫攻坚以来，中国农村儿童在反贫困与营养健康方面取得了显著成就，儿童绝对贫困得以消除，义务教育普及率全面提升、建档立卡贫困户儿童义务教育全覆盖、乡村教育质量优化、重大疾病兜底保障到位、特殊群体的救助福利进一步完善、城乡差距有所缩小。儿童生存和发展权益等基本权利得到切实保障。具体而言，农村儿童发展的成就主要表现在以下几个方面。

1. 儿童绝对贫困消除

联合国可持续发展目标（SDGs）之一是在世界各地消除一切形式的贫困，其中目标 1.2 是“到 2030 年，按各国标准界定的陷入各种形式贫困的各年龄段男女和儿童至少减半”。2020 年底，中国完全消除了绝对贫困，提前 10 年实现联合国 2030 年可持续发展议程减贫目标。儿童绝对贫困得以全面消除不仅为全球减贫目标的实现做出了重要贡献，也为发展中国家消除绝对贫困提供了中国经验。贫困人口的收入和福利水平大幅提升，“两不愁三保障”① 全面实现。作为脆弱群体的农村儿童全面实现不愁吃、不愁穿，平时吃得饱且能适当吃好，一年四季都有应季的换洗衣物和御寒被褥。贫困地区儿童受教育的机会显著增多，水平持续提高。2020 年，全国义务教育阶段建档立卡辍学学生实现动态清零，偏远地区长期存在的辍学等历史性难题得到根本解决，贫困县九年义务教育巩固率达到 94.8%。贫困儿童全部纳入基本医疗保险、大病保险、医疗救助三重制度保障范围，实施大病集中救治、慢病签约管理、重病兜底保障等措施，全面实现贫困儿童看病有地方、有医生、有医疗保险制度保障，看病难、看病贵问题有效解决。实施农村危房改造，贫困儿童全面实现住房安全有保障，住危房儿童告别破旧的泥草房、土坯房等，住上了安全住

① “两不愁三保障”是指稳定实现农村贫困人口不愁吃、不愁穿和保障其义务教育、基本医疗和住房安全。

房，同时将贫困地区农村危房改造与改善村容村貌相结合，儿童居住环境显著提升。实施农村饮水安全和巩固提升工程，解决全部农村贫困儿童的饮水安全问题，饮用水量和水质全部达标，1.1亿农村儿童受益（国务院第七次全国人口普查领导小组办公室，2021）。饮水安全阻断了一些传染病和地方病的传播路径，对儿童健康状况的改善起到了积极的促进作用。

2. 儿童健康状况显著改善

2012年，为提高当时贫困地区儿童健康水平，对儿童健康实施全过程保障和干预，开展儿童营养知识宣传和健康教育，实施贫困地区儿童营养改善项目，为集中连片特困地区6～24月龄婴幼儿每天免费提供1包辅食营养补充品，截至2020年底，累计1120万名儿童受益。2020年中国发展研究基金会和中国儿童中心联合开展的《脱贫地区儿童早期发展调查研究报告》显示，参与调研的脱贫地区儿童营养健康相关重要指标达到了《国家贫困地区儿童发展规划（2014—2020年）》的目标要求。2020年脱贫地区婴儿死亡率、5岁以下儿童死亡率明显下降，分别实现《国家贫困地区儿童发展规划（2014—2020年）》提出的12‰和15‰的目标，与全国平均水平基本持平。2021年我国农村婴儿死亡率下降至5.8‰，5岁以下儿童死亡率下降至8.5‰（国家统计局，2022）。

国家卫生健康委员会持续监测结果也显示，2021年脱贫地区6～24月龄婴幼儿平均贫血率和生长迟缓率与2012年基线比较，分别下降了66.6%和70.3%；农村孕产妇死亡率为16.5/100000，比2010年降低约38%（陈平丽，2022）。同时，联合国儿童基金会最新数据显示，2000—2018年，中国农村地区5岁以下儿童死亡率大幅度下降，且均显著低于世界平均水平和欠发达国家平均水平（见图2.1）。中国脱贫地区在影响儿童健康的包虫病、大骨节病等地方病防治方面取得重大突破。

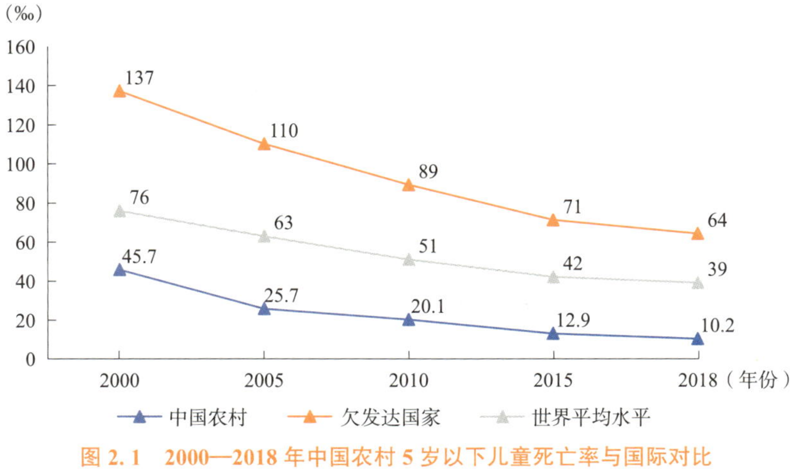

图2.1　2000—2018年中国农村5岁以下儿童死亡率与国际对比

资料来源：中国农村地区数据来源于国家卫生健康委员会官网，欠发达国家和世界平均水平数据来源于联合国儿童基金会2019年《世界儿童发展报告》。

【专栏 1】 中国脱贫地区儿童疾病防治突破的典型案例

案例 1：儿童青少年包虫病防治成效显著

包虫病是棘球绦虫的幼虫所致的人兽共患寄生虫病，主要包括由细粒棘球蚴引起的囊型包虫病和多房棘球蚴引起的泡型包虫病。我国囊型包虫病患者占大多数，泡型包虫病因类似肿瘤的生长方式及高达 94% 以上的 10 年病死率，又被称为“虫癌”。青海、西藏、四川、甘肃等省区是中国包虫病主要流行区，其中泡型包虫病 90% 以上病例在青藏高原。包虫病感染的高峰年龄主要为儿童期，儿童的免疫系统发育不完善，使得囊型包虫在儿童体内的生长方式及囊肿表现与成人不同。感染包虫病可引起儿童食欲减退、消瘦甚至贫血，从而影响生长发育。

自 2006 年以来，中国几大流行区利用中央转移支付等专项资金，开展了包虫病的综合防治工作，其中针对儿童青少年开展的健康教育活动，在改变儿童青少年行为习惯、提高包虫病防治知识知晓程度方面起到了很大的作用。四川省探索“石渠模式”，开展石渠县包虫病综合防治试点工作，患者药物实行全免费，手术费、交通费通过医保、项目补助等途径加以解决，通过全民健康教育、目标人群筛查、饮水安全专项行动等，实现全县人群患病率由 2012 年的 1.72% 下降到 2019 年的 0.94%；6 ~ 12 岁儿童新病人检出率从 2014 年的 0.13% 下降到 2019 年的 0.01%。青海省自《青海省防治包虫病行动计划（2016—2020 年）》实施以来，各级卫生医疗机构全面开展人群包虫病筛查和监测工作，以“健康中国行”和“青海省健康教育万里行”活动为载体，将包虫病防治知识纳入中小学校和各级党校的教学大纲。2016 年以来，累计开展人群查病 526 万人次，实现流行区常住人口筛查全覆盖，确诊患者 1.47 万例，救治覆盖率达到 100%。全省人群患病率由 2012 年的 0.63% 下降至 2019 年的 0.29%。

案例 2：防治大骨节病，我国取得历史性突破

大骨节病俗称“柳拐子病”“骨节风”，主要发生于儿童青少年。罹患此病者站不直、走不稳、关节畸形粗大，成年后身体矮小，甚至终生残疾。作为一种地方病，大骨节病曾分布于我国 13 个省（区）379 个县 1.6 万余个村，在有些重病区青少年患病率高达 50% 以上。

2018 年，中央对我国地方病防治工作做出重要部署，国家卫生健康委员会等 10 部门联合制定了《地方病防治专项三年攻坚行动方案（2018—2020 年）》，部署重点防控措施强化行动等任务。在搬迁、学校办儿童集体食堂、易地育人等措施逐渐推广，尤其是贫困地区的学龄儿童享受到国家“包吃、包住、包学费”政策后，经济相对落后的病区（西藏自治区、青海省、内蒙古自治区）在 2017 年实现了大骨节病消除的目标，预防大骨节病的有效举措之一是改善饮食结构。3 年地方病防治攻坚期间，多个病区省（区）贫困地区实施儿童营养改善项目，进行 6 ~ 24 月龄儿童营养包的发放工作，多地为大骨节病病区儿童提供营养包

超 130 万人份，切实提高了病区儿童营养水平。我国大骨节病开展了以村为单位的监测全覆盖，按照“以病区为单位，7 ~ 12 周岁儿童无大骨节病病例”的消除标准，攻坚行动终期评估结果显示，2019—2021 年全国连续 3 年无儿童大骨节病新发病例，实现了基本消除大骨节病的阶段性目标。

资料来源：根据国家卫生健康委员会官网资料整理所得。

3. 儿童教育公共资源明显提升

2013 年以来，持续提升贫困地区儿童学校、学位、师资、资助等保障能力，全面实现适龄少年儿童义务教育有保障，累计改造贫困地区义务教育薄弱学校 10.8 万所，实现贫困地区适龄儿童都能在村上幼儿园和小学。2018—2020 年，中央财政投入 70 亿元专项资金用于“三区三州”教育脱贫，有效支持了地方优化资源配置，推进了教育领域基本公共服务均等化。贫困地区儿童受教育条件明显改善，全国 99.8% 义务教育学校（含教学点）办学条件达到基本要求；贫困地区学校网络普及率大幅提升，全国中小学（含教学点）互联网接入率达到 100%，拥有多媒体教室的学校比例达到 95.3%；乡村教师队伍水平整体提升，累计选派 19 万名乡村教师到边远贫困地区、边疆民族地区支教，提升农村儿童教育资源；实施定向招生、学生就业、职教脱贫等倾斜政策，实现 800 多万贫困家庭初高中毕业生接受职业教育培训，提升贫困儿童就业能力；建立了覆盖学前至高中各个教育阶段的资助体系，使学生不因家庭贫困而辍学；义务教育营养改善计划覆盖 1634 个县 13.63 万所学校，每年惠及 4000 余万名学生，全面改善农村学龄阶段儿童营养健康状况（国务院新闻办公室，2021）。

4. 儿童获得更多福利与关爱

脱贫攻坚期间，中央一号文件多次提出要建立健全农村留守儿童的关爱服务体系，实施《中国儿童发展纲要（2011—2020 年）》《国家贫困地区儿童发展规划（2014—2020 年）》。完善农村留守儿童关爱服务体系成为促进农村儿童发展的重要抓手，建设农村社会工作专业人才队伍成为重要基础，为使更多孤儿能够享受到政府在生活、教育、医疗等方面的优惠政策，国家不断提高孤儿基本生活补助标准，扩大救助范围，儿童福利保障制度从补缺型向适度普惠型转变，农村孤儿保障水平大幅提高。2020 年底，机构集中养育孤儿和社会散居孤儿平均保障标准分别达到每人每月 1611.3 元和 1184.2 元，同时建立事实无人抚养儿童保障制度，将 25.3 万名事实无人抚养儿童参照当地孤儿保障标准纳入保障范围。农村孤儿、留守儿童、困境儿童受到更多关爱，各类志愿者与其结对，开展关爱帮扶，覆盖农村地区儿童和家长 2519.2 万人次，建立儿童之家 28 万余所、儿童快乐家园 1200 余个，为留守、困境儿童提供文体娱乐、心理疏导、生活照顾、家教指导等关爱服务（国务院新闻办公室，2021）。

5. 儿童发展方面的城乡差距有所缩小

近年来，我国儿童发展在公共服务、教育、健康等方面都取得了较大进展，虽然城乡差距依然存在，但呈现出不断缩小的态势。在公共服务方面，伴随着脱贫攻坚的开展和对儿童发展关注度的提升，各类与儿童发展相关的基础设施和公共服务迅速在农村，特别是欠发达地区的农村落地，农村公共服务水平在短期内得到了明显改善。在学前教育方面，2010 年以来我国出台了一系列政策措施推进儿童学前教育，并且向西部欠发达地区倾斜，这些举措明显提高了儿童入园率，使得 2010 年之后出生的儿童的学前教育比例无论是城镇还是农村都超过了 85%。特别是在入园率上呈现出城乡差距缩小的情况，即农村儿童的入园率增加幅度大于城市儿童，城乡差距缩减 5 个百分点左右。义务教育阶段农村学生的认知能力与城镇学生的差距也略有缩小。在营养与健康方面，《2015—2017 年中国居民营养与健康状况监测报告》显示，虽然我国农村儿童各项营养健康指标如身高体重、营养不足率、贫血发生率等与全国平均水平和城市平均水平相比仍存在较大差距，但相较于 2010—2013 年的监测结果，实现了利好增长，为城乡差距的进一步缩小奠定了基础。从结果指标看，农村地区 5 岁以下儿童死亡率与城市地区 5 岁以下儿童死亡率差距持续缩小。

二、农村儿童发展面临的挑战

（一）儿童公共服务供给方面的不足

乡村振兴阶段，农村儿童发展还缺少顶层设计，在 0 ~ 3 岁婴幼儿早期发展阶段，尚未形成制度化的保障体系。对比脱贫攻坚期，消除农村儿童绝对贫困依靠“三保障”之类的抓手，乡村振兴阶段未出台强调农村儿童发展的文件，中央一号文件也未涉及农村儿童发展。农村儿童公共服务供给体系和政策侧重于健康、教育与福利领域，保护领域涉及较少，即使有所涉及，也存在关注度不够或体系不健全等问题。儿童类别方面，强调农村留守儿童、困境儿童、患病儿童等。农村儿童政策初期强调受教育权与生命健康权两项基本权利的保障，体现出“兜底”的民生建设特点。下阶段则需进一步提升扶助水平，更加关注城乡一体化和均等化发展。

1. 农村儿童健康服务供给和政策保障机制有待提升

农村儿童医疗卫生资源总量不足与分布不均衡问题并存。农村儿童医疗健康公共服务与城市儿童医疗健康公共服务差距在不断缩小，但当前仍存在一定的差距。主要表现在优质资源主要分布在东部地区和城市地区，中西部地区和农村地区优质资源较为薄弱。我国儿童保健服务网络，特别是基层儿童保健服务网络有待加强。基层配备专职人员从事儿童保健服务的乡镇卫生院数量仅占总数的52.2%（国家卫生健康委员会，2022），难以满足日益增长的儿童保健需求。农村儿童医疗服务人才短缺且工作负担重，吸引力不强。农村地区卫生健康的专业儿科医师、儿童心理、康复等队伍人员严重不足，供给与需求的矛盾较大，人才队伍发展相对缓慢。群众获取科学育儿知识的渠道仍有待进一步完善，相关媒体、社会组织和学校等健康教育和社会宣传力度有待进一步加大。

农村儿童健康保障机制仍存在不足。儿童用药、儿童心理健康、儿童伤害防控等方面还存在制度短板；儿童健康投入机制需要进一步完善，以更好适应儿童健康需求，推动解决预防投入不足等问题。农村地区儿童健康医疗机构，包括综合医院、妇幼保健机构和基层医疗机构，因儿童所需的药品、耗材品种繁多，人员和运行成本高，业务收入少，发展儿科和儿童保健科动力不足。对儿科医生的倾斜政策在部分农村地区和医疗机构尚未落实到位，导致农村儿科医务人才短缺。儿童健康涉及儿童伤害预防、食品安全、学校卫生、儿童心理健康、肥胖干预、健康教育宣传等多个复杂问题，目前的主要问题是有关部门协调配合不够，全社会共同参与不足。

2. 农村儿童教育仍存在较多短板

农村0～3岁早期教育为现阶段农村教育发展短板中的短板。当前婴幼儿照护服务机构普遍集中于城镇，县城以外绝大多数农村地区都没有婴幼儿照护服务资源，政府对农村儿童早期发展问题的重视长期不够。农村婴幼儿照护服务发展也面临较多困难。一是供给严重落后于需求，服务的突出问题在供给侧。偏远农村地区人口居住相对分散，托育服务资源稀缺，农村家庭难以实现主动送托，集中入托，更多依赖于上门提供的指导服务，但受限于经济能力，对服务的支付能力较差。二是相较城市，农村地区依托机构开展托育服务的成本较高且难以下沉到基层。首先县级政府在推动婴幼儿照护服务时，面临“无力做”和“不愿做”两大问题，现有基层公共卫生、妇幼队伍和资金不足以支撑大规模服务，难以实现普惠性和均等化；其次婴幼儿照护服务需求多元，易形成舆论监督批评，基层机构参与积极性不足。三是农村婴幼儿照护公共服务人员能力不足，人才短缺。即使有少量地区提供婴幼儿照护公共服务，在实际实践中也存在职责不明确问题，缺乏清晰的评价标准和操作指南，存在传统的“重养轻育”观念，片面注重婴幼儿卫生健康方面服务，忽视家庭对儿童早期发展和公共照顾方面的需求。

学前教育资源分配失衡问题在区域间和城乡间均较为突出。学前教育在农村地区基本实现学龄前儿童有学上，但仍与城市地区学前教育公共服务资源存在很大差距。一是学前教育布局不合理普遍存在。从需求方来看，城镇化导致农村青壮年劳动力大规模涌向城市，其子女也被带到城市入学，低出生率导致留下的人减少了。从供给方来看，偏远农村地区人口分散，交通不便，给幼儿园所的布局和管理带来较大挑战，有待结合人口密度、经济发展、自然条件和当地实际需求形成因地制宜、布局合理、形式多样的办园格局。二是学前教育公共服务供给效率有待提升。部分学前教育最急需、学位缺口最紧张的省（区）普惠性学前教育学位面临“一位难求”问题，城乡间师资队伍和保教质量存在差异，区域间学前教育财政投入的优次排序和比例存在差异，经费使用效率较低。三是农村学前教育教师职业吸引力较低，无法保障农村幼儿园教师队伍的稳定供给。自《乡村教师支持计划（2015—2020 年）》提出加强乡村教师队伍建设、提高乡村教师生活待遇以来，乡村教师工资收入和生活条件得到一定改善，但是这份支持计划并不包括幼儿园教师，当前农村幼儿园教师在工资待遇、专业成长等方面仍然缺乏保障，获得感不高，流失现象较为普遍，进而形成优秀幼儿园教师“进不来、留不下、教不好”的恶性循环。

3. 儿童保护服务质量有待提高

在农村儿童保护方面，《中共中央　国务院关于实施乡村振兴战略的意见》中提出“健全农村留守儿童和妇女、老年人以及困境儿童关爱服务体系”，基层儿童工作队伍是健全儿童关爱服务体系、确保乡村儿童享受福利的重要基础。我国现有的基层儿童工作队伍主要有两类：村居儿童主任队伍和乡村服务类社会组织。但两类队伍都面临挑战。一方面，全国已拥有 66.3 万名儿童主任，实现每个村（居）配备一名儿童主任，但城市和乡村地区的儿童主任在专业能力上存在差异，同时尽管多个部门都有儿童发展相关政策、措施，但在村（社区）具体落实工作的可能只有 1 个人或者几个人，身兼数职，缺少激励机制，导致服务不规范，服务质量不能满足需求。村儿童主任、困境儿童的委托监护人、儿童之家等都存在类似的问题。另一方面，乡村服务类社会组织的覆盖范围不足以辐射全体乡村儿童。同时，随着《中华人民共和国未成年人保护法》的修订和国务院未成年人保护工作领导小组的成立，我国儿童保护的体制机制得到完善，但地方制度建设进程不一，乡村地区有待加强。

4. 特殊儿童关爱救助仍需关注

脱贫攻坚以来，我国制定了一系列的社会福利保障政策，使得农村地区特殊儿童[①]的利益得到一定程度上的保障。然而，农村地区特殊儿童的关爱救助问题仍较为严峻，主要面临以下问题。

① 农村地区特殊儿童主要指农村留守儿童、困境儿童、事实无人抚养儿童、孤儿等。

一是工作保障体制不顺，社会救助方式单一。各有关部门间的协作存在问题，未形成合力，造成政策、资金资源的浪费。困境儿童保障和农村留守儿童关爱工作需要民政、教育、公安等部门和群团组织共同开展特殊群体儿童保护工作，积极构建“政府、社会、家庭”三位一体关爱服务救助保护保障体系，形成分工明确、责任到位、齐抓共管、合力推进的工作机制，但当前各部门之间的协作机制不完善，无法形成合力。二是乡镇儿童督导员、村居儿童主任对于儿童工作职责不清。目前，乡镇儿童督导员和村居儿童主任队伍参差不齐，年龄普遍偏高，他们自身对于儿童工作并不了解，没有精力也没有心思专心学习研究儿童工作。三是特殊儿童认定困难较多，导致实际生活困难儿童得不到及时帮扶救助。受农村风俗习惯、生活水平等多方面因素影响，很多儿童跟着爷爷奶奶生活，导致了心理、教育等多方面差异，这些儿童不仅需要一定程度的心理关爱，还需要相应的经济帮助、政策支持来改变其基本生活状况。四是孤儿、事实无人抚养儿童在心理健康方面需要专业化的帮助。数据显示近 90% 的孤儿及事实无人抚养儿童心理敏感，不希望提及父母相关话题，希望得到他人的关注、关爱，但又害怕他人的靠近，需要更深入地开展专业服务来与他们建立关系，走进他们的内心世界，引导其敞开心扉，健康成长。

（二）农村儿童发展方面的挑战

整体而言，受经济社会发展水平的制约，农村儿童在各个阶段的发展仍然存在不平衡不充分的问题，如城乡发展差距、区域发展差距等问题均存在。

1. 0 ~ 6 岁儿童早期能力发展面临的挑战

脱贫攻坚以来，不同研究团队基于全国不同农村地区，使用不同类型测量工具探究农村 0 ~ 6 岁儿童发展水平，得出统一结论：与城市儿童相比，很大比例的农村 0 ~ 6 岁儿童发展潜能未得到充分发挥，脱贫地区这一情况更为严峻（见表 2. 1）。2013 年，北京大学团队对贵州、山西 6 县 0 ~ 3 岁婴幼儿的调查表明，贫困地区 35.7% 的婴幼儿存在发展滞后风险，且 6 ~ 11 月龄婴幼儿滞后风险比例达到 48.0%。2014 年陕西师范大学教育实验经济研究所使用 BSID—I 对陕西农村 1442 名 18 ~ 30 月龄婴幼儿及其照养人的研究表明，受访儿童中 48% 有认知发展滞后风险[①]，其中 18 ~ 24 月龄滞后风险比例为 41%，25 ~ 30 月龄滞后风险比例为 55%，这表明随着月龄的增加，认知发展滞后风险比例有所增加，且认知发展滞后风险比例均高于城市地区儿童（20%）。2015 年，北京大学团队进一步使用 BSID—III 对河北、云南的两个贫困县的

① BSID—I 认知发展滞后风险指的是认知分数低于 84 分。

448 名 6 ~ 18 月龄婴幼儿进行调查，调查结果表明样本儿童中认知、语言和社会情感发展滞后风险[①]的比例分别为 48.7%、40.6% 和 35%，均高于正常婴幼儿群体滞后风险比例（16%），可见地区及城乡儿童早期发展存在明显的不平衡问题。更多研究聚焦不同类型农村社区来分析农村地区儿童早期发展滞后风险现状，发现农村易地搬迁安置社区 6 ~ 30 月龄婴幼儿认知、语言、运动和社会情感的滞后风险比例分别为 51%、54%、35% 和 67%，流动人口社区农村 6 ~ 30 月龄婴幼儿认知、语言、运动和社会情感的滞后风险比例分别为 42%、39%、19% 和 39%，均高于正常婴幼儿群体滞后风险比例（16%），可见儿童早期发展滞后不仅在农村地区很常见，在农村人口聚集的易地搬迁安置社区和流动人口社区也很普遍。农村地区学前教育阶段 3 ~ 6 岁的儿童发展也存在一定比例的滞后风险，一项基于陕西农村地区的研究使用 WPPSI—IV 对陕西农村地区学前教育阶段儿童发展进行调查表明，36% 的样本儿童存在发展滞后风险，而城市地区学前教育阶段儿童发展滞后风险的比例仅为 9.5%，表明农村地区学前教育儿童认知发展滞后风险比例远高于城市地区（Wang，2020）。根据湘西 2 县 26 所农村幼儿园的调研数据，在园儿童语言理解能力和工作记忆方面处在临界或低弱水平的比例分别为 31% 和 21%，远远高于 8.9% 的全国常模（Chen，2021）。2020 年，中国发展研究基金会使用 BSID—IV 对贵州脱贫地区 966 名 0 ~ 3 岁婴幼儿发展现状进行调查，发现样本儿童认知发展滞后风险比例为 19.83%，语言发展滞后风险比例为 36.37%，运动发展滞后风险比例为 29.03%，社会情感发展滞后风险比例为 48.65%，可以发现脱贫后农村地区儿童早期发展仍存在相当比例的滞后风险。

表 2.1　部分研究对 0 ~ 6 岁儿童早期发展水平监测结果

研究机构	年份和地区	人群类型	测量工具	监测结果
中国发展研究基金会	2015 年，甘肃华池县	7 ~ 10 个月	Denver—II	筛查结果为“可疑”（需进一步诊断是否异常）及“异常”的比例共占 19%
	2017 年，贵州七星关区	6 ~ 24 个月	BSID—III	87.4% 的样本儿童在认知、语言、运动或社会情感能力方面，至少存在某一方面能力发展滞后风险
	2017 年，新疆吉木乃县	14 ~ 24 个月	Denver—II	筛查结果为“可疑”（需进一步诊断是否异常）的比例为 23.2%，“异常”比例为 20.2%
	2020 年，贵州脱贫地区	6 ~ 36 个月	BSID—IV	样本儿童认知、语言、运动和社会情感发展滞后风险的比例分别为 19.83%、36.37%、29.03% 和 48.65%
北京大学	2013 年，山西、贵州	6 ~ 36 个月	ASQ—3	贫困地区 35.7% 的婴幼儿存在发展滞后风险，且 6 ~ 11 月龄婴幼儿滞后风险比例达到 48.0%
	2015 年，河北、云南贫困县	6 ~ 18 个月	BSID—III	认知、语言和社会情感发展滞后风险的比例分别为 48.7%、40.6% 和 35%

① BSID—III 认知发展滞后风险指的是认知分数低于 105 分，语言发展滞后风险是指语言分数低于 109 分，社会情感发展滞后风险是指社会情感分数低于 100 分。

续表

研究机构	年份和地区	人群类型	测量工具	监测结果
陕西师范大学教育实验经济研究所	2014 年，陕西秦巴山区	18 ~ 30 个月	BSID—I	48% 的婴幼儿存在认知发展滞后风险，其中 18 ~ 24 月龄滞后风险比例为 41%，25 ~ 30 月龄滞后风险比例为 55%
	2017 年，陕西、河南、北京	6 ~ 30 个月	BSID—III	易地搬迁安置社区 6 ~ 30 月龄婴幼儿认知、语言、运动和社会情感的滞后风险比例分别为 51%、54%、35% 和 67%；流动人口社区 6 ~ 30 月龄婴幼儿认知、语言、运动和社会情感的滞后风险比例分别为 42%、39%、19% 和 39%
	2017 年，陕西	49 ~ 65 个月	WPPSI—IV	学前教育阶段儿童发展滞后风险比例为 36%

资料来源：根据中国发展研究基金会调研数据及已发表刊物整理。

2. 学龄阶段儿童能力发展面临的挑战

近年来，在政府教育投入加大、农村教育配套设施较为完善的条件下，城乡学龄儿童认知能力和非认知能力仍然存在较大差距。农村学龄阶段儿童的发展水平明显低于城市儿童，这不利于农村儿童的人力资本积累，长期来看，也不利于中国乡村振兴战略的实施。

从宏观层面来看，农村学生高中录取率和大学录取率显著低于城市学生，重点学校录取率的差距更大（杨倩，谢作栩，2017）。从学生的学业表现来看，农村学校学生也显著落后于城市学校学生（王云峰，田一，2012）。如部分研究使用中国教育追踪调查（CEPS）2013 年基线数据和 2014 年追踪调查数据对农村地区和城市地区学生的学业表现进行对比，发现农村学校学生学业成绩标准得分（语文、数学和英语）显著低于城镇学校的学生学业成绩标准得分（Wu，2019）。使用中国家庭追踪调查（CFPS）2014 年和 2018 年的数据对农村与城市的学生认知能力进行分析（见图 2. 2），结果发现，农村义务教育阶段学生的认知能力显著低于城市义务教育阶段学生认知能力，不论是字词测试得分还是数学测试得分，农村地区学生得分均显著低于城市地区[①]。

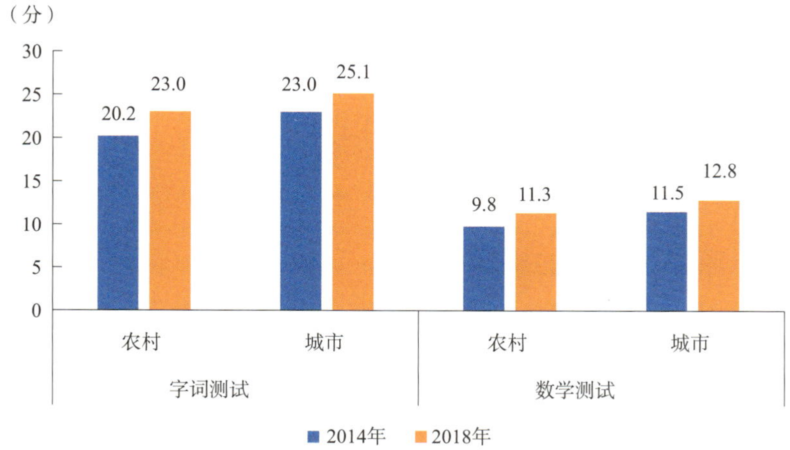

图 2. 2　2014 年、2018 年城乡义务教育阶段学生认知能力得分

资料来源：中国家庭追踪调查（CFPS）2014年、2018年数据。

① 通过计量方法对二者之间差异是否显著进行分析得知，农村义务教育阶段学生认知能力得分均显著低于城市同阶段学生。

与此同时，使用中国教育追踪调查（CEPS）基线数据，比较城乡初中生认知能力测试得分也可得出相似结论[中国教育追踪调查（CEPS）数据通过使用 3PL 模型对学生认知能力测试原始总分转化为认知能力测试标准化得分]。无论是七年级还是九年级，农村初中学生认知能力得分普遍低于城市学生（见图 2. 3）。七年级城乡学生的认知能力差距为 0.28 个标准差，九年级的差距扩大到 0.36 个标准差。这表明城乡学生认知能力差距有所缩小，但依然存在较大的差距。

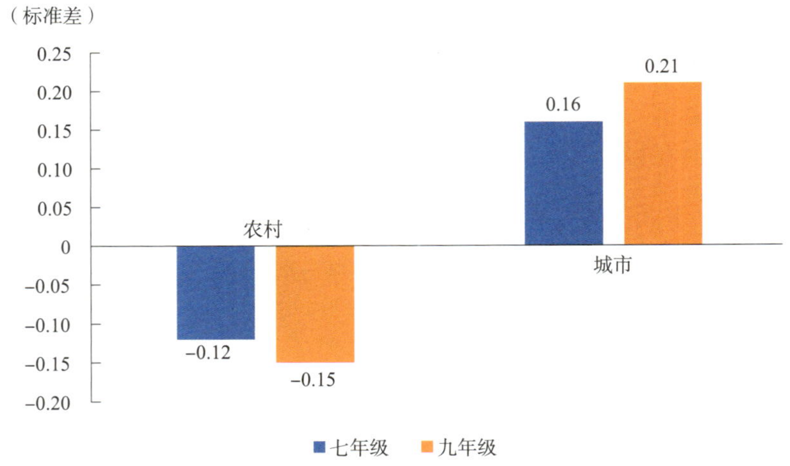

图 2. 3　2013—2014 学年城乡初中阶段学生认知能力比较

资料来源：中国教育追踪调查（CEPS）2013—2014学年基线调查数据。

多项研究也表明，农村地区学生非认知能力水平和城市地区学生存在差距。部分调查从“大五人格”的角度出发，对城乡学生非认知能力差距进行分析，农村初中学生在自我效能感、自信心、自律、社会性、积极情绪、自我教育期望等多种非认知能力上的发展水平均显著落后于城市同龄人，同时中低收入家庭学生的非认知能力水平显著偏低。使用 2013—2014 学年中国教育追踪调查（CEPS）数据中涉及青少年非认知能力的指标（自我效能感、自信心、自律、社会性和积极情绪）对城乡义务教育学生非认知能力进行衡量（见图 2. 4），可以发现，农村学生在非认知能力多个指标上（自我效能感、自信心、社会性等）得分均落后于城市同龄人。

3. 儿童在营养健康方面面临的挑战

经济社会发展不平衡和自然环境差异使我国儿童营养健康存在明显的地区和城乡差异，且儿童年龄越小，城乡差距越大。在全球 5 岁以下儿童中，仍有 1.49 亿出现生长迟缓，近 5000 万儿童处于消瘦状态，另外，3.4 亿儿童面临维生素及矿物质缺乏（联合国儿童基金会，2019）。我国贫困农村学龄儿童的生长迟缓发生率是城市地区儿童的数倍，如 2017 年我国中西部贫困农村 6 ~ 15 岁儿童生长迟缓率为 5.3%，而城市 6 ~ 17 岁儿童生长迟缓率仅为 1.0%（张倩，2021）。儿童早期在贫血率、生长迟缓率等指标上，中西部农村地区均落后于全国平均水平。研

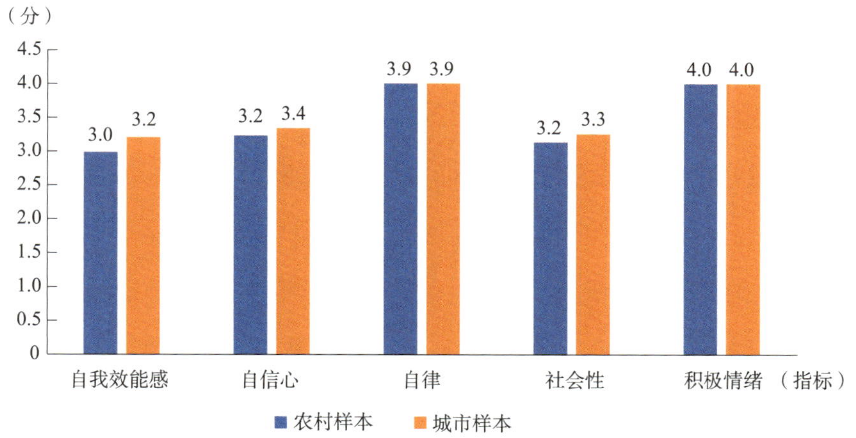

图 2.4　2013—2014 学年城乡义务教育阶段学生非认知能力得分

资料来源：中国教育追踪调查（CEPS）2013—2014学年基线调查数据。

究表明 48.3% 的 6 ~ 12 月龄农村婴幼儿存在严重的贫血问题（世界卫生组织将血红蛋白值低于 110g/L 定义为婴幼儿贫血），18 月龄后婴幼儿贫血率开始下降，但到 24 ~ 30 月龄仍有 23.3% 的婴幼儿存在贫血问题（崔艺，高嘉琪，岳爱等，2018）。在城市流动人口社区和农村易地扶贫搬迁安置区的 6 ~ 24 月龄婴幼儿中，几乎一半的婴幼儿存在贫血问题。同时，学龄儿童缺铁相关的贫血流行率在各省、地区、城乡之间也存在明显差异，2017 年我国中西部贫困农村的 6 ~ 15 岁儿童贫血患病率为 10.6%，高于全国 6 ~ 17 岁儿童 6.1% 的平均水平，部分省（区）贫困农村儿童贫血率超过 20%，仍处于中度流行状况。这些调查虽不能简单推断总体，但反映了城乡区域间儿童营养健康状况的不平衡。

三、本章小结

近年来中国在农村儿童发展领域取得了显著的成就。第一，在全国，尤其是农村地区建立了相对完善的儿童发展保护体制机制和政策体系，农村儿童发展得到了政府和社会的更多关注。第二，多项农村儿童的健康干预政策出台，农村儿童特别是脱贫地区的儿童的健康状态有了明显的改善。第三，农村特别是边远民族地区儿童教育的覆盖面大幅度提升，教育的可获得性和质量有了明显的提高。第四，农村儿童的保护和福利制度从无到有，不断完善，困境儿童和孤儿等弱势群体的生活水平不断提升。第五，城乡儿童在健康、教育、公共投资等方面的差距不断缩小。第六，农村地区儿童的绝对贫困问题得以彻底消除。

尽管农村儿童发展成效显著，但与儿童高质量发展的要求相比还存在明显的不足，城乡之间儿童发展存在较大差距。一是农村儿童早期发展缺少顶层设计，在 0 ~ 3 岁婴幼儿早期发展阶段，尚未形成制度化的保障体系。二是部门协调配合力度不够，没有形成农村儿童发展合力，发展效率较低。三是基层力量薄弱，各类政策在基层落实不到位，影响农村儿童的发展。四是儿童在早期养育、健康、教育等方面依然存在明显的城乡差距，基本公共服务均等化还有很长的路要走。五是农村儿童早期发展（0 ~ 6 岁）存在明显的短板，投入和服务供给不足，供给与需求脱节。

下阶段要实现农村儿童高质量发展，要加强农村儿童发展的政策顶层设计，尤其是加强 0 ~ 3 岁婴幼儿早期发展的政策顶层设计，弥补农村地区儿童早期发展的政策空白。在实现顶层设计的基础上，加强基层儿童发展在养育、健康、教育方面人才队伍建设和服务供给能力，特别是对儿童早期阶段给予更多的关注和投入，弥补农村基层儿童发展领域人才短板。此外，部门协调机制的进一步完善是提高儿童发展效率的保证，加强卫生健康、教育、民政等部门之间的协调配合，共同助力农村儿童的高质量发展。

第三章

农村婴幼儿早期养育的发展

“生命最初 1000 天”的重要意义在脑科学、经济学、心理学等学科领域均已得到证实。0 ～ 3 岁是人生的关键期和敏感期，是大脑功能、体格生长、行为和情绪能力发展最快的时期，为这个阶段的婴幼儿提供充分的营养和养育刺激，促进婴幼儿在认知、心理和社会情感方面的健康成长，不仅为一生的健康、学习能力和生产力奠定基础，甚至会影响子代的福祉。因此，这一阶段科学的早期养育对婴幼儿的身心发育至关重要，科学的早期养育有助于儿童早期认知、语言、社会情感和运动能力的发展。促进儿童早期发展的积极经验包括充足的营养、积极的看护、积极的社会心理刺激以及家庭对早期学习的支持，这些积极经验对 0 ～ 3 岁婴幼儿尤其重要。城市地区照养人对早期养育普遍有了一定程度的认识和重视，并且有众多市场化专业机构提供服务；而农村地区尤其是脱贫地区，存在数量众多的留守儿童，且照养人普遍缺乏对早期养育的认知和相应的养育技巧，婴幼儿早期科学养育存在一定程度的滞后，需要及时进行社会干预，提供相应的公共服务。

农村 0 ～ 3 岁婴幼儿的发展对儿童成长和家庭发展具有重要意义，也关系到国家和社会的未来命运。脱贫攻坚没有落下任何一个儿童及其家庭，乡村振兴也要帮助农村地区儿童健康成长、全面发展，为农村家庭提供科学养育指导和高质量的托育服务。在制定政策、采取措施、配置资源等方面，要实施更加积极的政策，为婴幼儿发展的营养健康、教育服务、家庭支持等方面提供政府支持和服务保障，让更多农村婴幼儿受益，推进农村地区儿童发展。

一、儿童早期养育的内容和作用

2018 年，世界卫生组织、联合国儿童基金会等国际组织联合发布养育照护促进儿童早期发展框架（New-born Care Framework），将养育照护定义为“一个由照护者创造的环境，旨在确保儿童身体健康、食物营养，保护他们免受威胁，并通过互动给予情感上的支持和响应，为他们提供早期学习的机会”，明确了养育照护框架由 5 个不可分割的基本元素构成：足够的营养、良好的健康、安全和保障、回应式照料及早期学习机会（见表 3. 1）。这一框架描述了由政府支持、照养人实践的养育照护的生态模式——在国家层面给予政策支持和帮助，社会各部门提供健康、营养、教育和儿童保护服务，社区层面培训父母或其他照养人的养育照护知识与技能，以让婴幼儿获得来自父母（或其他照养人）的高质量的养育照护（世界卫生组织，2018）。

表 3.1　养育照护五大核心要素及其对应措施

要素	足够的营养	良好的健康	安全和保障	回应式照料	早期学习机会
措施	1. 孕产妇及照护者营养状况良好； 2. 母乳喂养和儿童营养补充适当； 3. 辅食添加，按需补充微量元素； 4. 食物多样性； 5. 儿童营养不良得到控制	1. 产前和分娩期保健； 2. 照护者身心健康； 3. 免疫接种与儿童保健； 4. 疾病预防、治疗和护理； 5. 有干净的水和食品、好的环境； 6. 充足睡眠； 7. 适宜身体活动（运动）； 8. 发育困难和残疾儿童的康复和护理等	1. 家人和孩子生活环境整洁、安全； 2. 家人和孩子保持良好的卫生习惯； 3. 孩子在做出不当行为时能够得到提醒； 4. 儿童不会经历忽视、流离失所或冲突	1. 孩子和照料者形成稳固的情感关系； 2. 照料者对孩子的行为敏感，并能积极回应； 3. 照料者和孩子的互动是愉快的，并能激发孩子的发展； 4. 顺应性喂养； 5. 对照护者情感支持及持续培训	1. 交流过程中可使用丰富的语言； 2. 照护者—儿童游戏、阅读和讲故事； 3. 图书分享； 4. 在日常护理中使用当地语言； 5. 家里和社区都有适合孩子年龄的玩具和早期学习机会； 6. 能获得有质量的托育服务

资料来源：世界卫生组织、联合国儿童基金会等。

2021 年，国家卫生健康委员会印发的《健康儿童行动提升计划（2021—2025 年）》中提出婴幼儿养育照护主要是指通过家长课堂、养育照护小组活动、入户指导等方式，普及科学育儿知识和技能，增强家庭的科学育儿能力，促进儿童体格、认知、心理、情感、运动和社会适应能力全面发展。2022 年，国家卫生健康委员会印发的《3 岁以下婴幼儿健康养育照护指南（试行）》指出，婴幼儿时期是儿童生长发育的关键期，这一时期大脑和身体快速发育，要强化医疗机构通过养育风险筛查与咨询指导、父母课堂、亲子活动、随访等形式，指导照养人掌握科学育儿理念和知识，为婴幼儿提供良好的养育照护和健康管理，为儿童未来的健康成长奠定基础。

科学的养育照护是促进婴幼儿健康成长的重要保障。造成儿童早期发展存在滞后风险的主要原因是营养不良和缺乏有助于促进其能力发展的养育环境（罗仁福，刘承芳，唐雅琳，2022）。本章主要关注早期养育环境，在儿童早期发展养育照护框架五大要素中，早期养育对应回应式照料和早期学习机会。儿童在 0 ~ 3 岁时，成长的环境是以家庭为中心的，养育占有较大的比重。照养人要学习并掌握养育照护和健康管理的各种技能和方法，在养育实践中与儿童同步成长；通过指导，使照养人了解、辨识婴幼儿常见健康问题，掌握相应的家庭护理技能；遵循婴幼儿生长发育规律和特点，尊重个体特点和差异，为婴幼儿提供科学的养育照护，促进儿童早期发展。这一时期最重要的早期教育方式依次是积极反馈，给予充分的爱，帮助爬、站、走等动作与运动，提供丰富的感官刺激与练习。这一阶段的早期教育不应是以知识、技能为主的学习，而应从儿童的情感入手，在愉悦的情感中发展动作、语言等能力，注重通过丰富各种感官的早期刺激，让儿童得到一定的发展，为后续的学习奠定基础。对婴幼儿的多项研究表明，培养、激发儿童与父母及看护者积极互动，可永久强化学习能力，甚至会永久地改变大脑功能（联合国儿童基金会，2015）。

二、农村婴幼儿早期养育的现状

（一）顶层布局、完善法规、出台政策，助力儿童早期养育

改革开放以来，中国经济发展和社会进步取得巨大成就，综合国力和国际竞争力大幅提升，党和政府对农村儿童早期养育逐步重视。1981 年成立全国儿童少年工作协调委员会，于 1993 年更名为国务院妇女儿童工作委员会。2003 年教育部等部委颁布的《关于幼儿教育改革与发展的指导意见》明确提出“要全面提高 0 ~ 6 岁儿童家中及看护人员的科学育儿能力”。此外，《国家中长期教育改革和发展规划纲要（2010—2020 年）》指出要重视 0 ~ 3 岁婴幼儿教育。在此基础上，针对贫困地区儿童早期发展和养育困境，2014 年国务院办公厅发布的《国家贫困地区儿童发展规划（2014—2020 年）》提出要在贫困地区开展婴幼儿早期保教，依托幼儿园和支教点，为 3 岁以下儿童及其家庭提供早期保育和教育指导服务。同时，党的十九大提出必须取得新进展的七大民生工程中，“幼有所育”排在首位。2019 年 2 月，国家发展和改革委员会联合 17 个部门印发了《加大力度推动社会领域公共服务补短板强弱项提质量 促进形成强大国内市场的行动方案》，把婴幼儿照护定位为社会领域公共服务的短板，明确提出“到 2020 年，婴幼儿照护服务的政策法规和标准规范体系初步建立”。2019 年 5 月发布《国务院办公厅关于促进 3 岁以下婴幼儿照护服务发展的指导意见》，各省纷纷出台《3 岁以下婴幼儿照护服务发展的指导意见》，儿童早期养育与可及性的顶层设计全面启动。2020 年颁布《国务院办公厅关于促进养老托育服务健康发展的意见》，指出要建立“幼有所育”的政策体系，扩大多方参与、多种方式的托育服务供给，为我国儿童早期养育发展指明了方向。2021 年 3 月，每千人口拥有 3 岁以下婴幼儿托位数被列入我国国民经济和社会发展十四五规划的主要指标；2021 年 6 月印发《中共中央 国务院关于优化生育政策促进人口长期均衡发展的决定》，提出“发展普惠托育服务体系”。2022 年设立 3 岁以下婴幼儿照护个人所得税专项附加扣除，作为优化生育政策配套支持措施，是促进人口长期均衡发展的又一支持性举措。

（二）卫生健康部门积极开展婴幼儿早期养育的综合推进工作

卫生健康部门着力加强儿童早期养育的综合推进，从机构和队伍建设到项目实施，都投入了大量人力物力。一是强化高水准专业队伍建设。组建了儿童生长发育、营养喂养、心理行为、早期学习等领域的国家级专家团队，建成一支专业化、高水准的儿童早期发展工作队伍。二是创建并评估了一批国家级儿童早期发展示范基地，通过开展养育风险筛查、咨询指导、养育照护小组活动和家访服务等，加强对儿童照养人育儿知识和技能指导，构建以县级妇幼保健机构为龙头、乡村卫生院（社区卫生服务中心）为枢纽、村卫生室为基础的县、乡、村三级联动的儿童早期发展服务网络，为辖区内儿童提供优质、全面的早期发展服务。三是统一编写培训教材和家长读本。组织全国权威专家编写“儿童早期发展系列教材”及系列科普读本。四是关注农村儿童早期发展，探索儿童早期发展服务模式。2013—2016 年，在联合国儿童基金会的支持下，国家卫生和计划生育委员会①与国务院扶贫办②、民政部、妇联等部门合作，开展儿童早期发展试点工作，探索并形成了适合农村地区开展的以机构服务、入户家访、社区指导、小组活动、流动服务随访等 5 个服务路径为依托的儿童早期发展服务模式。

（三）父母外出务工造成的隔代养育问题凸显

由于外出务工造成地域分割，留守儿童规模快速膨胀，隔代养育现象突出，给农村婴幼儿早期养育带来了巨大的挑战。民政部 2018 年农村留守儿童数据显示，农村 0 ~ 5 周岁留守儿童数量达到 152 万人，占农村留守儿童总人数的 21.7%，其中 90% 以上的留守儿童均由祖父母或者外祖父母照顾（中华人民共和国民政部，2018）。中国发展研究基金会 2019 年在甘肃、青海、四川、贵州等地进行的婴幼儿家庭现状调查显示，29.27% 的婴幼儿由祖父母照护，37.16% 的婴幼儿的父母至少一方不住在家。中国家庭追踪调查（CFPS）2020 年的数据调查显示，农村样本 0 ~ 3 岁的留守儿童中，父母均外出所占比例为 25.3%，仅父亲外出所占比例为 53.0%，仅母亲外出所占比例为 26.0%，三者比例均高于样本中城市相应留守儿童比例（见图 3. 1）。

父母在婴幼儿成长关键期的缺位可能会对儿童早期发展造成较大的负面影响。当父母外出务工时，负责婴幼儿营养和养育的工作一般由祖父母承担。与父母作为照养人相比，祖辈的受教育水平程度较低，在养育方式上存在较大的差异（吴重涵，戚务念，2020），意味着婴幼儿的早期养育环境，特别是养育观念、养育方式、时间投入和物质投资等方面均面临着较

① 2018 年，由于职责整合，组建国家卫生健康委员会，不再保留国家卫生和计划生育委员会。

② 现为国家乡村振兴局。

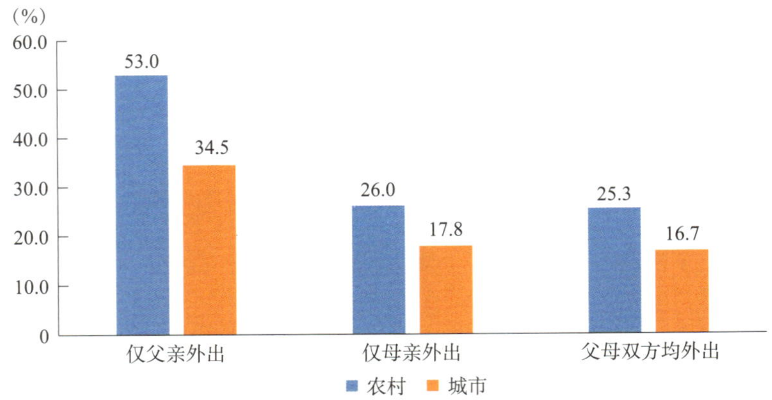

图 3.1　2020 年农村 0 ~ 3 岁留守儿童类型与占比

资料来源：中国家庭追踪调查（CFPS）2020年数据库。

大变化。祖父母照养人大部分仅满足婴幼儿基本的吃饱穿暖，易忽略对孩子情感的回应，缺少有效陪伴婴幼儿的时间，较少与婴幼儿之间进行有效的互动，同时各类消极养育行为的频率有所增加。一项基于陕西农村地区的研究表明，农村地区母亲外出务工时，相较母亲未外出的家庭，母亲外出家庭给婴幼儿读故事的比例减少 4.1%，用玩具和孩子一起玩游戏的比例减少 8.4%，与孩子一起唱儿歌的比例减少 15.6%，同时出现提高声调或者吼孩子这类行为的频率更高，打屁股行为发生率高出 3.1%，拿走玩具的比例也高出 4.0%（李珊珊，岳爱，刘国恩，2021）。消极的管教行为会引起婴幼儿早期发展滞后风险，特别是婴幼儿认知和语言发展滞后风险。

（四）农村地区照养人缺乏科学早期养育和看护照顾技能

1. 家庭养育环境较差，缺乏刺激儿童早期发展的必要条件

农村地区大部分儿童很难接受到科学的养育互动，导致儿童早期发展存在滞后风险。农村地区照养人平均受教育水平偏低，缺乏科学的养育知识和积极的养育行为。中国发展研究基金会 2020 年脱贫地区的调研显示，脱贫地区 3 岁以下婴幼儿中，超过四成的照养人受教育程度为小学及以下，照养人整体受教育水平较低。据统计，贫困农村地区照养人养育知识得分仅高于 0.5 分（满分 1 分），且只有 13% 的照养人给孩子阅读，38% 的家长给孩子唱儿歌，不到 40% 的照养人和孩子玩耍，超过一半（54%）的家庭没有任何适合儿童阅读的绘本（李英，贾米琪，郑文廷，2019）。中国发展研究基金会 2018 年对青海乐都区婴幼儿家庭抽样调查显示，接近 60% 的婴幼儿照养人极少花钱给孩子买故事书或绘本书等，接近 50% 的家庭没有给孩子买过益智类玩具，超过 70% 的照养人很少给孩子讲故事。同时，中国家庭追踪调查（CFPS）数据显示，2013—2020 年农村地区照养人与婴幼儿开展亲子互动的频率不断提高，但整体比例低于城

市地区，与城市地区仍存在较大差距。参照 HOME 量表，以帮孩子识数、辨认色彩和辨认形状作为亲子互动的衡量指标，可发现，2014—2020 年，农村地区照养人与 0 ~ 3 岁婴幼儿亲子互动频率低于一周一次的样本占比总体降低，但整体亲子互动频率低于一周一次的样本占比仍较高。2020 年，农村地区帮孩子识数频率低于一周一次的样本占比接近 50%，帮孩子辨认形状和辨认色彩的频率低于一周一次的样本占比均超过 40%。可见，在农村地区照养人科学养育的比例较低，婴幼儿很难接受到科学的养育互动（见图 3. 2）。

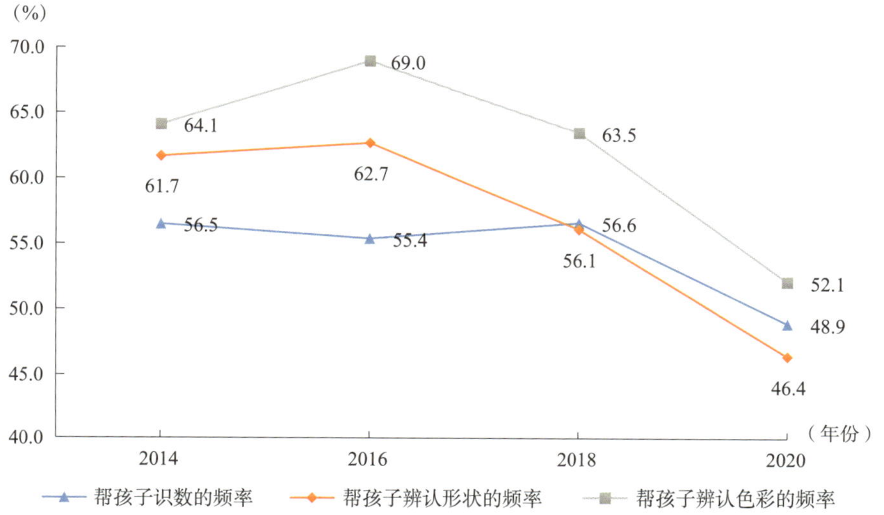

图 3. 2　2014—2020 年农村地区照养人与 0 ~ 3 岁婴幼儿亲子互动频率低于一周一次的样本占比

资料来源：中国家庭追踪调查（CFPS）2014—2020年数据库。

与此同时，农村地区照养人养育过程中，采取消极养育行为的频率较高，阻碍了儿童早期发展。农村地区照养人通常采取的消极养育行为包括打孩子、骂孩子、不回应、当着孩子面吵架或打架等。一项基于贫困地区的研究表明，照养人对婴幼儿的管教方式都比较粗暴，超过 40% 的照养人在管教婴幼儿时会使用提高声调或吼的方式、拿走婴幼儿的玩具等粗暴的管教方式（Yue et al.，2019）。中国发展研究基金会 2020 年脱贫地区的调研数据显示，照养人的不良行为习惯频率较高，包括当着孩子的面抽烟（18.9%）、说脏话（14.1%）、酗酒（10.9%）、随地吐痰（6.6%）等。同时还发现，近 50% 的照养人在过去一周内动手打过孩子，同时照养人受教育程度越低，越经常出现严厉惩罚、语言恐吓等方式，81.8% 的照养人感到缺乏有效的教育方法，这也导致婴幼儿在家庭生活中过度依赖电子产品，17.3% 的婴幼儿平均每天使用电子产品超过 3 小时，屏幕暴露问题在农村脱贫地区普遍存在。

2. 农村地区照养人心理健康问题更不利于儿童早期发展

0 ~ 3 岁婴幼儿的照养人与儿童的接触最多、联系最紧密，婴幼儿更依赖照养人提供的认知刺激和社会交往环境，更易受到照养人不良心理状态的不利影响。因此照养人拥有积极健康的心理将有利于儿童的发展，拥有不健康心理的照养人将对儿童的发展产生负面的影响（Feil et al.，1995）。研究表明如果婴幼儿照养人具有抑郁倾向，会使其积极养育行为显著减少，使其消极养育行为显著增加，同时婴幼儿出现社交行为和社交情绪能力发展滞后风险的比例大大提高，可能是正常照养人抚养儿童的 2 ~ 3 倍。也有研究指出，相较于正常的母亲，存在抑郁风险的母亲即使与儿童互动，也通常缺乏逻辑性，且表现得更加消极，因此婴幼儿也较难通过与母亲互动来提高认知、语言能力等各方面的发展水平（Sohr-Preston，2006）。部分中国农村地区的调查表明农村地区照养人抑郁的比例从 23% 至 40% 不等，同时接近 40% 的农村照养人有一种以上的心理健康问题，且照养人有抑郁倾向，婴幼儿的认知能力发展滞后风险更高，社交情绪能力发展滞后风险更突出（Zhang et al.，2020）。

（五）农村儿童早期发展公共服务供给与投入不足

1. 农村 0 ~ 3 岁婴幼儿数量较大

根据第七次全国人口普查数据，我国儿童分布中，0 ~ 3 岁农村儿童[①]有 2539 万人，占全国 0 ~ 3 岁婴幼儿的 60.5%，其中 0 ~ 3 岁的乡村儿童有 1529 万人，占农村儿童的 60.2%（国务院第七次全国人口普查领导小组办公室，2021）。在这些儿童中，现存大量“处境不利”儿童，包括留守儿童、流动儿童、离异家庭儿童、残疾儿童以及少数民族区域儿童等。这些儿童未来将成为实施乡村振兴的核心力量。如若难以得到足够的科学的早期养育，易错过大脑发育的关键时期，从而无法成为未来发展所需的人才。

2. 早期照护服务供给集中在城市区域，无法满足农村需求

农村婴幼儿家庭照护指导的公共服务缺乏，进一步造成农村养育环境的恶性循环。当前，在多数农村地区未形成“儿童优先”或“儿童友好”的早期发展环境，既没有在社区范围内为婴幼儿家庭提供方便，也没有配备相应的人力、物力进行针对性照护服务。当前托育服务供给机构主要分布在城市，无法满足农村的需求。国家卫生健康委员会的数据显示，0 ~ 3 岁婴幼儿在我国各类托幼机构的入托率仅为 4%，农村地区这一数据更低，法国等欧洲国家的入托率可以达到 50%（任泽平，2022）。一项全国性抽样调查显示，城市地区托育服务机构占比 86.28%，农村地区机构占比 13.72%（佘宇，史毅，白钰，2022）。虽然党的十九大以来我国在满足 0 ~ 3 岁婴幼儿“幼有所育”服务方面采取了一些措施，也取得了一些成效，但 62.5% 的新生儿出生在乡镇和乡村（国务院第七次全国人口普查领导小组办公室，2021），且农村常规的婴幼儿服务

① 包括乡镇儿童和乡村儿童。

集中于健康体检，关注“养”而忽视“育”，通常依赖基层妇幼保健人员在婴幼儿访视的过程中开展，没有对婴幼儿认知和情感发育、亲子互动等方面开展专项措施，因此农村 3 岁以下婴幼儿照护服务仍相对缺乏。

相较于一般的农村地区，脱贫地区农村的公共服务更加缺乏。中国发展研究基金会 2020 年基于脱贫地区的调查显示，脱贫地区农村严重缺乏婴幼儿照护服务，86.8% 的 3 岁以下婴幼儿没有接受过任何早期养育和照护的相关服务。在经费投入方面，脱贫地区除在儿童健康、困境儿童福利保护等方面有相应的基本公共服务支出外，在早期照护、家庭教育等方面几乎没有支出，有限的经费投入也很难下沉至村，很难惠及农村低收入人口。同时，65.6% 的乡村在儿童发展公共服务方面（包括教育、福利、健康等）没有任何投入（包括转移支付）。约 2/3 的村干部反映，近两年村级儿童发展面临的最主要困难，一是缺乏儿童发展相关的公共服务及设施；二是缺乏经费投入。

3. 当前国内尚未建立一套标准化的培训体系及培养模式

当前国内针对 0 ～ 3 岁婴幼儿照养人员的培养体系，大部分采用 3 ～ 6 岁学前教育专业教材，学生整体缺乏实训练习，各院校专业核心课程开设不一致，不同课程开设概率不同。同一方向的课程在不同院校名称不同，以“婴幼儿心理与发展”为例，名称有：婴儿心理学、幼儿心理、幼儿心理学、婴幼儿心理学、婴幼儿发展心理等。部分院校直接采用学前教育专业教材，以“婴幼儿心理与发展”方向为例，教材涉及学前儿童心理发展与评价、学前儿童发展心理学、学前儿童心理发展等方面。课程分类角度不一，课程内容交叉重复，以营养相关课程为例，有教材强调营养与护理，有教材强调营养与保健，还有教材强调营养与喂养。以卫生相关课程为例，有教材强调婴幼儿卫生与保健，有教材强调婴幼儿卫生与保育，有教材强调幼儿卫生学、学前儿童生理与保育等。

三、已开展的项目

（一）“慧育中国：山村入户早教计划”项目

“慧育中国：山村入户早教计划”项目（以下简称“慧育中国”项目）是中国发展研究基金会在中国农村地区开展的一项结合养育指导及营养干预的 6 ～ 36 月龄儿童早期发展项目。项目旨在通过改善农村幼儿与其照养人的互动质量，促进儿童认知、语言、社会性以及健康等方面的发展，探索适合中国农村的婴幼儿家庭照护干预模式，并采用科学的评估方法，为儿童早期发展研究和政策制定提供依据。

中国发展研究基金会自 2014 年开始筹备“慧育中国”项目，经过选点、实地调研、干预方案专家论证、干预课程培训等一系列前期准备工作，2015 年 7 月，“慧育中国”项目正式启动。首先在甘肃省华池县进行试点，采用经过改编的国际家访项目的课程设置和内容，采取入户干预的模式，针对婴幼儿每个月龄段的发展特点，按周次具体设计游戏活动，促进家长养育技巧的改善以及婴幼儿语言、认知、社会情感和动作等领域的发展；然后在入户干预的基础上探索不同干预方式的效果，进行多样化的尝试和探索，在部分项目地区采取“入户养育指导 + 中心式”的混合模式。“养育中心”植入了入户家访的课程内容，利用山村幼儿园、社区幼儿园、村级学校的现有场地开展活动，每次亲子活动包含阅读、亲子游戏、音乐律动等部分，配备统一的中心式活动玩教具，由一名主教老师和一名辅教老师组织实施活动。在保证干预质量的同时，通过探索“养育中心”模式降低项目成本，推动项目的可持续性发展。同时，为适应中国农村家庭养育实际情况，针对不同地区的特点，对婴幼儿养育指导课程进行了本土化改编，如：对新疆、西藏等少数民族试点地区的教材进行了民族语言文字翻译、换图等本地化改编，使其更适合少数民族照养人及婴幼儿的语言文化习惯。

2016 年中期和 2017 年末期对甘肃华池县试点项目的评估结果表明，入户养育指导对干预组儿童家庭养育环境和儿童综合智力发育均产生良好的促进效果。具体而言，经过 22 个月家访，家庭环境观察量表总得分提高 4.96 分。中期评估结果显示，干预组比对照组在接纳、环境的组织、学习材料、家长参与程度、环境的变化性 5 个维度上的得分均更高，其中学习材料高出了近 8 分，变化最明显。同时，家访对干预组 0 ~ 3 岁婴幼儿的“精细动作”“语言”等能区，在控制相关变量条件下，干预组比对照组的“语言”能区原始得分提高 0.56 分；跟踪数据表明，经过家访的儿童，其“精细动作”得分提高 0.436 个标准差。通过对终期调查的数据分析，家访干预使儿童智力筛查“正常”的概率提高 51.4%。干预组的智力发育筛查“正常”占比 73.22%，比对照组高出 12 个百分点，各月龄组均为干预组高于对照组。干预组的智力发育筛查“可疑”占比 19.10%，比对照组低 7 个百分点，各月龄组均为干预组低于对照组。干预组的智力发育筛查“异常”占比 7.68%，比对照组低近 5 个百分点；除 38 ~ 41 月龄组外，其他月龄组筛查“异常”均为干预组低于对照组。

截至 2021 年 1 月，“慧育中国”项目已在全国 10 个省（区）、12 个县展开试点，项目内儿童 12482 人，累计干预儿童 17773 人。入户养育指导提升幼儿发育正常率达 50% 以上，有效促进“语言”“精细动作”发展。詹姆斯 · 赫克曼研究团队对华池三期评估数据进行了严格的计量经济学分析，证明了入户养育指导干预的明显效果，终期评估时，与未进行项目干预的儿童相比，经过干预后的儿童语言和认知能力提高 1.1 个标准差。进一步分析效果背后的机制表明，入户养育指导对儿童语言和认知能力产生的提升效果，90% 是由于儿童的“潜在技能”因入户养育指导而获得提升，10% 是由于通过入户养育指导，儿童获得了综合多种技能的学习能力。因此，该项目能够提高家长养育技能并促进儿童发展，且成本较低，每个儿童的实施成本只有美国同类项目的 3% ~ 5%。

（二）毕节农村儿童发展综合示范区项目的 3 岁以下婴幼儿养育指导试点

为贯彻落实中央领导关于将毕节试验区建成贯彻新发展理念示范区的重要指示，中国发展研究基金会与贵州省、市、区三级政府及多个部门共同推进毕节农村儿童发展综合示范区项目的建设。项目着力推动人力资源开发，在毕节试验区综合实施从出生到就业的全生命周期试验项目，以儿童营养、教育及儿童保护为重点，采取精准干预和信息化手段，实现填空白、补短板、提质量、试模式、促协调的目标，为乡村振兴及相关政策制定提供依据。主要包括 4 个工作阶段，其中 0 ~ 3 岁阶段是工作重点。

2021 年 9 月 15 日，中国发展研究基金会与毕节市人民政府正式签署毕节农村儿童发展综合示范区项目合作协议，标志着毕节农村儿童发展综合示范区项目正式落地。在 0 ~ 3 岁的婴幼儿家庭照护项目阶段，主要采取“精准家访 + 早期养育中心”的方式。截至 2022 年底，在毕节七星关区 4 个试点乡镇招募总督导、督导员、育婴辅导员等共计 120 多名，并完成专业培训，对 1500 多名 0 ~ 3 岁婴幼儿开展精准家访，建成 11 个早期养育中心（设置点有镇、村、社区）。七星关区以外其他 7 县（市）的 0 ~ 3 岁项目启动试点，预计 2023—2025 年项目将进一步扩展到七星关全区，并在毕节试验区全面推广，推动毕节的儿童发展事业持续深入推进。

当前，我国针对欠发达地区儿童发展已经出台了一系列支持政策，但是没有形成系统的政策体系，投入有限，服务队伍缺乏。毕节农村儿童发展综合示范区旨在通过建成全国首个欠发达地区儿童发展综合示范区，为其他欠发达地区包括 0 ~ 3 岁婴幼儿家庭照护在内的儿童发展相关工作和乡村振兴及相关政策制定提供依据。

（三）“养育未来”项目

为研究和推动贫困农村地区的儿童早期发展水平，2014 年开始，陕西师范大学教育实验经济研究所与国家卫生健康委员会和陕西省卫生健康委员会合作开展了“养育未来”项目，探索适合贫困农村地区的儿童早期发展干预模式。通过在农村贫困地区推广婴幼儿早期发展服务方式、机制，为国家今后开展和完善农村贫困地区儿童早期发展服务模式提供决策依据及有效方案。

该项目分为 3 个探索阶段，分别是婴幼儿照养人养育行为干预（入户模式）、建立村级婴幼儿早期发展活动中心（养育中心模式）、宁陕整县模式（全县覆盖养育中心）。入户模式阶段，探索养育师入户改善家长养育行为的有效方式，进而提高婴幼儿的认知、语言、运动和社会情感等多项能力。2014 年来自项目所在地的 70 位基层计生干部经过培训成为养育师，参照《养育未来婴幼儿早期发展活动指南》，针对婴幼儿认知、语言、运动和社会情感四方面能力发展开展每周一次入户，与家长、婴幼儿一起完成为婴幼儿设计的课程任务。在入户干预的基础上，为更好地推广养育培训项目，让更多的孩子受益，2015 年项目实施团队开始探索村级婴幼儿早期发展活动中心，参照我国制定的幼儿园建设标准以及欧盟制定的学前教育建设等设立标准化婴幼儿早期发展活动中心，并购置通用型儿童游戏设施和玩具，配置适合不同年龄段儿童发展需要的亲子游戏活动材料，开展的活动包括一对一课堂、集体活动和自由活动等，共建立了 50 个村级婴幼儿早期发展活动中心。在婴幼儿早期发展活动中心的基础上，为了在更大范围内实施项目，2018 年浙江省湖畔魔豆公益基金会联合陕西师范大学教育实验经济研究所以及当地政府在陕西宁陕县开展了“养育未来”宁陕整县模式项目，为解决第二阶段部分区域婴幼儿数量较少，婴幼儿早期发展活动中心部分资源闲置的情况，探索了“养育师入户干预 + 婴幼儿早期发展活动中心 + 婴幼儿早期发展活动服务点”混合模式，已在宁陕县建立 20 个婴幼儿早期发展活动中心。

经过项目团队的科学评估，3 种模式均对儿童早期发展有不同程度的正向影响。养育师入户干预对婴幼儿认知发展有显著的正向影响，与未进行养育师入户干预的对照组相比，干预组婴幼儿认知能力发展得分从基线调查的 88 分提高到 91 分，且这一效果对妈妈是主要照养人的婴幼儿影响更显著。对 50 个婴幼儿早期发展活动中心的婴幼儿实施 2 年干预后发现，与对照组相比，干预组婴幼儿认知能力和语言发展能力显著提升 0.25 个标准差和 0.26 个标准差，进一步对经过干预进入学前教育阶段的儿童进行评估发现，村级儿童早期发展活动中心干预在幼儿园阶段仍然对干预组儿童的认知、语言和亲社会行为发展有显著积极的影响。宁陕整县模式的干预也显著改善了儿童的认知和运动能力。

（四）儿童早期发展项目

联合国儿童基金会从 2013 年开始，与中国政府合作开展儿童早期综合发展服务项目。该项目旨在改善为 0 ～ 3 岁婴幼儿提供的卫生、营养、教育与保护等服务，以最大限度地实现儿童发展潜能，提升认知资本。

从项目模式来看，目前联合国儿童基金会正在探索 3 种基于社区的、综合的儿童早期发展干预模式：儿童早期发展社会服务中心、基于社区的 0 ～ 3 岁婴幼儿早期外展服务、以社区为基础和以流动服务为补充的儿童早期综合发展服务。儿童早期发展中心于城乡交接点和人口密集区建立社会服务中心，各中心人力方面配备社会志愿者，物质资源方面配备故事书、游戏玩具、育儿信息自助服务终端、桌椅以及儿童户外活动设施。各家庭每周5天带领儿童至中心进行亲子活动，志愿者除了进行亲子活动辅导外，还需及时发现儿童是否存在发育迟缓等征兆，以便使相关儿童尽快获得干预。儿童早期外展服务是为由于特殊原因无法至中心参与集体亲子活动的家庭提供亲子活动培训服务的模式，该模式以家庭为中心，志愿者于不同家庭的临时场所，让附近的5～6个家庭来参加亲子活动。以流动服务为补充的服务模式主要是为偏远贫困山区的儿童提供服务，以流动服务车作为资源中心来为其提供早期综合发展服务。以上3种模式相互结合，以社会服务中心为核心，通过外展服务和流动服务扩散开来，以期较为全面地覆盖当地幼儿家庭的育儿指导等服务。

从项目成果来看，仅社区支持家庭模式自2019年来已在全国6个省市建立146个项目试点累计服务8万余人次。终期调研结果显示项目点地区儿童在营养健康、心理发展、早期阅读及降低阅读忽视等方面都得到显著提高。家长也在早期教育理念、方法及家庭教育方式方面都有了明显改善。另外，在该项目模式发展的过程中，也形成了早期发展服务工具包，包括为志愿者提供培训的儿童早期发展社区家庭支持服务指导丛书，为家长提供科学育儿信息的科学育儿网和儿童早期综合发展家长手册等。从人才培养的角度，该项目也形成了集行政管理、项目运营、早期发展为一体的专业团队，包含6个省市近400余人。

针对早期综合干预对贫困农村地区0～3岁留守儿童心理行为发育影响，联合国儿童基金会共调查了来自山西省和贵州省6个县的儿童数据。在2013年的基线调查后，设置2个县为对照组，4个县作为干预组，两组儿童均接受基本的儿童保健服务，干预组在此基础上给予儿童早期综合干预服务，干预两年后使用年龄与发育进程问卷中文版第三版（Ages & Stages Questionnaires，Third Edition，ASQ-3）进行评估。年龄与发育进程问卷中文版第三版是一套儿童发展测评问卷，用于筛查儿童发展是否正常。发展筛查可以快速地检查儿童在重要发展能区中的表现，如沟通、身体运动、社会技能以及解决问题的技能。掌握基本信息后，发现经过儿童早期综合干预服务的儿童粗大动作能区、精细动作能区、解决问题能区和个人社会能区可疑发育迟缓率分别下降5.7%、7.4%、6.5%和6.2%。以上各能区迟缓率的下降，依次有65.5%、60.7%、52.8%和66.7%归因于干预措施。因此，早期综合干预可以显著改善0～3岁留守儿童心理行为发育水平。

针对儿童早期发展综合干预策略对改善贫困农村地区0～3岁婴幼儿养育照护的效果，项目组分别于2013年和2016年开展基线和中期调查。控制社会人口学特征等混杂因素后，采用双重差分模型估计干预效果。通过 2 年的干预，6 ~ 23 月龄儿童辅食添加频次合格的比例上升 10.4%，对照组上升 2.9%，双重差分模型控制混杂因素后，干预组上升幅度比对照组高 8.2%；干预组儿童遭受暴力管教的比例下降 6.2%，同期对照组上升 4.5%，双重差分模型控制混杂因素后，两组变化幅度相差 11.0%；干预组家庭拥有儿童图书大于等于 3 本的比例上升 12.7%，同期对照组上升 4.2%，双重差分模型控制混杂因素后，干预组比对照组幅度高 6.1%。因此，多部门合作儿童早期发展综合干预策略可以有效改善照养人心理状况、促进儿童喂养、支持儿童早期学习，并减少暴力管教等不恰当的养育行为，从而为儿童早期健康发展创造良好的养育照护环境。

（五）“慧育希望儿童早期发展”项目

2019 年，陈江和基金会发起了“慧育希望儿童早期发展”项目，以帮助更多欠发达地区的婴幼儿实现发展潜能，阻断贫困代际传递，希望通过这个项目探索出一套欠发达地区儿童早期发展干预的可行模式。

“慧育希望儿童早期发展”项目充分借鉴陕西师范大学教育实验经济研究所的成功经验和项目模式，针对欠发达地区 0 ~ 3 岁婴幼儿，建立儿童早期发展活动中心，提供免费的亲子活动场地和按照月龄定制的一对一课程服务，旨在促进婴幼儿在认知、语言、运动和社会情感方面的综合发展。项目还培养了一支专业的养育师队伍。养育师通过正规招考、体检、政审程序，经过陕西师范大学教育实验经济研究所专家团队专业培训并考核合格后才能上岗。授人以鱼，不如授人以渔，“慧育希望儿童早期发展”项目为家长提供科学养育和儿童早期发展的专业指导，帮助他们树立起正确的早期教育观念。

“慧育希望儿童早期发展”项目在山东五莲成功运营了 20 个中心，积累了丰富经验。除了以直接捐资建立中心的方式外，陈江和基金会还在尝试以技术输出的方式扩大“慧育希望儿童早期发展”项目的影响力。截至 2021 年底，陈江和基金会已在山东、江西和北京建立了 38 个儿童早期发展活动中心，免费提供超过 87000 节一对一亲子互动和集体活动课程。

四、本章小结

0 ~ 3 岁是人生发展的关键阶段，科学的早期养育不仅决定孩子和家庭的未来，也对国家未来的人力资本积累产生重要的影响。近年来，中国在儿童早期养育顶层设计方面取得了长足的进展，相关法律法规不断完善，有针对性的部门政策逐步出台。在基层实践方面，不同部门和组织在农村地区进行了不同干预模式等多方面有益的探索，在促进早期儿童发展方面取得了明显的成效。农村儿童早期养育面临的主要困境是超过 60% 的儿童出生在农村，而这些儿童在农村的养育环境和条件大大低于城市儿童，从而导致农村儿童发展滞后。农村养育环境差是由家庭、社会和国家公共投入共同决定的。在家庭层面，父母教育水平低，缺乏培训和心理健康问题对科学养育带来不利影响，特别是父母外出带来的留守儿童问题突出，隔代抚养人能力有限、知识不足导致多方面的养育缺失。在社会层面，农村严重缺乏 0 ~ 3 岁婴幼儿的养育指导、托育等方面的服务。62.5% 的新生儿出生在农村，但只能享受 13.72% 的托育机构服务的巨大反差突出反映了农村幼儿科学养育的困境。在国家层面，对 0 ~ 3 岁婴幼儿发展的投入不足和城乡差距是导致农村 0 ~ 3 岁婴幼儿养育指导和托育服务缺失的重要原因。

未来需要采取综合性措施，通过区域平衡发展和新型城镇化逐步解决留守儿童问题，通过增加财政和社会资金的投入培养专业机构和专业人才，在借鉴成功试点案例经验的基础上，大幅度增加农村的养育指导和托育服务，使 0 ~ 3 岁婴幼儿养育逐步成为普惠性的公共服务。

第四章

农村学前教育的发展

儿童高质量发展的重要内容之一是普及和提升儿童的学前教育。学前教育是人生社会教育的起点，是决定儿童后续教育绩效和将来就业、收入的关键。在现代社会中，学前教育是国民教育体系的重要组成部分，是重要的社会公益事业。这些观念早已成为国际社会的共识。本章首先阐明当前背景下高质量学前教育对儿童个体发展、儿童家庭乃至社会经济综合发展的长期影响，以此说明发展农村学前教育的重要意义；其次进一步基于政策文本和中国家庭追踪调查（CFPS）的面板数据综合分析当前农村学前教育的发展现状及其存在的问题；最后讨论中国农村学前教育发展经验和挑战。

一、农村学前教育的发展背景

2010 年以来，中国加大了对学前教育的扶持力度，连续 10 年实施普及学前教育的行动计划，其中 2011—2020 年中央财政累计支持学前教育发展的资金达到 1530 亿元（中华人民共和国中央人民政府，2021）。学前教育发展资金更多地向农村地区倾斜，特别是中西部农村地区、欠发达地区，这使得这些地区的农村学前教育取得了长足的进展。全国新增的幼儿园，60% 左右分布在农村。尤其是 2018 年以来，“提升农村学前教育普及水平”成为乡村振兴背景下农村基本公共服务体系建设的核心任务。

【专栏 2】　中国农村学前教育发展的政策环境

2018 年以来，中央政府出台一系列政策文件，指引农村学前教育的发展方向，为农村欠发达地区的学前教育发展提供了良好的政策环境。

2018 年中央一号文件《中共中央　国务院关于实施乡村振兴战略的意见》明确提出“发展农村学前教育”。

2018 年 9 月，中共中央、国务院印发《乡村振兴战略规划（2018—2022 年）》，在“增加农村公共服务供给”方面明确指出，要“优先发展农村教育事业”，“发展农村学前教育，每个乡镇至少办好一所公办中心幼儿园，完善县乡村学前教育公共服务网络”。

2018 年 11 月，《中共中央　国务院关于学前教育深化改革规范发展的若干意见》指出，要“大力发展农村学前教育，每个乡镇原则上至少办好一所公办中心园，大村独立建园或设分园，小村联合办园，人口分散地区根据实际情况可举办流动幼儿园、季节班等，配备专职巡回指导教师，完善县乡村三级学前教育公共服务网络”，强调“实施学前教育专项。国家继续实施学前教育行动计划，逐年安排建设一批普惠性幼儿园，重点扩大农村地区、脱贫攻坚地区、新增人口集中地区普惠性资源”。在财政方面，“中央财政继续安排支持学前教育发展资金，支持地方多种形式扩大普惠性资源，深化体制机制改革，健全幼儿资助制度，重点向中西部农村地区和贫困地区倾斜”。

2019 年 1 月，《中共中央　国务院关于坚持农业农村优先发展做好“三农”工作的若干意见》强调，要“扎实推进乡村建设”，全面提升包括农村教育在内的公共服务水平，“加强农村儿童健康改善和早期教育、学前教育”。

2019 年 2 月，中共中央、国务院印发《中国教育现代化 2035》，提出“以农村为重点提升学前教育普及水平”。

2021 年 9 月，国务院印发《中国儿童发展纲要（2021—2030 年）》，强调“逐步推进学前教育全面普及。继续实施学前教育行动计划，重点补齐人口集中流入地、农村地区、欠发达地区、民族地区以及城市薄弱地区的普惠性资源短板，基本实现学前教育公共服务体系全覆盖”。

2021 年 12 月，教育部等九部门联合印发《“十四五”学前教育发展提升行动计划》，重点指出“完善农村学前教育资源布局，办好乡镇公办中心幼儿园，通过依托乡镇中心幼儿园举办分园、村独立或联合办园、巡回支教等方式满足农村适龄儿童入园需求”。

2022 年 1 月，《中共中央　国务院关于做好 2022 年全面推进乡村振兴重点工作的意见》指出，要实施新一轮学前教育行动计划，多渠道加快农村普惠性学前教育资源建设。

2022 年 5 月，中共中央办公厅和国务院办公厅联合印发《乡村建设行动实施方案》，把“多渠道增加农村普惠性学前教育资源供给”作为“实施农村基本公共服务提升行动”的重要组成部分。

资料来源：课题组根据国家相关政策整理。

中国儿童的学前教育事业出现了快速发展，全国 3 ~ 5 岁儿童的入园率从 2010 年的 56.6%（中华人民共和国教育部，2012）上升到 2021 年的 87.8%（教育部发展规划司，2022），而且农村学前教育也出现快速发展，普及率大幅度提高。2020 年第七次全国人口普查数据显示（见表 VW　V），农村 3 ~ 5 岁儿童接受学前教育的比例已接近 80%，其中 4 岁儿童的比例接近 89%。虽然农村儿童的学前教育普及率仍低于城市，但是其进步是显而易见的。

表 4.1 2020 年 3 ~ 5 岁儿童接受学前教育的比例（%）

	全国	城市	农村
3 岁	74.0	77.9	68.1
4 岁	90.9	92.1	88.6
5 岁	82.5	85.2	79.4
合计	82.5	85.1	78.7

资料来源：根据 2020 年第七次全国人口普查数据计算。

然而，学前教育的城乡和地区不平衡问题仍然比较突出，特别是农村部分地区存在着学前教育发展滞后，教育质量低下的问题，严重影响到这些地区的儿童发展。如表 4.1 所示，2020 年城市 3 ~ 5 岁儿童的入园率已达到 85.1%，而农村这一比例为 78.7%，二者相差 6.4 个百分点。城市中 3 岁儿童的入园率为 77.9%，而农村这一比例仅为 68.1%，相差近 10 个百分点。这只是就城乡整体水平的比较，如果具体到一些西部欠发达农村地区，城乡之间学前教育的普及率差距会更加明显。一项青海省乐都区学前教育的评估报告显示，现在的中小学生中没有上过幼儿园的学生占全部中小学生的比例达到 14%，这与大城市儿童的近 100% 的入园率是无法相比的。而且，近几年来农村儿童才有机会在本村甚至是本乡镇上幼儿园，并且其教学质量普遍低于城市幼儿园的水平。儿童学前教育发展的地区差距也不容忽视，这种差异的很大原因在于各地对学前教育的资源投入上，特别是政府财政资金对学前教育的支持力度。如图 4.1 所示，2018 年各省（区、市）幼儿园生均经费支出存在很大的差别，北京等直辖市的生均经费支出是中西部省（区、市）如河南、广西的 8 ~ 10 倍，东部省（区、市）如浙江也高出这些中西部省（区、市）3 ~ 4 倍。

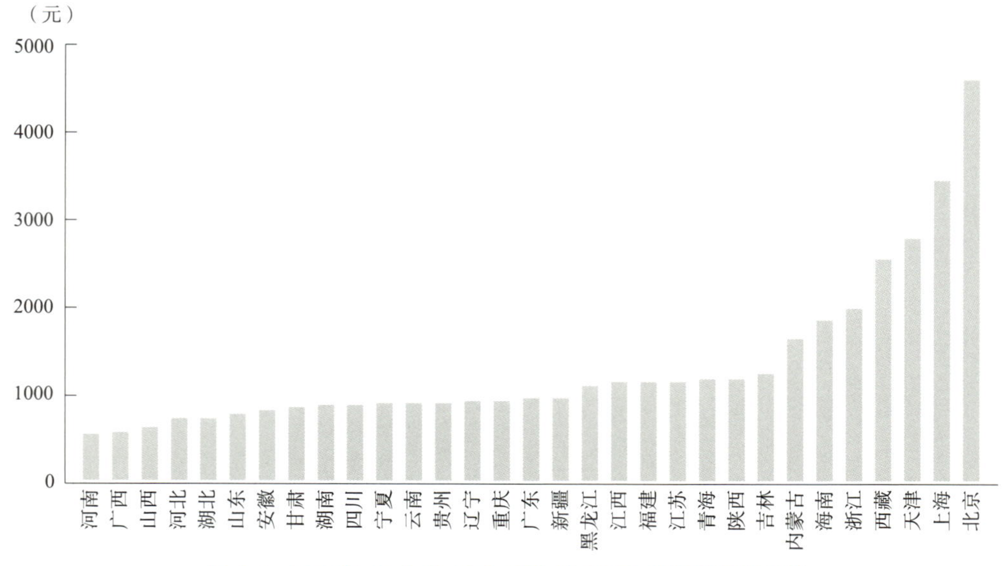

图 4.1 2018 年 31 个省（区、市）幼儿园生均教育经费支出

资料来源：2019年《中国教育统计年鉴》。

在这样的背景下，农村学前教育发展正在成为国家乡村振兴战略的重要任务之一。

二、发展农村学前教育的重要意义

从 2010 年开始，中国政府开始推动普及学前教育并出台了一系列政策措施。与此同时开启三期学前教育三年行动计划，使中国的学前教育事业出现实质性跨越。2011 年世界银行和中国人口计生委联合撰写报告，建议将 0 ~ 6 岁儿童早期发展纳入政府基本公共服务框架，同时建议特别关注贫困儿童的早期发展并纳入政府扶贫计划，提高国家的未来竞争力（World Bank，2011）。这份报告凝聚了众多国际共识以及为中国政府提出了可能的政策选择——儿童早期发展与教育是提高中国国民素质，从人口大国迈向人力资源大国的重要一环。

【专栏 3】　中国学前教育相关政策文件

一、重大政策

2010 年　《国家中长期教育改革和发展规划纲要（2010—2020 年）》
　　　　《国务院关于当前发展学前教育的若干意见》
2018 年　《中共中央 国务院关于学前教育深化改革规范发展的若干意见》
2021 年　《“十四五”学前教育发展提升行动计划》

二、办园要求

2001 年　《幼儿园教育指导纲要（试行）》
2002 年　《学生伤害事故处理办法》
2006 年　《学校和托幼机构传染病疫情报告工作规范（试行）》
2006 年　《中小学幼儿园安全管理办法》
2010 年　《托儿所幼儿园卫生保健管理办法》
2012 年　《教育部关于建立中小学幼儿园家长委员会的指导意见》
2012 年　《托儿所幼儿园卫生保健工作规范》
2012 年　《3 ~ 6 岁儿童学习与发展指南》
2016 年　《幼儿园工作规程》
2016 年　《幼儿园建设标准》
2017 年　《幼儿园办园行为督导评估办法》
2020 年　《县域学前教育普及普惠督导评估办法》

2021 年　《关于大力推进幼儿园与小学科学衔接的指导意见》

2021 年　《学前、小学、中学等不同学段近视防控指引》

2022 年　《幼儿园保育教育质量评估指南》

三、师资标准

2012 年　《幼儿园教师专业标准（试行）》

2015 年　《幼儿园园长专业标准》

2018 年　《新时代幼儿园教师职业行为十项准则》

四、专项治理

2011 年　《教育部关于规范幼儿园保育教育工作防止和纠正“小学化”现象的通知》

2018 年　《教育部办公厅关于开展幼儿园“小学化”专项治理工作的通知》

资料来源：课题组根据国家相关政策整理。

在学术界，学前教育对儿童发展与教育的短期和长期效应等问题也是学术讨论的热点。脑科学的发展以及大量有关学前教育投资回报率的理论和经验研究表明（Reynolds et al.，2011；Schweinhart et al.，2005），优质的学前教育对于促进个体全面发展、提升国民素质、构筑国家财富、保障教育公平、打破贫困代际传递以及维持社会稳定和谐等方面有着极其重要的意义。而且，学前教育除了可以带来巨大的社会效益外，其对儿童个体发展的正向效应也已经得到了国际上大量研究的证实（Camilli et al.，2010；Gormley et al.，2008；Huo et al.，2012；Melhuish et al.，2015）。更重要的是，儿童早期发展的不平等很可能延续至整个人生阶段（Walsemann et al.，2008；Willson et al.，2007），将影响个体后续的教育和职业选择、家庭和生育行为、健康情况、主观幸福感等方面（Halfon et al.，2002；Mayer，2009；Thornton et al.，1987），并最终导致社会不平等的代际传递（Duncan et al.，1994；Duncan et al.，1998；Duncan et al.，2010）。

全球儿童发展不平衡仍较为突出。根据联合国儿童基金会《2016 年世界儿童状况报告》，全球 6.5 亿小学学龄的儿童中，近 1/3 没有掌握基本的读写和计算能力。如果每个儿童都能掌握这些技能，不仅会为他们未来成长带来更平等的发展条件，也会对经济和社会发展产生积极影响。因而，促进社会和谐发展最有效的干预方式之一就是消除儿童早期成长中的多维贫穷。

世界各国已经先后开展了多项普及性或者针对性的学前教育项目，并通过对儿童后续发展的追踪研究，证实了学前教育对个体发展、家庭乃至社会综合发展的长期效应。美国早期儿童纵向研究项目（Early Childhood Longitudinal Study）、英国有效学前教育项目（Effective Provision of Pre-School Education，EPPE）、芝加哥亲子中心项目（Child-Parent Centers）等研究均揭示了学前教育尤其是优质的学前教育对儿童日后的个体发展有着积极的促进作用，且具有一定的长期影响（Burger et al.，2010；Campbell et al.，2001；Denton et al.，2002；Sammons et al.，2008）。

国内许多学者的研究成果也表明了学前教育对儿童未来发展产生的积极影响。一些学者利用中国家庭追踪调查（CFPS）数据和中国教育追踪调查（CEPS）数据来探究学前教育的长期效应，均发现接受过学前教育的青少年的学业表现（如阅读、数学等领域）显著好于在童年时期未能接受学前教育的青少年（袁玉芝，赵仪，2019；郑磊，翁秋怡，龚欣，2019；陈纯槿，柳倩，2017）。在非认知能力发展方面，龚欣和李贞义（2018）运用中国教育追踪调查（CEPS）数据分析发现，相比于未接受过学前教育的儿童，接受过学前教育的儿童在七年级、九年级时更有开放思维和自律，其抑郁得分也更低。李玲、蒋洋梅和孙倩文（2020）运用中国西部某市 2017 年中学学科素养监测项目数据发现，接受学前教育对儿童的自我效能、学习投入、减少校园霸凌、社会性发展等方面均有显著正向影响。中国发展研究基金会近期对青海省乐都区的调查发现，在认知能力和非认知能力上，农村中小学生中上过幼儿园的学生显著优于没上过幼儿园的学生（中国发展研究基金会，2022）。

总而言之，扶贫先扶志，扶贫必扶智。打破贫困代际传递的链条，高质量学前教育确实可以有所作为。因此，在农村普及学前教育、推动高质量学前教育体系建设刻不容缓。

三、农村学前教育的进步

从历史上看，中国农村学前教育起步较晚，长期处于发展滞后的状况。2010 年以来，为促进学前教育事业的发展，我国连续开展了三期学前教育三年行动计划，使得农村学前教育得到社会的普遍关注，明显促进了中国农村学前教育近年来的快速发展。

（一）农村学前教育政策方向的演进

以中央及省市三期学前教育三年行动计划文本为材料来源，分别以农村、幼儿园为关键词进行检索，发现三期行动计划文本中相关的词云图如图 4. 2、图 4. 3、图 4. 4 所示。

进一步分析政策文本发现，三期学前教育三年行动计划非常清晰地反映出农村学前教育从结构质量到过程质量的建设思路。第一期政策文本的重点基本都落在普及率、幼儿园建设（物质环境）、师资队伍建设（师资准入、供给、待遇等）和财政投入（中央政府承担大头、重点投资弱势群体等）等方面；第二期和第三期开始把提升保教质量提上日程，例如通过加强乡镇中心园的辐射作用等措施来提升过程质量。

图 4.2　第一期行动计划文本中幼儿园与农村相关联的词云图（前 100）

图 4.3　第二期行动计划文本中幼儿园与农村相关联的词云图（前 100）

图 4.4　第三期行动计划文本中幼儿园与农村相关联的词云图（前 100）

资料来源：课题组整理。

【专栏 4】　学前教育三年行动计划中的农村学前教育发展

在第一期学前教育三年行动计划中央文件中，与农村学前教育发展相关的内容主要有：

（1）扩充资源。制定优惠政策，支持街道、农村集体开办幼儿园；扩大农村学前教育资源。

（2）加大投入。中央财政设立专项经费，支持中西部农村地区、少数民族地区和边疆地区发展学前教育和学前双语教育。各级政府要加大对农村学前教育的投入。从 2010 年开始，国家实施推进农村学前教育项目，重点支持中西部地区；地方各级政府要安排专门资金，重点建设农村幼儿园。

（3）建设网络。乡镇和大村独立建园，小村设分园或联合园、季节班等，配备专职巡回指导教师，逐步完善县、乡、村学前教育网络。

（4）改善条件。改善农村幼儿园保教条件，配备基本的保教设施、玩教具、幼儿读物等。

（5）规划布局。充分考虑农村人口分布和流动趋势，合理布局，有效使用资源。

（6）加强农村教师力量。加大面向农村的幼儿教师培养力度；对长期在农村基层和艰苦边远地区工作的公办幼儿教师，按国家规定实行工资倾斜政策。

在第二期学前教育三年行动计划中央文件中，与农村学前教育发展相关的内容主要有：

（1）扩大总量。着力扩大农村学前教育资源，重点解决好连片特困地区、少数民族地区、留守儿童集中地区学前教育资源短缺问题。加大农村公办幼儿园建设力度。

（2）加大投入。财政性学前教育投入要最大限度地向农村、边远、贫困和民族地区倾斜。

（3）加强农村教师力量。通过生均财政拨款、专项补助等方式，支持解决好农村集体办幼儿园教师工资待遇问题。为农村幼儿园培养一批学前教育专业专科层次教师。各地可聘任优秀的幼儿园退休教师，到教师资源短缺的农村地区任教或巡回支教。

（4）提升保教质量。充分发挥农村乡镇中心幼儿园的辐射带动作用。

在第三期学前教育三年行动计划中央文件中，与农村学前教育发展相关的内容主要有：

（1）加大普惠性资源供给。重点加强脱贫攻坚地区、两孩政策新增人口集中地区和城乡接合部幼儿园建设。加快集中连片贫困地区乡村幼儿园建设。

（2）提升保教质量。整体提升农村幼儿园教育质量。发挥乡镇中心幼儿园的辐射作用，加强对农村学前教育的业务指导，探索农村乡镇幼儿园和村幼儿园一体化管理。

（3）构建教师队伍支持体系。支持地方通过多种方式为农村和边远贫困地区培养补充合格的幼儿园教师。

（4）引导地方加大投入。中央财政继续安排专项资金，支持和引导地方积极发展学前教育，重点向农村地区、贫困地区倾斜。

资料来源：课题组根据国家相关政策整理。

（二）农村学前教育突飞猛进的发展

就统计数据而言，自 2010 年普及学前教育政策实施以来，我国农村学前教育事业获得了长足发展。2020 年《中国教育统计年鉴》显示，从幼儿园数量来看，从 2010 年到 2019 年，农村幼儿园数量从 58684 所增加至 101447 所，增加近 1 倍；特别是西部地区，农村幼儿园数量从 16318 所增加至 40264 所，增加近 1.5 倍。从接受学前教育儿童数量来看，从 2010 年到 2019 年，农村幼儿园在园儿童数量从 9937937 人上升至 10274910 人；西部地区农村在园儿童数量从 3016878 人上升至 3631079 人，增加了 60 多万儿童。从教师学历来看，我国农村幼儿园教师学历由 2010 年以高中阶段及以下为主（54.91%）逐步调整为 2019 年以专科学历为主（55.74%），本科及以上学历教师占比也由 2010 年的仅 6.02% 上升至 2019 年的 19.87%。从生师比来看，从 2010 年到 2019 年，我国农村地区幼儿园生师比大幅下降，从 49.27 ∶ 1 下降到 22.27 ∶ 1，大班额情况得到缓解（国家统计局，2020）。从教育经费来看，2020 年全国农村学前教育经费投入 1826 亿元，比 2011 年的 342 亿元增长 4 倍多；2020 年全国农村财政性学前教育经费为 1165 亿元，比 2011 年的 140 亿元增长了 7 倍多（教育部财务司，2021）。由此可见，普及学前教育政策的实施以及连续三期学前教育三年行动计划的顺利开展，大大促进了我国农村学前教育事业的发展。

（三）农村儿童接受学前教育的机会极大提升

2010 年以来中国出台了一系列促进儿童接受学前教育的政策，也加大了对学前教育的投入，明显提高了儿童的入园率。特别是对西部欠发达地区农村学前教育给予的倾斜，使入园率的提升效果更为显著。一项利用中国家庭追踪调查（CFPS）数据研究的结果也支持了这一判断（见表 4. 2），该研究比较了分别于 1995—2004 年、2005—2009 年、2010—2013 年出生的 3 个年龄组儿童的入园率。第一组儿童的在园年龄在 2010 年学前教育相关政策出台之前，第二组儿童的在园年龄在政策实施之初，第三组儿童的在园年龄在政策实施一段时间之后。对 3 组儿童入园率的分析和比较，体现出了不同出生年份儿童的接受学前教育机会的明显差异，这直接反映了学前教育各项政策带来的积极影响。

表 4. 2 不同出生年份组儿童接受学前教育机会的差异

变量		出生于 1995—2004 年	出生于 2005—2009 年	出生于 2010—2013 年
有学前教育经历（%）		66.63	83.48	87.47
父母最高受教育程度	小学及以下（%）	48.06	70.60	76.49
	初中（%）	70.68	86.13	88.87
	高中（%）	85.21	87.63	90.43
	大专及以上（%）	92.58	92.72	90.64
户口	农业 / 没有（%）	60.29	81.24	86.59
	非农（%）	94.91	93.33	91.55
地区	西部（%）	42.42	72.63	81.78
	中部（%）	78.09	88.72	92.71
	东部（%）	81.44	88.47	87.94
样本量		5687	3159	2330

资料来源：中国家庭追踪调查（CFPS）数据。

注：（1）户口和地区均为受访者 0 ~ 3 岁时的情况；（2）描述性结果未加权。

所有适龄儿童接受学前教育的比例呈现一种时间上的上升趋势。就全国而言，1995—2004 年出生的儿童组，接受过学前教育的比例仅 66.63%，这一比例在 2005—2009 年出生的儿童组提高到 83.48%，而 2010 年后出生的儿童则有 87.47% 接受过学前教育。相对于第一组儿童，最后一组儿童的入园率提高了近 21 个百分点。这 3 组中的农村儿童的入园率分别为 60.29%、81.24% 和 86.59%，第三组中农村儿童的入园率比第一组提高了超过 26 个百分点。农村儿童入园率提高的幅度意味着学前教育的城乡差距有了一定程度的缩小，至少在入园率上出现了缩小的情况。2010 年后出生的儿童，无论是城镇儿童还是农村儿童，接受过学前教育的比例均超过 85%，城乡差距更是缩减到近 5 个百分点。

同时还应该看到，尽管各组儿童接受学前教育的机会均随着父母受教育程度的升高而增加，但是对 2010 年后出生的儿童来说，父母无论是初中、高中还是大专及以上的学历，其接受学前教育的比例没有太大的差别，均在 90% 上下浮动。简而言之，儿童获得学前教育机会的阶层差异有所减小。

另外，在学前教育政策的推动下，学前教育的地区差距也在缩小。西部地区儿童接受学前教育的机会持续上升至 81.78%，与中部、东部的差距进一步缩小。与此同时，尽管微观的家庭背景因素和宏观的结构性因素与学前教育机会获得概率之间的相关性均在降低，但是不管出生在哪个时代，如果父母受教育程度在小学及以下、登记为农业户口、身处西部地区，此类儿童获得学前教育机会的概率仍然是最低的。

四、农村学前教育的经验和挑战

自 2010 年普及学前教育政策实施以来，国家愈加重视学前教育，特别是农村地区学前教育事业的发展。2018 年《中共中央　国务院关于学前教育深化改革规范发展的若干意见》提出，我国到 2035 年要全面普及学前 3 年教育，要建成覆盖城乡、布局合理的学前教育公共服务体系，为幼儿提供更加充裕、更加普惠、更加优质的学前教育。2020 年，全国学前教育毛入园率为 85.2%，比 2010 年提高了 28.6 个百分点，但是仍旧存在学前教育财政性经费投入占比不足，东中西部、城乡区域资源分配不均，边远地区、农村地区学前教育质量低等问题，这些都会影响和制约 2035 年普及普惠公平优质学前教育目标的实现（中华人民共和国教育部，2021）。

具体而言，我国农村学前教育发展面临哪些挑战，又有哪些经验？本节将从学前教育质量这一视角切入，最终落实到教育质量的目标，特别是农村学前儿童的早期学习与发展的结果上。

（一）农村学前教育在结构性质量上的进步和不足

学前教育的结构性质量主要指幼儿园的硬件设施、生师比、教师学历和资质等因素。

2010 年以来，我国农村地区学前教育在园所数量、园所硬件设施等方面有了大幅提升。统计数据显示，2010 年以来，农村幼儿园数量一直保持稳步增长，相比于 2010 年，2019 年我国农村幼儿园从 58684 所上升到 101447 所，增加近 1 倍（见图 4. 5）。特别是西部地区，农村幼儿园数量增长迅速，从 16318 所增加至 40264 所，增加近 1.5 倍（见图 4. 6），大量的农村适龄儿童拥有了进入幼儿园接受学前教育服务的机会，但在一些西部边远农村地区，适龄儿童的入园机会仍旧难以保障，普及学前教育的最后一公里问题仍有待解决。从接受学前教育的儿童数量上来看，2017 年是一个发展的拐点。2010—2016 年，农村幼儿园在园儿童数量持续上升，但是从 2017 年开始下降；镇区幼儿园在园儿童数量从 2017 年开始只有小幅上升；城区幼儿园在园儿童数量仍然在持续走高（见图 4. 7）。这个可能和户籍制度改革带来的落户门槛降低，更多流动家庭在流入地安居扎根有关。

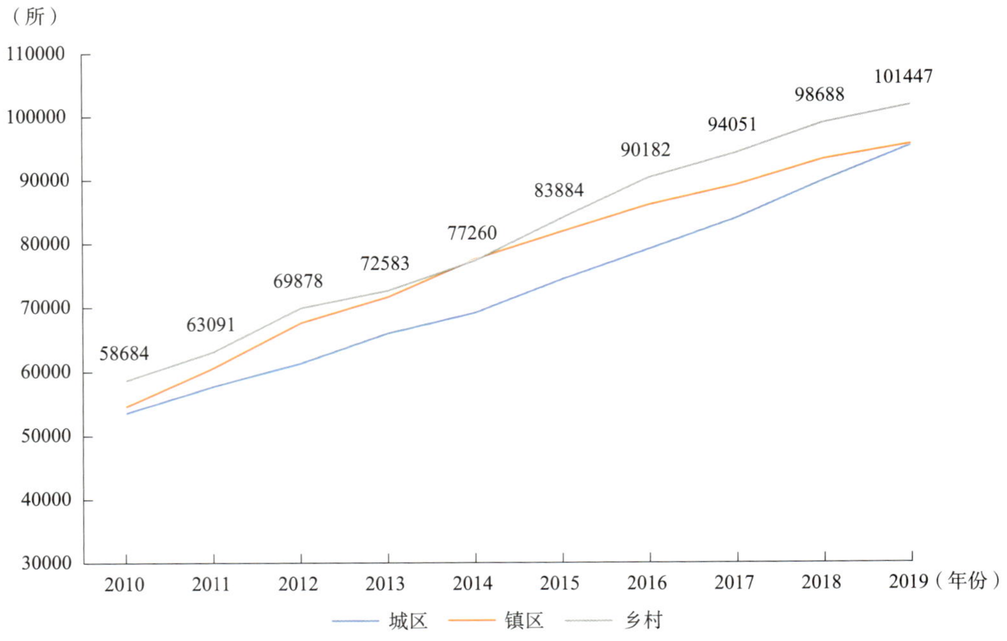

图 4.5　2010—2019 年我国幼儿园数量的城乡分布

资料来源：2010—2019年《中国教育经费统计年鉴》。

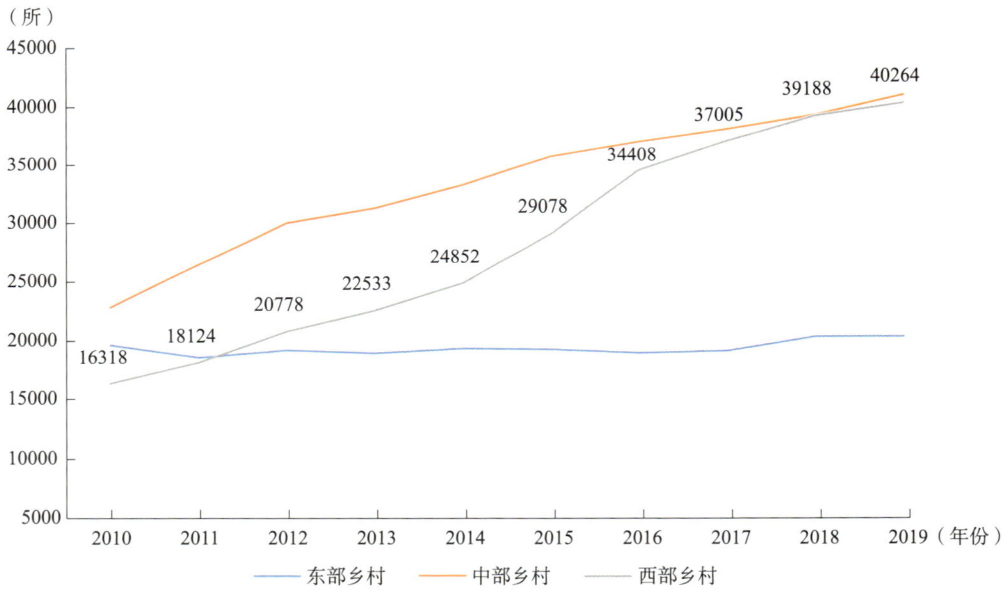

图 4.6　2010—2019 年我国农村幼儿园数量的区域分布

资料来源：2010—2019年《中国教育经费统计年鉴》。

由此引出另一个亟待关注的难题——城乡幼儿园空间布局如何与人口流动趋势相适应。2010—2019 年中西部乡村幼儿园数量持续增长，但是在园儿童数量于 2017 年开始转头直下，显示出户籍制度改革、新型城镇化建设以及区域经济发展还是推动着人口向城区和镇区流动。未来城乡幼儿园的空间布局的难题亟待破解。因为留守儿童和流动儿童不过是一个具体的儿童在人口迁移过程中的两种身份。

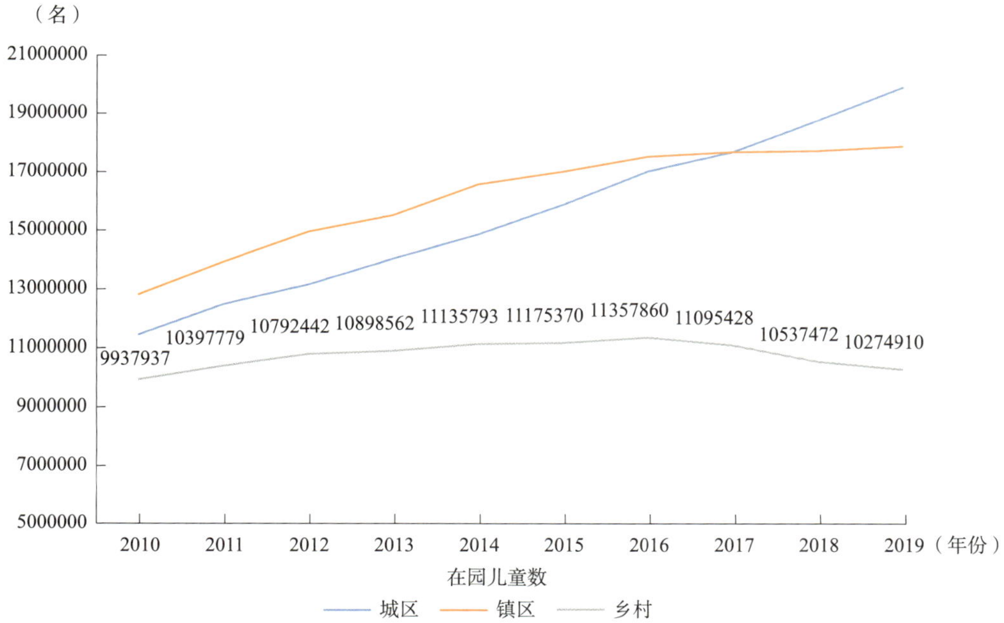

图 4.7　2010—2019 年我国幼儿园在园儿童数的城乡分布

资料来源：2010—2019年《中国教育经费统计年鉴》。

从师资情况来看，教师学历方面有了大幅提升。我国乡村幼儿园教师学历由 2010 年以高中及以下为主（54.91%）逐步调整为 2019 年以专科学历为主（55.74%），其中本科及以上学历教师占比由 2010 年仅 6.02% 上升至 2019 年的 19.87%。但乡村幼儿园教师学历仍旧与城区、镇区之间存在着较大差距（见图 4. 8）。在生师比方面，从 2010 年到 2019 年，我国农村地区幼儿园生师比大幅下降，从 49.27 ∶ 1 下降到了 22.27 ∶ 1，但与城区、镇区之间仍有较大差距。数据显示，2019 年，生师比城区为 13.96 ∶ 1，镇区为 17.57 ∶ 1（见图 4. 9）。已有研究表明，生师比

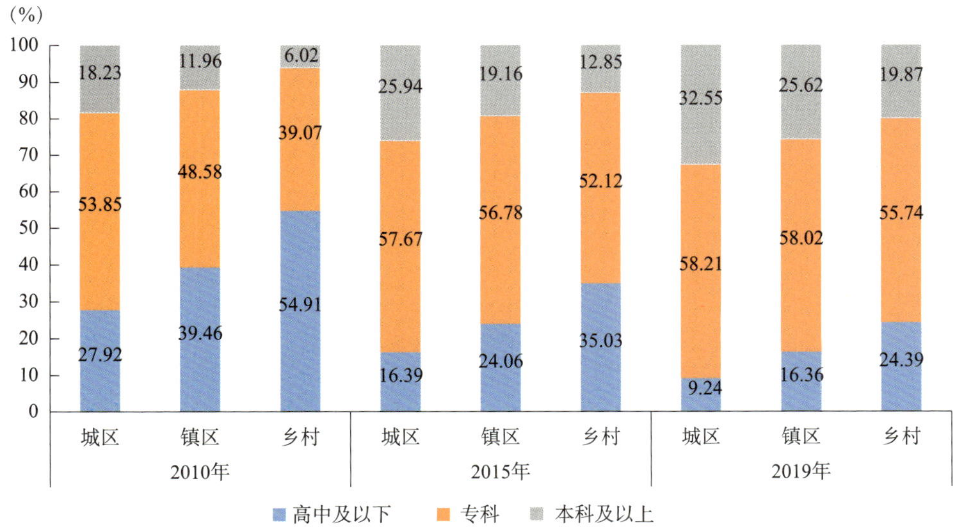

图 4.8　2010 年、2015 年、2019 年我国幼儿园教师学历情况的城乡分布

资料来源：2010年、2015年、2019年《中国教育经费统计年鉴》。

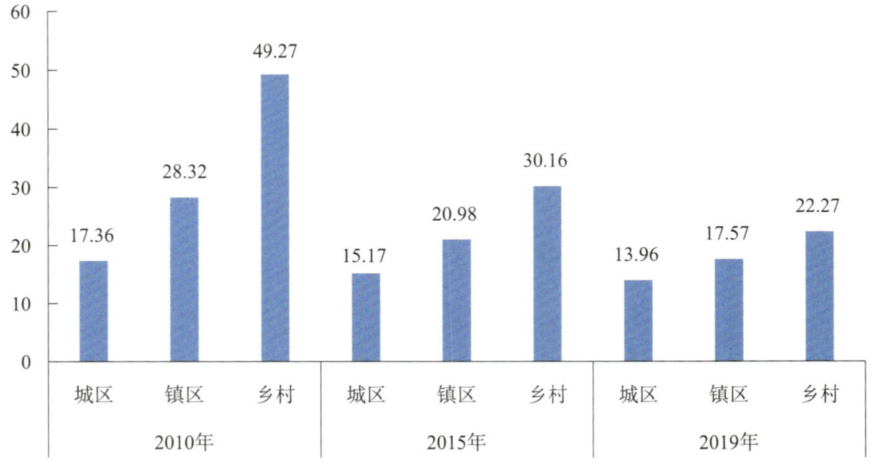

图 4.9　2010 年、2015 年、2019 年我国幼儿园生师比的城乡分布

资料来源：2010年、2015年、2019年《中国教育经费统计年鉴》。

对师幼互动质量有显著影响，经济合作与发展组织国家幼儿园生师比平均值为 14∶1，其中一些发达国家如芬兰、丹麦、德国的生师比低于 10∶1。

从经费投入来看，2020 年全国农村学前教育经费投入 1826 亿元，比 2011 年的 342 亿元增长 4 倍多（见图 4. 10），2020 年全国农村国家财政性学前教育经费为 1165 亿元，比 2011 年的 140 亿元增长 7 倍多，并且，农村国家财政性学前教育经费投入占农村学前教育经费投入的比例基本呈稳步增长趋势，尤其在 2020 年上升至 63.80%（见图 4. 11）。但是，与其他学段相比，仍远低于农村小学（96.31%）、农村初中（94.04%）、农村高中（82.16%）的财政性经费占比。

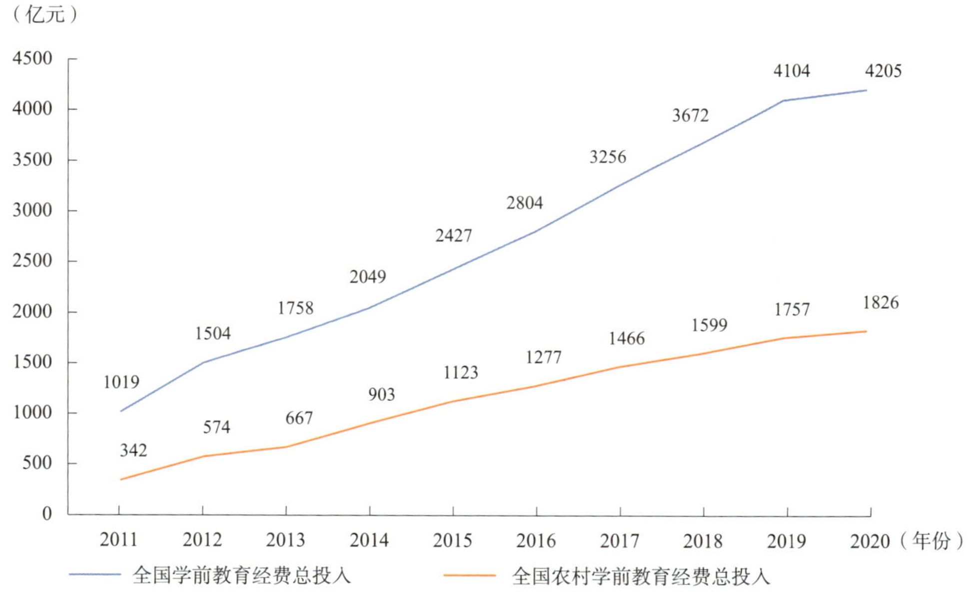

图 4. 10　2011—2020 年全国、农村学前教育经费总投入变化趋势

资料来源：2011—2020年《中国教育经费统计年鉴》。

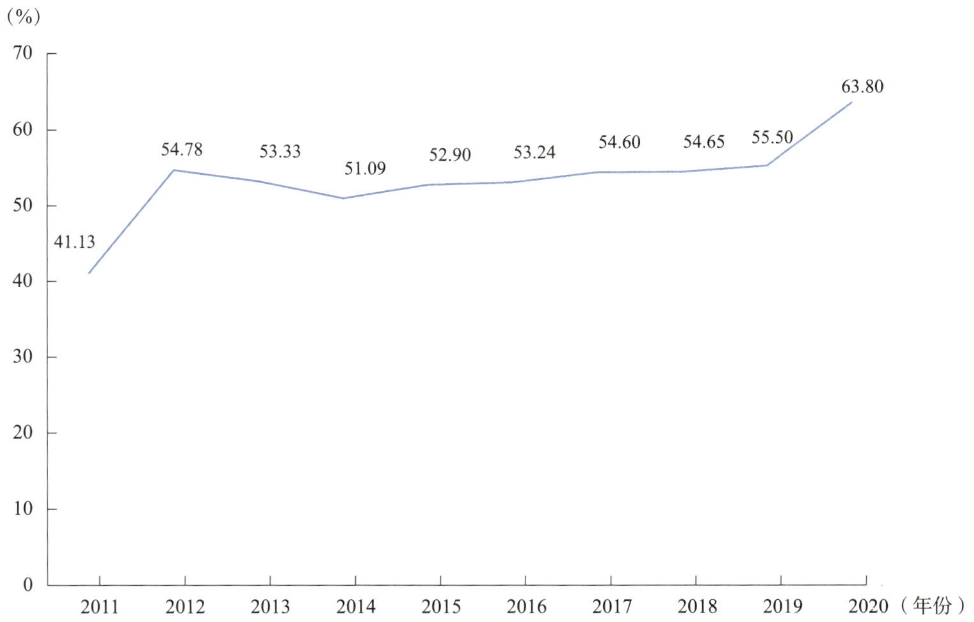

图 4.11　2011—2020 年农村国家财政性学前教育经费投入占比

资料来源：2011—2020年《中国教育经费统计年鉴》。

当前农村学前教育在结构性质量上面临的挑战，反映出当前县域农村学前教育供给模式的特点和存在的不足：①虽然学前教育财政投入在逐年增长，但与其他学段相比，农村学前教育经费中政府分担比例仍旧较低，家长分担比例较高。②学前教育经费投入主要集中于园所房屋建设与环境改造，但对班级中的图书资源、玩教具、游戏材料等投入不足，这会影响和制约教师的教学与儿童的游戏。同时，对软件设施的关注较少，对人力资源的投入尚不充分，表现在农村幼儿园教师配备不足、教师薪资低、教师培训机会少质量低、教师专业能力差等方面（杨润勇，2021）。③普惠性资源缺乏，"低价优质"学前教育资源相对不足。虽然整体入园规模明显增加，入园机会有了改善，但另一种"入园难"的现象有可能还在加剧，本质是可获得、可支付、就近便利的普惠性学前教育资源的相对缺乏而非绝对数量上的短缺（宋映泉，2019；张更立，阮成武，2015）。尤其是在某些地区或者特定群体中，如中西部边远农村地区学前教育资源供给不足，弱势家庭、流动人口子女所需的幼儿园资源不足，等等。

为了缓解西部农村地区"入园难"的问题，针对处境不利儿童，一些社会组织通过试点，尝试为农村儿童提供更便捷、更灵活的学前教育服务，具有很强的可操作性和可推广性，在农村学前教育的普及方面提供了科学的解决模式。如中国发展研究基金会自 2009 年启动了"一村一园：山村幼儿园计划"项目（以下简称"一村一园"项目）。"一村一园"项目通过与当地政府合作设立"山村幼儿园"的方式，就近为 3 ~ 6 岁山区幼儿提供学前教育服务。"一村一园"项目主要从以下 4 个方面着手，兼顾结构性和过程性质量：教学环境建设，教师招聘与管理，教师培训，课程与教学标准的制定与实施。经过 10 多年的探索实践，截至 2022 年底，“一村一园”项目已在我国 12 个中西部省（区）的 32 个县广泛实施，在园儿童近 10 万人，累计受益儿童超过 30 万人，对提高试点县学前教育普及率起到了重要作用。中国发展研究基金会下一步也将着力提升项目幼儿园教育质量，努力探索解决“上好园”的问题，为欠发达农村地区儿童提供公平优质的学前教育服务。

（二）农村学前教育在过程性质量上的进步和不足

过程性质量主要指儿童在日常游戏、活动及一日生活中与教师、同伴以及环境之间的互动，其核心是师幼互动，包括教师对儿童身体及情绪上的关爱及支持、教师日常的课程与教学实践等（经济合作与发展组织，2018）。相比于结构性质量，过程性质量在儿童身心多方面的短期和长期发展中有着更为重要的影响（Campbell et al.，2002；Sabol et al.，2012）。

过程性质量低是目前我国农村学前教育发展中面临的一个重要挑战，也是解决好学前教育机会公平问题后，提升教育质量、缩小城乡差距的主要着力点。使用《中国托幼机构教育质量评价量表》（CECERS）对华北某县城乡幼儿园过程性质量进行的评估研究发现，农村幼儿园在空间与设施、保育、游戏与活动、课程计划与实施上得分均显著低于县城和乡镇幼儿园（宋映泉，康乐，张晓，2020）。另一项研究借助课堂评价编码系统（CLASS）对发达地区（广东省）城乡幼儿园的过程性质量进行比较，结果发现，在情感支持、班级管理及教学支持领域上，农村地区幼儿园教育过程性质量远低于经济发展水平高的城镇地区（杨宁，任越境，罗丽红，2020）。

农村学前教育过程性质量低的一个重要原因是教师专业能力低。这既与任教于农村幼儿园的教师学历水平普遍偏低有关，也与农村学前教育经费用于师资投入的比例较低有关，教师薪资待遇低、工作环境较差、教师培训机会少质量低、人员流动性大是影响教师工作积极性和专业能力提升的重要因素。加上农村幼儿园普遍生师比较高，导致教师难以分配足够的时间和精力与每个儿童进行积极的互动；教学与游戏材料的缺乏也会影响到教师活动的设计与组织，以及儿童与材料和环境之间的互动。

因此，提高农村学前教育过程性质量，重点在于支持农村幼儿园教师的专业发展，通过创设良好的工作条件和环境吸引教师、留住教师，提高教师工作积极性，减少人员流失。除此之外，更为重要的是，通过定期开展高质量、契合教师发展需求、有针对性的在职培训来提升农村幼儿园教师的专业能力。

（三）农村学前儿童的学习与发展面临的挑战

发展高质量的农村学前教育，其目的是支持农村学前儿童的早期发展，缩小儿童早期发展的城乡差距，提升国家整体人力资本水平。

已有实证研究发现，无论是 0 ~ 3 岁还是 3 ~ 6 岁阶段，我国农村儿童的学习与发展水平均显著低于城市儿童。在 0 ~ 3 岁阶段，农村教育行动计划（REAP）在陕西、河北、云南、贵州、河南、北京等地的系列研究发现，农村儿童在语言、认知、社会情感、运动等领域的发展均严重滞后（Wang et al.，2019；Yue et al.，2017）。在 3 ~ 6 岁阶段，北京大学中国教育科学财政研究所宋映泉课题组多年来在云南、广西、贵州、重庆、新疆等地的调查研究结果发现，农村儿童在总体发展、语言与早期读写、认知、社会情绪等领域显著低于城市儿童，并且这一差距与年龄增长呈正相关关系（宋映泉，2019）。北京师范大学李敏谊课题组使用中文版早期能力指数（CH-eHCi）分别在甘肃某贫困县和珠三角地区进行的调查研究发现，发达地区和欠发达地区儿童在早期能力指数总分及各维度上均存在着显著差异，尤其在早期读写、数和概念维度上，欠发达地区农村儿童处于最低水平。另外一些考察儿童入学准备的调查研究也均发现，城乡儿童在语言、数学、学习品质、入学准备上存在显著差异（刘焱，秦金亮，潘月娟等，2012；潘月娟，裘指挥，刘焱等，2012；王宝华，冯晓霞，肖树娟等，2010）。

造成农村学前儿童早期学习与发展能力水平较低、城乡儿童差距大的原因，不仅来自儿童所接受的学前教育服务，还受到遗传、家庭育儿方式、社区环境等因素的综合影响。儿童早期生长发育营养缺乏，家长受教育水平低、早期养育和教育意识薄弱，家庭学习环境差，家长长期外出务工儿童留守，社区资源匮乏，对弱势儿童帮扶力度低……都会影响到儿童的早期学习与发展。2017—2018 年对甘肃省某贫困县儿童早期学习和发展状况的追踪研究数据显示，家庭社会经济地位、家庭学习环境是影响儿童早期学习与发展水平的重要因素，并且相比于前者，家庭学习环境的影响作用更大，即“家长做了什么”比“家长是谁”更重要（王诗棋，李敏谊，李汪洋等，2020）。而在欠发达农村地区，学前儿童的家庭学习环境普遍较差，尤其体现在家长回应、家长榜样作用及家庭中学习材料的丰富性等方面。同时，欠发达农村地区的“留守”问题也是农村儿童早期学习与发展面临的一个重要挑战。为了获取更高的经济收入以支持家庭生活，大量家长会选择外出务工，一部分家长将子女带在身边，在流入地接受学前教育；另一部分家长将子女留在农村跟随父母一方或祖辈生活，在当地接受学前教育。追踪研究显示，家长外出并没有带来良好的“收入效应”，反而带来了“分离效应”。贫困地区家长外出很有可能是由于在家务农、务工的收入无法满足家庭的基本生活需求而被迫做出的选择，受限于学历、技能等因素，很可能从事的是不稳定的、低收入的工作，而相比于家庭收入，亲子分离给学前儿童身心发展带来的不利影响更大（王诗棋，李敏谊，李汪洋，2020）。

因此，如何支持农村儿童的早期学习与发展是一个非常重要的课题，需要从儿童、家庭、教育机构、政府多个参与主体着手，多管齐下，才能整体上促进儿童的早期发展，缩小城乡儿童发展的动态差距，发挥早期干预对阻断贫困代际传递的积极作用。

五、农村流动儿童的学前教育亟待关注

随着我国工业化和城市化进程的不断加快，人口流动呈现两大趋势：一方面数以万计的青壮年劳动力从农村向城市转移，从中小城市向大城市、特大城市转移；另一方面是中部、西北、东北等地的人口向东南沿海集聚。第七次全国人口普查数据显示，中国现有流动人口为 3.76 亿人，占全国人口的 26.6%，较 2010 年增长约 70%。其中 0 ~ 6 岁流动儿童规模约 2351 万人，占全国同年龄段儿童人口总数的 20.8%，3 ~ 6 岁流动儿童约为 1544 万人，相比于 2010 年约 680 万增长了近 1.3 倍。在“迁徙中国”的背景下，农村流动儿童如何在流入地接受有质量的学前教育乃至托育服务，是目前面临的重难点问题。

北京师范大学李敏谊课题组曾于 2018—2019 年在广东省 9 个地市（广州、深圳、珠海、佛山、肇庆、东莞、中山、汕头、湛江）以幼儿园为基本抽样单位，对 297 所幼儿园的将近 2.7 万 3 ~ 6 岁儿童及其家庭、幼儿园情况进行调查，其中流动儿童约占 36.5%，且省际流动的比例（22.5%）高于省内流动的比例（14.0%）。从流动方向来看，主要为由乡村向城市流动；从流出地来看，省际流动主要来自湖南省、广西壮族自治区、湖北省、江西省、四川省等地。从平均家庭社会经济地位来看，本地儿童最高，省际流动儿童次之，省内流动儿童最低，但相比于本地儿童，省际和省内流动儿童的平均家庭社会经济地位差距较小，省际流动儿童中来自东部省（区、市）的儿童其平均家庭社会经济地位高于来自中西部省（区、市）的儿童。从父母受教育程度来看，本地儿童父母平均最高受教育年限为 14.34 年，比流动儿童父母最高受教育年限平均高 2 年左右；从父母职业来看，本地儿童父母主要集中于个体工商户、办事人员及专业技术人员，而流动儿童父母主要集中于产业工人及个体工商户；从家庭经济收入来看，本地儿童父母平均月收入主要集中于 8000 ~ 12000 元，而流动儿童父母平均月收入主要集中于 4000 ~ 8000 元。尽管分析显示，省内农村流动儿童难以像本地儿童一样拥有进入高质量的示范性公办幼儿园的便利条件，但是在流入地接受的学前教育服务的质量还是远高于流出地农村地区的学前教育质量，这对于欠发达农村地区的流动儿童而言，获得了流动的红利。

对中国家庭追踪调查（CFPS）5 轮追踪数据的分析结果发现，家庭社会经济地位、区县层

面的经济梯度、城镇化水平与3岁以下婴幼儿发展结果存在多层次的交互效应。发展良好的区县可以调节家庭社会经济地位低给婴幼儿早期发展带来的不利影响（Li et al.，2020）。从这个意义上说，把农村流动儿童纳入流入地的学前教育乃至托育服务，势在必行。

六、本章小结

过去10年，中国农村学前教育受到前所未有的重视，是一个快速发展时期，学前教育的普及率已超过85%，在一些地区普及率赶上了城市地区。同时，随着更多的专业教师加入学前教育，加上政府投入的增加和社会办学的兴起，农村学前教育质量也在稳步提高。农村学前教育的发展成绩值得肯定，然而也应该看到一些制约因素。这主要表现为几个方面：一是农村学前教育财政投入与其他学段相比，政府分担比例仍旧较低，家长分担比例较高。二是农村学前教育经费财政投入主要集中于园所房屋建设与环境改造，但对图书资源、玩教具、游戏材料等教学工具的投入不足。三是对人力资源的投入尚不充分，表现在农村幼儿园教师配备不足、教师薪资低、教师培训机会少、教师教学水平和专业能力差等方面。四是普惠性资源缺乏，“低价优质”学前教育资源相对不足，特别是就近便利的普惠性学前教育资源的相对缺乏。五是在中西部边远农村地区学前教育资源供给更加不足，弱势家庭、流动人口子女难以获得所需的学前教育资源。

资源投入不足造成了农村儿童学前教育发展的滞后，从而影响到他们认知能力和非认知能力的提升。一些研究发现，无论是0～3岁还是3～6岁阶段，我国农村儿童的学习与发展水平均显著低于城市儿童，在语言、认知、社会情感、运动等领域的发展均相对滞后。为了进一步提高农村儿童学前教育发展的水平和质量，需要家庭、儿童、教育机构、政府多个参与主体联手合作，多管齐下，各司其职，才能促进儿童早期发展，缩小城乡儿童发展的动态差距，发挥早期干预对阻断贫富代际传递的积极作用。

第五章

农村义务教育的发展

随着乡村振兴战略的推进，农村义务教育在乡村振兴中越来越具有基础性、引领性、全局性作用。农村义务教育是农村地区儿童获取知识、增加人力资本积累的主要途径[中国农村义务教育政策实施对象包括分布在乡（镇）政府所在镇及其所管辖村庄地域范围内的中小学，因此，本章所阐述的农村义务教育主要指镇区和乡村两方面的小学教育和初中教育发展状况]，提高农村义务教育质量成为缩小城乡差距的关键。从学生发展、师资力量、办学条件和经费投入4个方面来看，农村义务教育发展既有成绩，也有不足，面临着不少挑战。促进农村义务教育发展，应推进农村学生数量和质量均衡发展，建设高质量农村义务教育教师队伍，进一步优化农村义务教育资源配置。

一、农村义务教育的现状与挑战

当前农村义务教育发展状况，即农村小学和初中教育发展状况，可以从学生发展、师资力量、办学条件及经费投入 4 个方面加以描述和分析。

总体来看，2010—2020 年中国农村义务教育快速发展，教育质量不断提升。由于农村人口和学龄儿童数量的不断减少，农村义务教育阶段小学和初中的学校数量、在校生数量均呈现下降趋势，小班化趋势逐渐显现，小学升学率和初中升学率稳步增长；本科及以上专任教师占比增加，师资结构进一步优化；农村义务教育阶段办学条件逐渐改善，建网学校占比持续增加；农村义务教育阶段生均教育经费支出不断增加。这反映了农村义务教育的办学条件和质量都有明显的改善，但是与城市相比仍存在较大差距。

1. 农村小学教育现状

第一，小学升学率整体提高，小班化趋势明显。截至 2020 年，中国农村小学学校数量已由 2010 年的 24 万所降至 12.88 万所，降幅接近 50%。其中，乡村小学数量一直呈现减少态势，2010 年，乡村小学数量为 21 万所，2020 年下降至 8.6 万所。相比之下，镇区小学的数量有上升趋势（见图 5. 1a），部分原因是一部分儿童从乡村小学转向镇区小学上学。而且，农村小学在校生数也呈现下降趋势，2010 年，乡村小学在校学生数为 5350 万人，2020 年降低至 2450 万人。相反，镇区小学的学生人数则由 2010 年的 2770 万人增加至 2020 年的 4072 万人，农村小学学生由乡村向镇区集中（见图 5. 1b）。与此同时，农村在校生中留守儿童数呈先上升后下降趋势，2020 年中国农村小学仍有 126.96 万的留守儿童。随着中国人口流动及农村劳动力外出务工，小学在校生中进城务工人员随迁子女的数量逐年增多（见图 5. 2），一定程度上影响了乡村小学在校生数量。

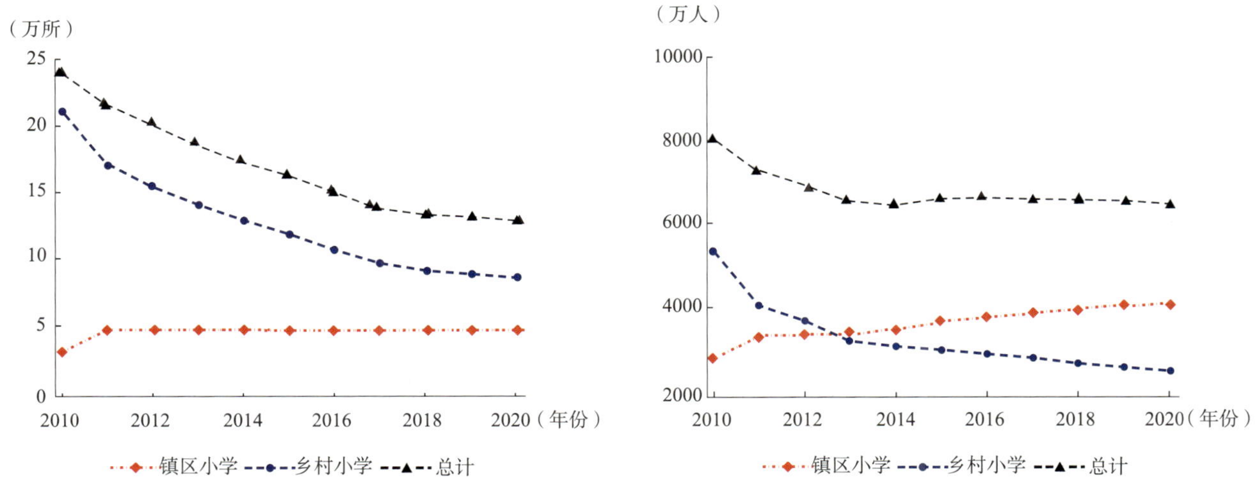

a.农村小学学校数量　　　　b.农村小学在校生数量

图 5. 1　2010—2020 年农村小学学校数量和在校生数量

资料来源：2010—2020年《中国教育统计年鉴》。

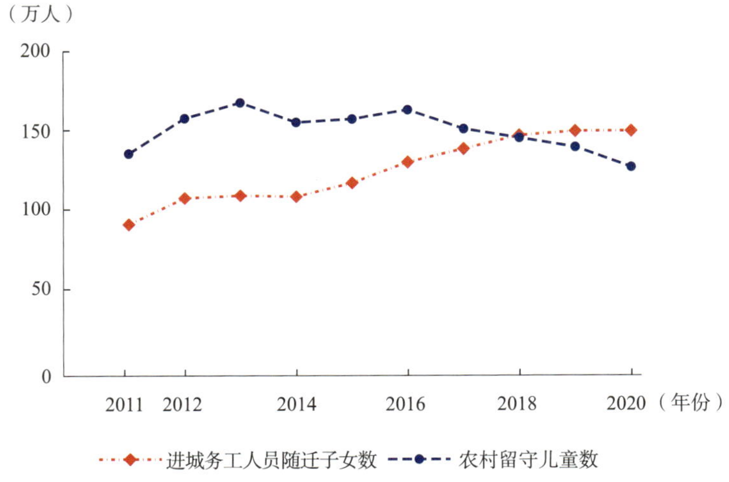

图 5. 2　2011—2020 年农村小学流动儿童数量

资料来源：2011—2020年《中国教育统计年鉴》。

2010—2020 年，小学学校数量和在校学生数量的变化进一步影响学校规模，镇区小学和乡村小学的学校规模[①]均呈现扩大趋势，但两者的差异较大。从镇区小学的学校规模来看，呈现出先减小后扩大的趋势。整体来看，乡村小学的学校规模始终低于镇区小学（见图 5. 3a）。

① 农村小学学校规模（总计）=（镇区小学在校生数 + 乡村小学在校生数）/（镇区小学学校数 + 乡村小学学校数）。

从班级规模[①]的变化趋势来看，小班化趋势逐渐突出。近 10 年来，随着农村小学在校学生人数减少和学校扩建，镇区小学和乡村小学的班级规模逐渐缩小。2010 年镇区小学和乡村小学的班级规模分别为 49 人和 32 人，2020 年已分别降低至 41 人和 27 人（见图 5. 3b）。

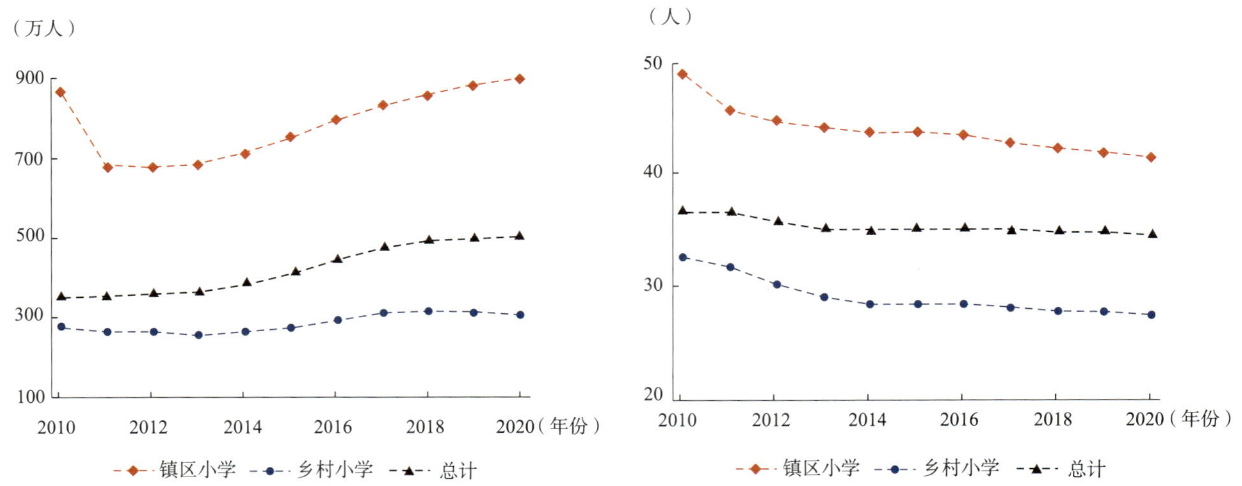

a. 农村小学学校规模　　b. 农村小学班级规模

图 5. 3　2010—2020 年农村小学学校规模和班级规模

资料来源：2010—2020年《中国教育统计年鉴》。

2010—2020 年，农村小学升学率呈现先下降后上升的趋势，从 2013 年的 89.22%，逐步增加到 2020 年的 95.32%。农村小学教育年级巩固率呈现波动变化，2010 年，农村小学教育年级巩固率为 98.96%，在 2011 年和 2013 年出现两次下降，分别降至 89.95% 和 91.82%，随后保持稳定，并在 2020 年增长至 98.54%，达到较高水平（见图 5. 4）。

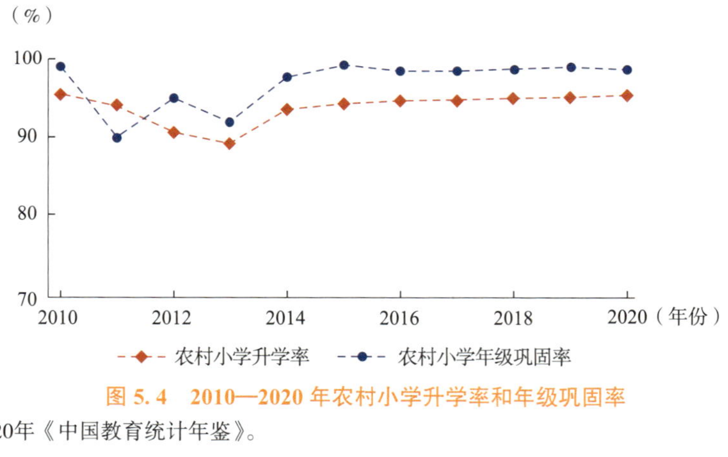

图 5. 4　2010—2020 年农村小学升学率和年级巩固率

资料来源：2010—2020年《中国教育统计年鉴》。

第二，教师整体水平有所改善，小学生师比近年来持续下降。2010—2020 年，中国农村小学专任教师数量大幅减少，从 467 万人降低至 367 万人，平均每年减少 10 万人。但镇区小学和乡

① 农村小学班级规模（总计）=（镇区小学在校生数 + 乡村小学在校生数）/（镇区小学班级数 + 乡村小学班级数）。

村小学的专任教师数变化趋势存在明显差异，师资力量逐渐向镇区集中。镇区小学的专任教师数由2010年的148万人增加至2020年的204万人，而乡村小学的专任教师数则由2010年的319万人减少至2020年的163万人（见图5.5a）。受多方面因素影响，中国农村小学生师比2010—2020年呈现波动变化。2010—2011年，农村小学生师比先出现上升（由17.39∶1上升到18.54∶1），而后出现下降的趋势（2013年下降至17.32∶1），2016—2020年，农村小学生师比持续下降，这一比值平均为17.75∶1（见图5.5b）。

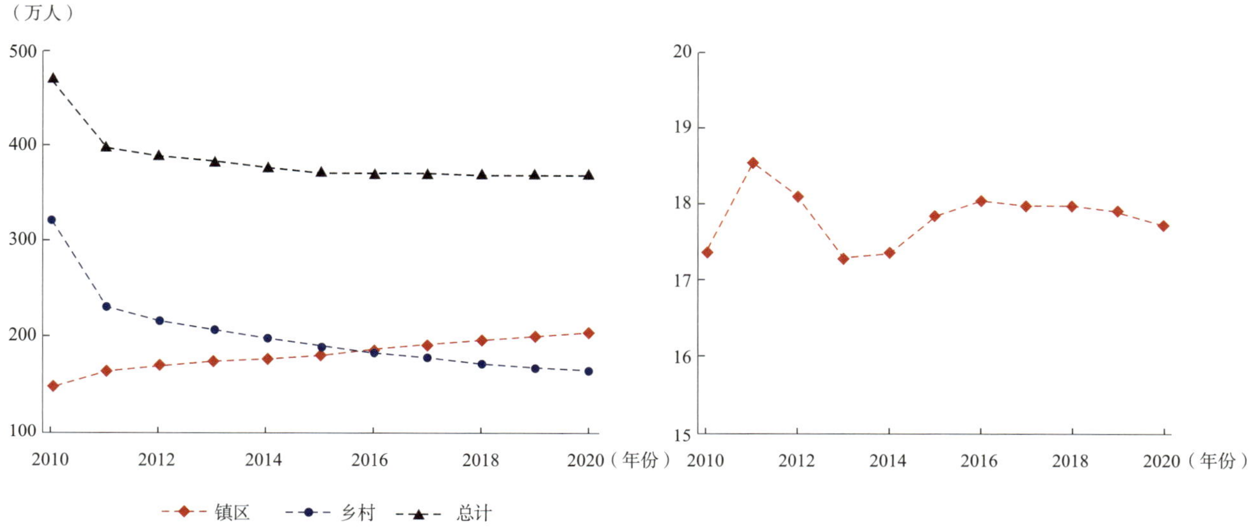

a. 农村小学教育专任教师数　　b. 农村小学生师比

图5.5　2010—2020年农村小学专任教师数和生师比

资料来源：2010—2020年《中国教育统计年鉴》。

2010—2020年，农村小学代课教师数量总体上呈现下降趋势，由2010年的17.53万人下降到2020年的10.60万人。镇区代课教师数量缓慢增多，而乡村代课教师数量快速下降（见图5.6a）。但总体来看，代课教师占比较小，不到总体教师数量的5%（见图5.6b）。

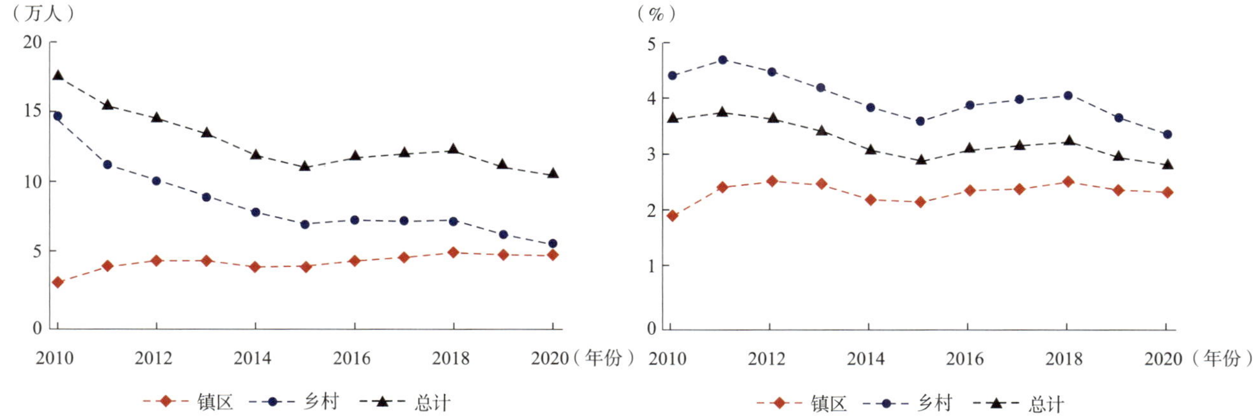

a. 农村小学代课教师数量　　b. 农村小学代课教师所占比例

图5.6　2010—2020年农村小学代课教师数量及所占比例

资料来源：2010—2020年《中国教育统计年鉴》。

农村小学教育阶段中，本科学历专任教师占比逐年增加。其中，本科学历专任教师占比由2010年的18.60%上升至2020年的58.24%，高中及以下专任教师占比则由2010年的24.59%下降至2020年的2.93%（见图5.7）。但2020年本科学历专任教师占比仍不到60%，可见，农村小学教育高素质专业化教师队伍有待进一步增强。

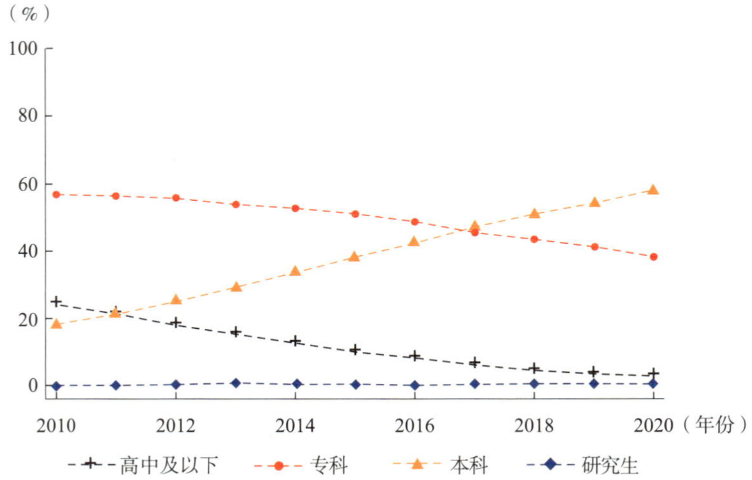

图 5.7 2010—2020 年农村小学专任教师学历结构

资料来源：2010—2020年《中国教育统计年鉴》。

第三，农村小学办学条件持续改善，农村小学建网学校比例大幅增长。2010—2020年，农村小学生均校舍面积平缓增长，镇区小学生均校舍建筑面积增长幅度与总体增幅大体相当。而乡村小学生均校舍建筑面积增幅较大，由2010年的6.38平方米增长至2020年的11.69平方米，净增5.31平方米（见图5.8a）。农村小学生均图书量大幅增加，从2010年的15册增加到2020年的25册，增幅较大（见图5.8b），且乡村小学生均图书量增幅大于镇区小学。

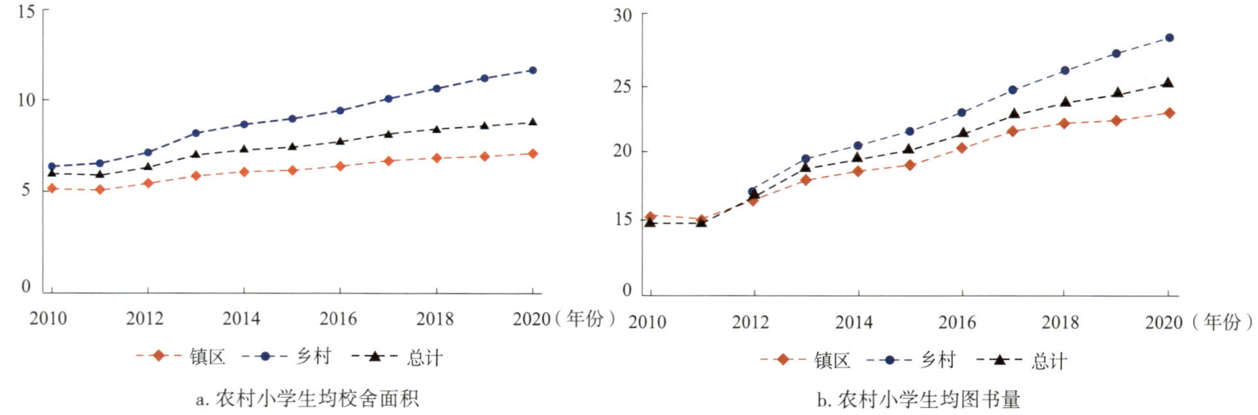

图 5.8 2010—2020 年农村小学生均校舍建筑面积和生均图书量

资料来源：2010—2020年《中国教育统计年鉴》。

农村小学建网学校数量从2013年后迅速增加，其中乡村小学建网学校数增幅更大。2011—2020年，农村小学建网学校净增加59619所（见图5.9a）。2016年有一半左右的农村小学建成网络；2020年，农村小学建网学校占比达到67.26%，与2010年相比增加了54.7个百分点（见图5.9b）。

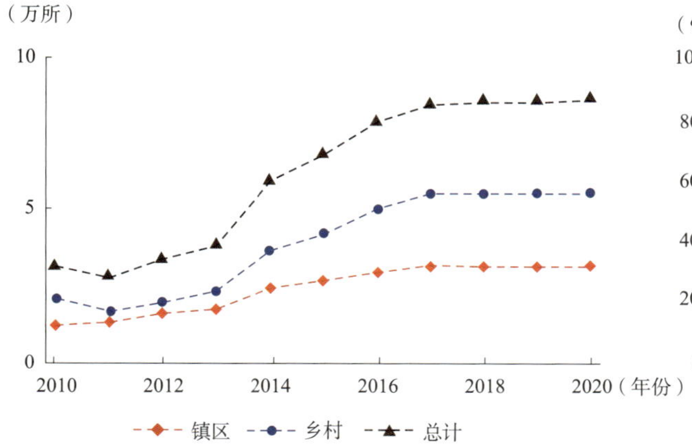

a. 农村小学建网学校数量

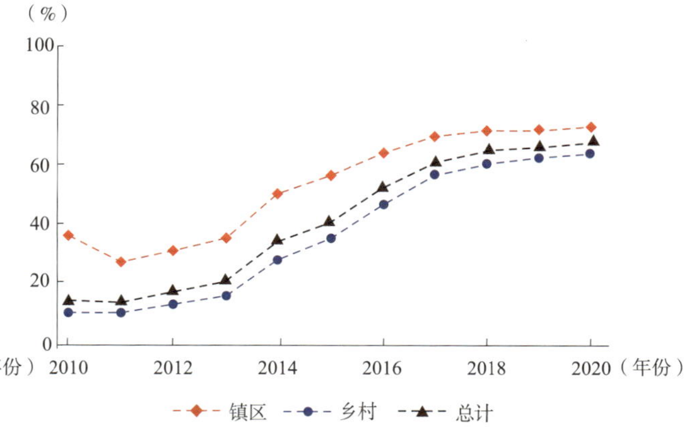

b. 农村小学建网学校占比

图5.9　2010—2020年农村小学建网学校数量及占比

资料来源：2010—2020年《中国教育统计年鉴》。

第四，农村小学生均教育经费支出持续增长，生均教育经费占比和生均预算内教育经费占比[①]呈现下降趋势。农村小学生均教育经费支出从2010年的3876.23元增长到2019年的10785.97元。农村小学生均教育经费占比和生均预算内教育经费占比在2013年达到峰值，近年来出现略微下滑的趋势；截至2019年，生均教育经费占比和生均预算内教育经费占比分别为92.79%和94.96%（见图5.10）。

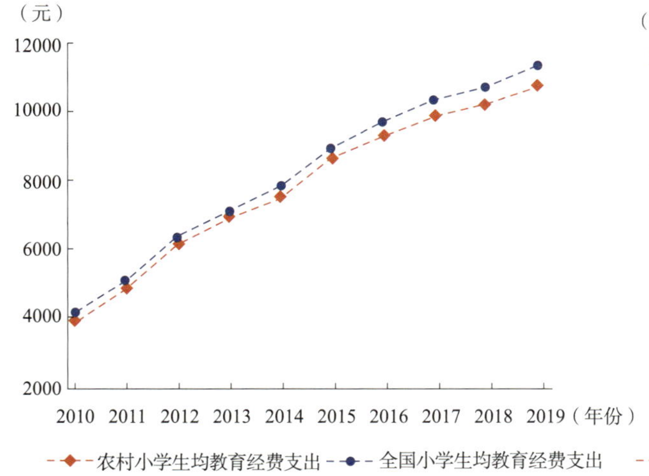

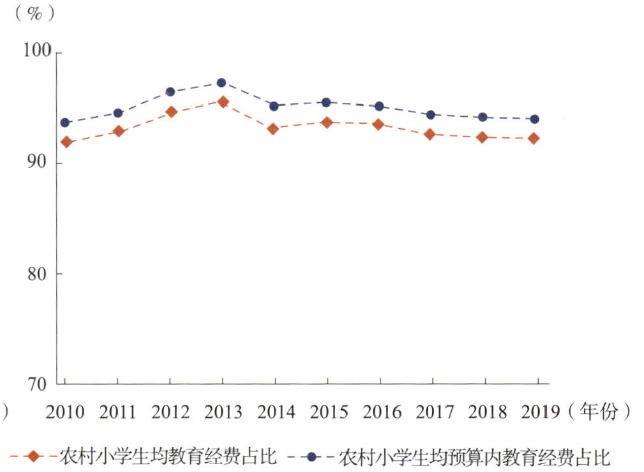

图5.10　2010—2019年农村小学生均教育经费支出及占比

资料来源：2010—2019年《中国教育经费统计年鉴》。

① 农村小学生均教育经费占比主要指农村小学生均所有来源教育经费与全国平均水平的比值；农村小学生均预算内教育经费占比主要指政府提供的教育经费中农村生均水平与全国平均水平的比值。当比值为1时，农村生均水平等于全国平均水平。

2. 农村初中教育现状

第一，农村初中“小校小班”化趋势明显，升学率平稳增加，但农村初中学生认知能力较弱。2010—2020 年，农村初中教育学校数量呈现下降趋势，但镇区初中教育学校数量和乡村初中教育学校数量呈现完全相反的趋势，镇区初中近年略有增加，而乡村初中呈现逐年减少趋势。截至 2020 年，中国农村初中已由 2010 年的 4.76 万所降至 2020 年的 3.88 万所，镇区初中有 2.46 万所，乡村初中有 1.42 万所（见图 5. 11a）。农村初中的在校学生数也呈下降趋势，主要表现为乡村初中在校生逐年减少。2010 年乡村初中在校学生数为 1787 万人，到 2020 年降低至 638 万人，降幅超过 60%（见图 5. 11b），主要是受大批农村儿童随父母务工进城的影响。由图 5. 12 看出，农村初中在校生随迁子女数量在 2020 年达到 395 万人。而镇区初中的学生人数则维持在 2400 万人左右，变动不大。

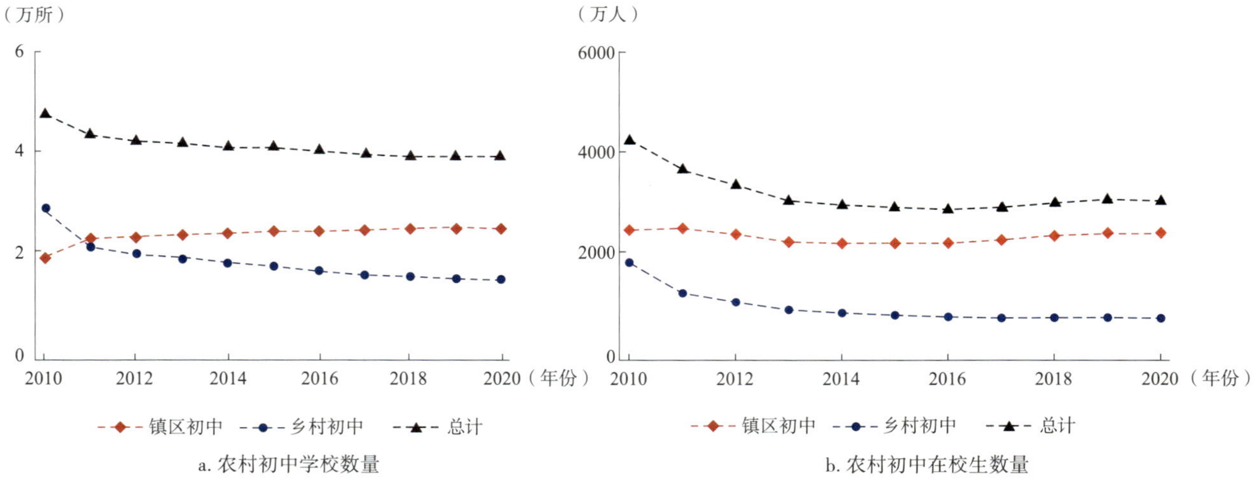

图 5. 11　2010—2020 年农村初中学校数量和在校生数量

资料来源：2010—2020年《中国教育统计年鉴》。

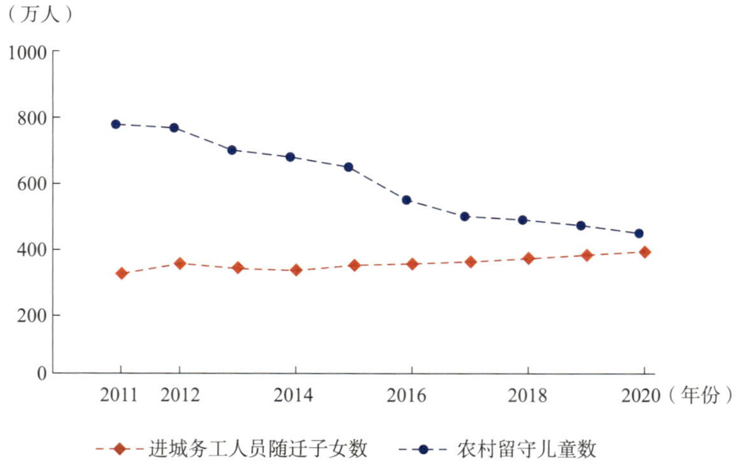

图 5. 12　2011—2020 年农村初中流动儿童数量

资料来源：2011—2020年《中国教育统计年鉴》。

2010—2020 年，镇区初中和乡村初中的学校规模均呈现先减小后扩大最后平稳变化的趋势。从镇区初中的学校规模来看，2010 年镇区初中平均人数约为 1288 人，在 2020 年时减少至 965 人，降幅为 323 人，主要原因在于近年来镇区初中学校数量增多，而在校生数量变化不大（见图 5. 13a），乡村初中的平均人数在 11 年间净减少了 174 人。从平均班级规模变化趋势来看，农村初中逐渐呈现小班化趋势。2010 年镇区初中和乡村初中的平均班级规模分别为 55 人和 51 人，在 2020 年时已分别降低至 46 人和 43 人（见图 5. 13b）。

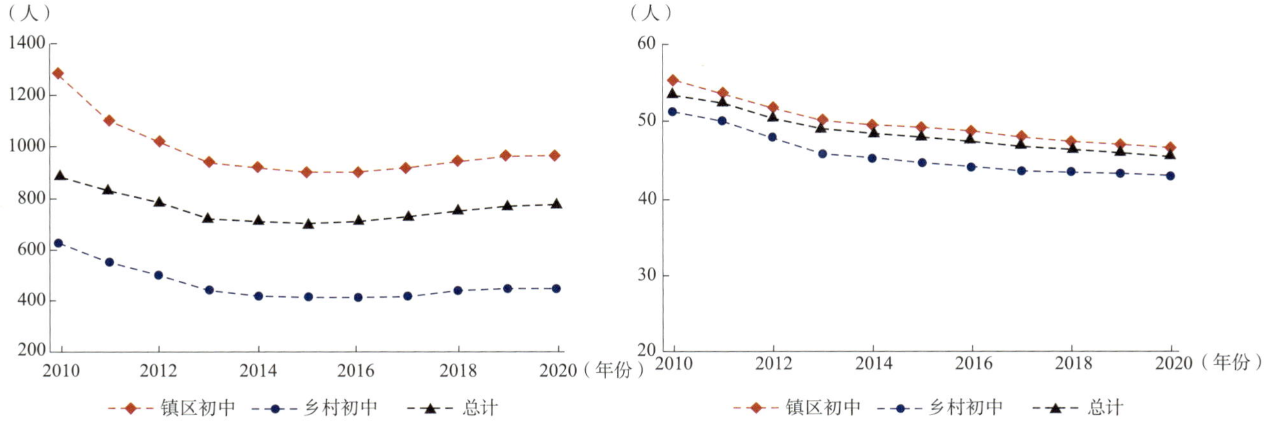

a. 农村初中学校平均人数　　b. 农村初中平均班级规模

图 5. 13　2010—2020 年农村初中学校平均人数和平均班级规模

资料来源：2010—2020年《中国教育统计年鉴》。

2010—2020 年，农村初中升学率逐年提高，由 2010 年的 38.31% 提升至 2020 年的 46.14%。自 2013 年后，中国农村初中每年有超过 40% 的毕业生升入普通高中，但是与城市相比整体水平仍较低。农村初中教育年级巩固率呈现波动变化。2010 年，农村初中教育年级巩固率为 95.26%，在 2011 年和 2013 年分别降至 87.06% 和 88.77%，随后呈现平稳上升趋势，到 2020 年上升为 98.72%（见图 5. 14）。

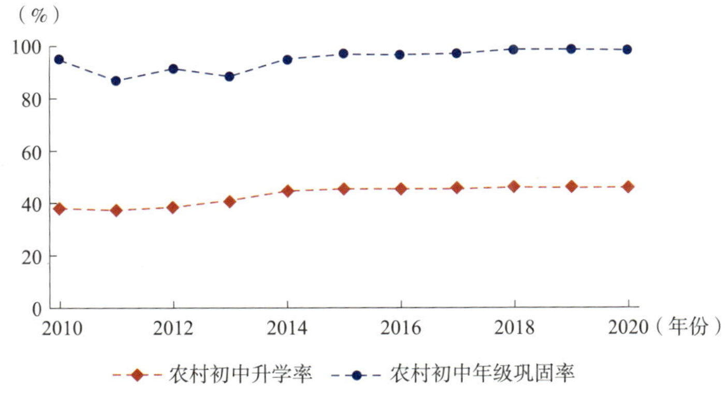

图 5. 14　2010—2020 年农村初中升学率和年级巩固率

资料来源：2010—2020年《中国教育统计年鉴》。

除了农村初中生进入高中接受教育的比例较低之外（2020 年，城市地区初中升学率为 75.56%，而农村初中升学率为 46.14%），农村地区学生认知发展水平较低，导致其进入高中后学习能力不足。使用中国教育追踪调查（CEPS）数据，比较城乡初中生认知能力测试得分 [中国教育追踪调查（CEPS）数据为七年级和九年级的学生分别设计了一套认知能力测试题，该测试题从语言、图形、计算与逻辑几方面来测量认知能力，并且具有标准化的特征和国际可比性] 可以看出，无论是七年级还是九年级，农村初中学生认知能力得分普遍低于城市学生（见图 5. 15）。这表明城乡学生认知能力差距有所缩小，意味着农村初中教育有了更快的进步。

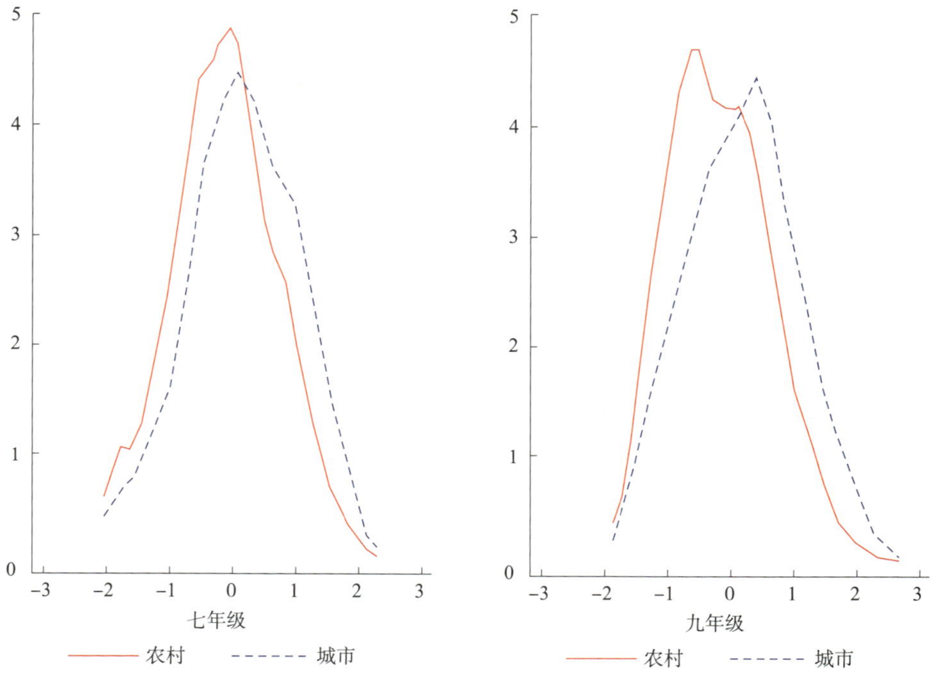

a. 认知能力和密度图　　b. 认知能力和密度图

图 5. 15　城乡初中生认知能力比较

数据来源：中国教育追踪调查（CEPS）2013—2014学年基线调查数据。

注：该项调查以人口平均受教育水平和流动人口比例两个分层变量为标准，从全国随机抽样了28个县、区、市级单位，随后在入选的县、区、市级单位中随机选取了112所学校的438个班级发放调查问卷。

第二，农村初中师资水平显著提升，但存在着优质师资由乡村向镇区集中的问题。2011—2020 年，中国农村初中专任教师数量变化较为平稳。但镇区初中和乡村初中专任教师数变化趋势不同，镇区初中的专任教师数量稳步增加，由 2011 年的 167.55 万人增加至 2020 年的 184.51 万人；而乡村初中专任教师数量逐年下降，由 2011 年的 85.67 万人下降到 2020 年的 55.61 万人，师资力量逐渐向镇区集中（见图 5. 16a）。受农村初中在校生数量变化影响，农村初中生师比呈现先下降后上升的趋势。2011—2015 年出现大幅下降，2015—2020 年，农村初中生师比变动不大，2020 年农村初中生师比为 12.54 ： 1（见图 5. 16b）。

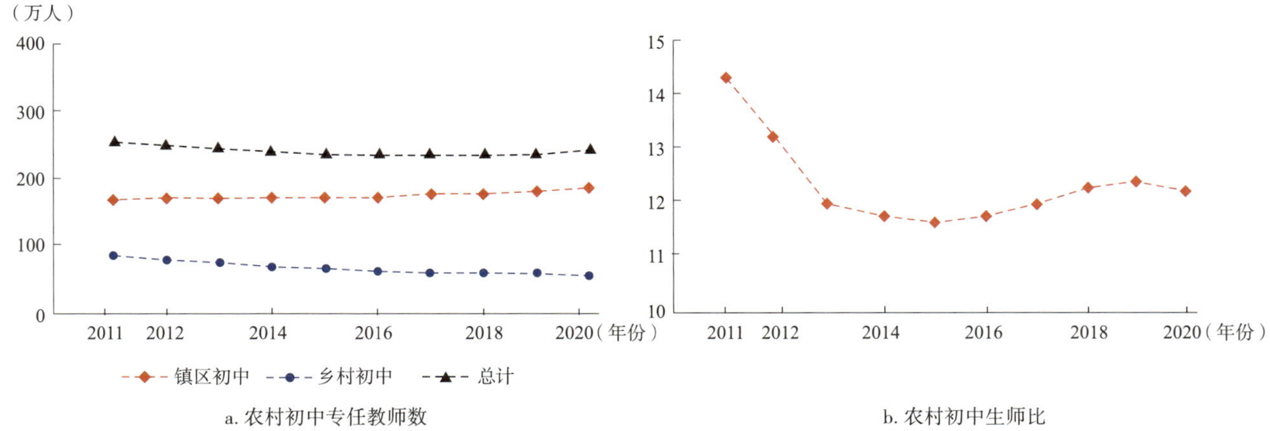

图 5.16　2011—2020 年农村初中专任教师数和生师比

资料来源：2011—2020年《中国教育统计年鉴》。

从农村初中专任教师学历结构的变化趋势来看，2011—2020 年，农村初中本科学历专任教师占比较大且呈逐年增长趋势，2020 年中国农村初中本科学历专任教师占比为 83.81%，高中及以下学历专任教师占比较低（见图 5. 17）。农村初中教育高素质专业化教师队伍得到进一步巩固。

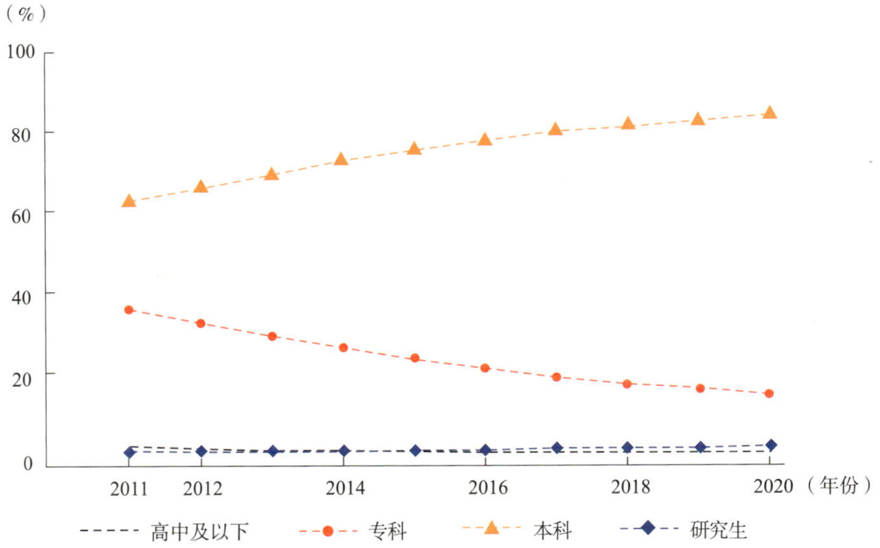

图 5. 17　2011—2020 年农村初中专任教师学历结构

资料来源：2011—2020年《中国教育统计年鉴》。

第三，农村初中办学条件显著改善，建网学校数量增长较快。2011—2020 年，农村初中学校生均校舍面积平缓增长，镇区初中生均校舍建筑面积增长幅度与总增幅大体相当。乡村初中生均校舍建筑面积增幅较大，由 2011 年的 10.36 平方米增长至 2020 年的 19.26 平方米，净增 8.90 平方米（见图 5. 18a）。农村初中生均图书量持续增加，由 2011 年的 22 册增加到 2020 年的 38 册，办学条件持续改善（见图 5. 18b）。

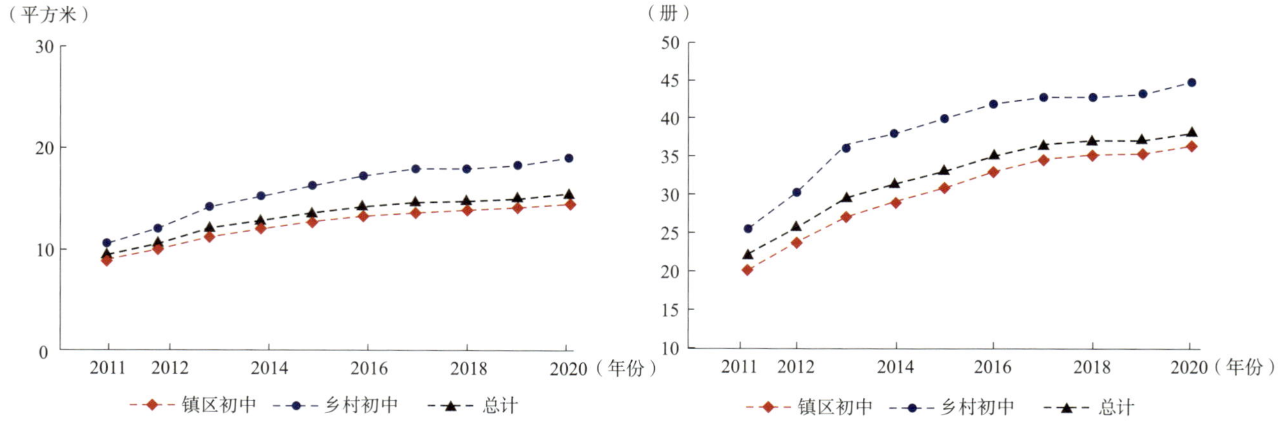

a. 农村初中生均校舍建筑面积　　b.农村初中生均图书量

图 5.18　2011—2020 年农村初中生均校舍建筑面积和生均图书量

资料来源：2011—2020年《中国教育统计年鉴》。

农村初中教育阶段建网学校数量呈逐年上升趋势，镇区初中建网学校数量始终高于乡村初中（见图 5. 19a）。农村初中建网学校占比逐年增加，到 2020 年中国农村初中有约 74% 的学校建成校园网络，乡村初中建网学校占比增幅大于镇区初中：镇区初中由 2011 年的 48.63% 上升至 2020 年的 76.83%，增幅为 28.20 个百分点，而乡村初中由 2011 年的 33.62% 上升至 2020 年的 69.28%，增幅为 35.66 个百分点（见图 5. 19b）。

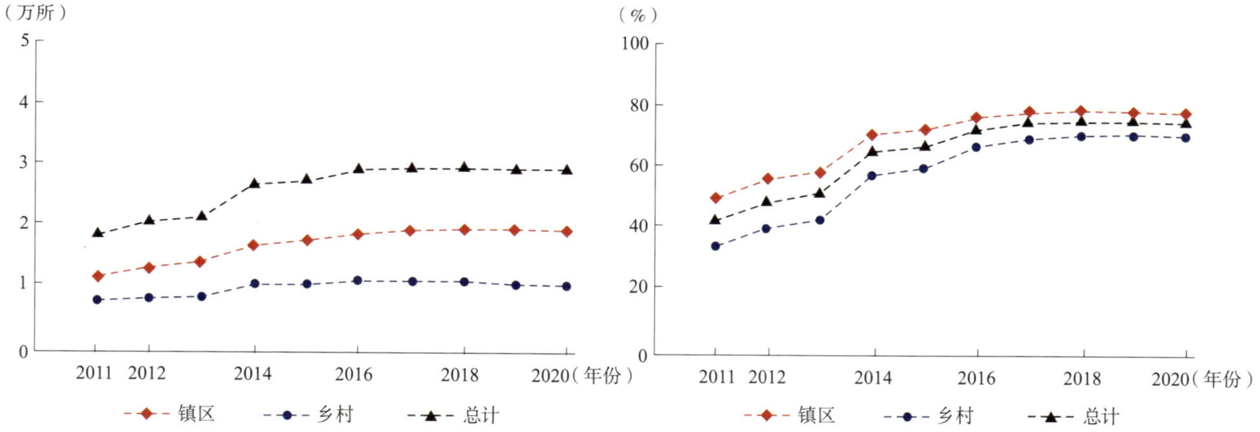

a. 农村初中建网学校数量　　b. 农村初中建网学校占比

图 5. 19　2011—2020 年农村初中建网学校数量及其占比

资料来源：2011—2020年《中国教育统计年鉴》。

第四，农村初中生均教育经费支出持续增长。2010 年后，农村初中生均教育经费支出逐年提高，从 2010 年的 5061.30 元增长到 2019 年的 14663.29 元。农村初中生均教育经费占比和生均预算内教育经费占比在 2013 年达到峰值（分别为 96.00%、99.16%），近年来出现略微下滑的趋势（见图 5. 20）。

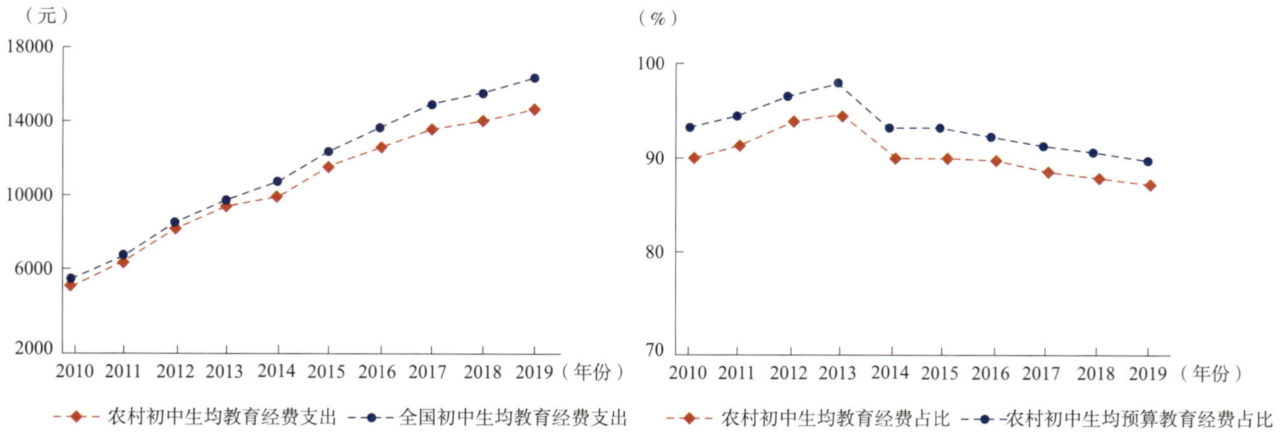

图 5.20　2011—2019 年农村初中生均教育经费支出及其占比

资料来源：2010—2019年《中国教育统计年鉴》。

二、农村义务教育的主要问题

从现实情况和政策评估的角度看，中国农村义务教育发展已经取得较大成效，但仍有较大改进空间。从公众需求与社会发展的角度看，中国现阶段农村义务教育的主要矛盾仍然是教育资源不均等、不平衡和不充分（秦玉友，曾文婧，2018）。具体来说，农村义务教育面临以下挑战。

（一）农村学生能力发展不充分

罗仁福、罗斯高等教授项目组对中国 0 ~ 3 岁的儿童进行了认知能力测试。结果表明，中国城市儿童的认知能力水平与全球儿童认知水平的平均值相同，但在农村地区，超过一半儿童的认知能力处于低下水平。根据中国教育追踪调查（CEPS）数据，城乡初中生认知能力仍有较大差距。学习能力落后会成为阻碍农村学生发展的因素之一。

（二）农村地区师资力量薄弱，教师资源分配不平衡

师资是第一重要的教育资源，是发展农村义务教育的基石与保证。2020 年，中国义务教育阶段专任教师数量为 1029.49 万人，其中超过一半在农村（2020 年农村义务教育专任教师人数为 607.60 万人）。农村师资的数量与质量决定农村义务教育发展的质量与可持续性。当前中国农村义务教育教师队伍仍存在优质教师缺乏、稳定性不足及区域教师资源配置不均衡等问题（刘善槐，王爽，武芳，2019）。

第一，农村教师队伍学历水平仍然较低，尤其是农村小学教师。2020 年，农村小学本科及以上教师占比仅为 58.79%，比城市地区（78.95%）低 20.16 个百分点；农村初中本科及以上教师占比为 85.40%，与城市地区（93.75%）也有一定差距。从农村内部看，图 5. 21 比较了 2020 年中国各省（区、市）农村义务教育阶段专任教师人数、本科及以上专任教师占比。由此可见，无论从教师数量还是质量上，都存在较大的区域差异性，北京和江苏等地农村教师学历水平相对较高，部分省（区、市）教师学历水平亟待提升。

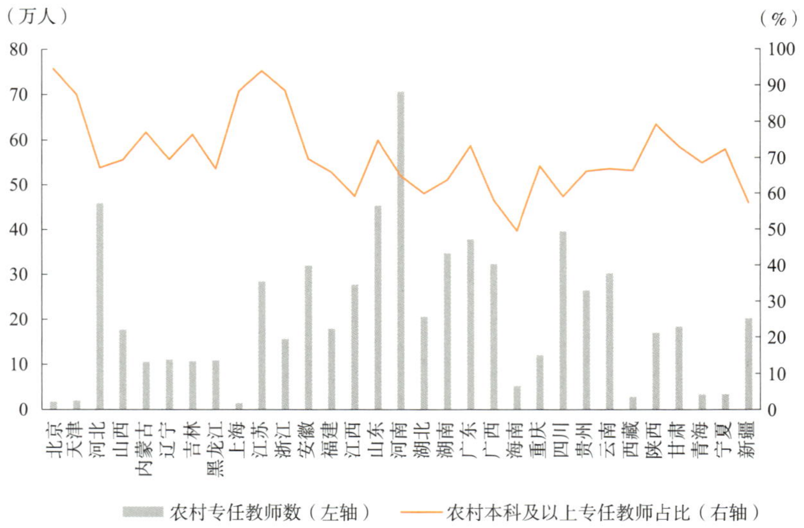

图 5. 21　2020 年各省（区、市）农村义务教育阶段专任教师情况

资料来源：2020年《中国教育统计年鉴》。

第二，农村教师队伍存在较大的不稳定问题。图 5. 22 显示 2010—2020 年中小学专任教师调出人数与调入人数的比值。可见，乡村小学该比值较高，每年调出教师数超过调入教师数（见图 5. 22a）；乡村初中的教师流失率也较高，虽呈下降趋势，但仍然超过 1，调出教师多于调

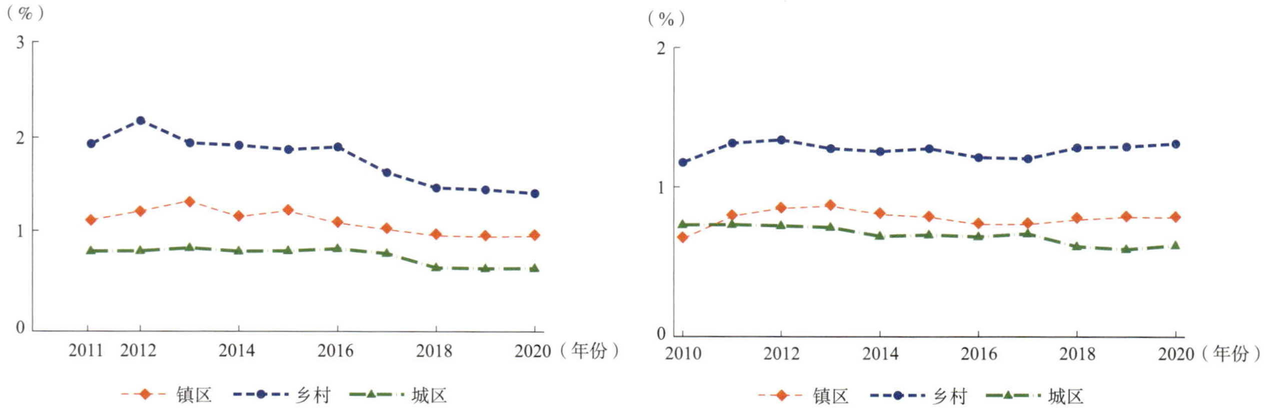

a. 小学专任教师调出调入人数比　　b. 初中专任教师调出调入人数比

图 5. 22　2010—2020 年中小学专任教师调出调入人数比

资料来源：2010—2020年《中国教育统计年鉴》。

入教师（见图 5. 22b）。此外，部分地区中小学义务教育师资配置标准存在脱离实际的情况，配置标准更在乎学校生师比而忽略班师比。因此，农村学校的老师通常供不应求，导致许多老师需要“全科”授课，影响教育质量。

第三，农村义务教育阶段生师比具有较大的区域差别。从图 5. 23 和图 5. 24 中可以看出，2020 年，各省份农村小学和初中阶段生师比具有较大差距，东北三省农村小学生师比较低，贵州省农村小学生师比最高，为 18.00：1。北京农村初中生师比最低，为 6.82：1，江西省最高，为 14.98：1。农村义务教育阶段生师比的区域差别意味着中国农村教师资源分配存在着较为严重的不平衡问题。

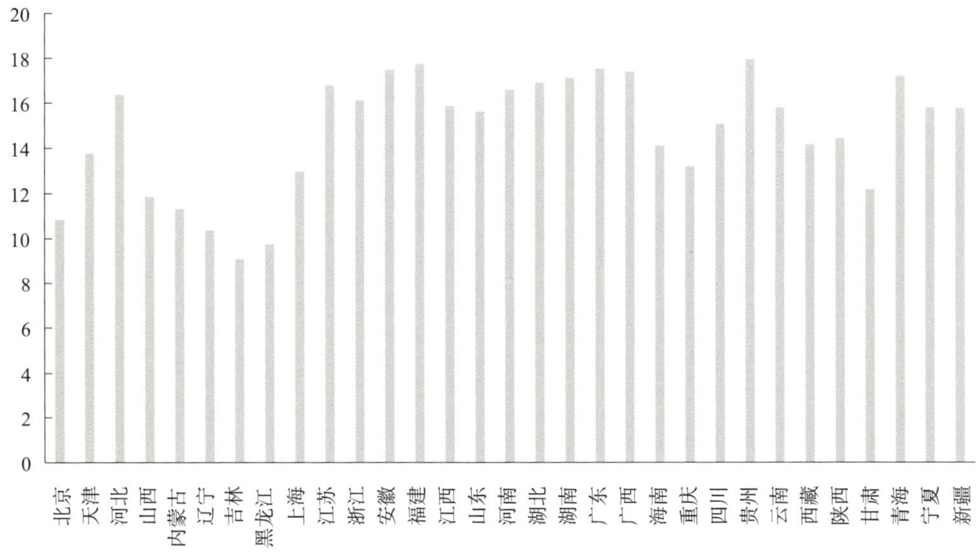

图 5. 23　2020 年各省（区、市）农村小学教育生师比

资料来源：2020年《中国教育统计年鉴》。

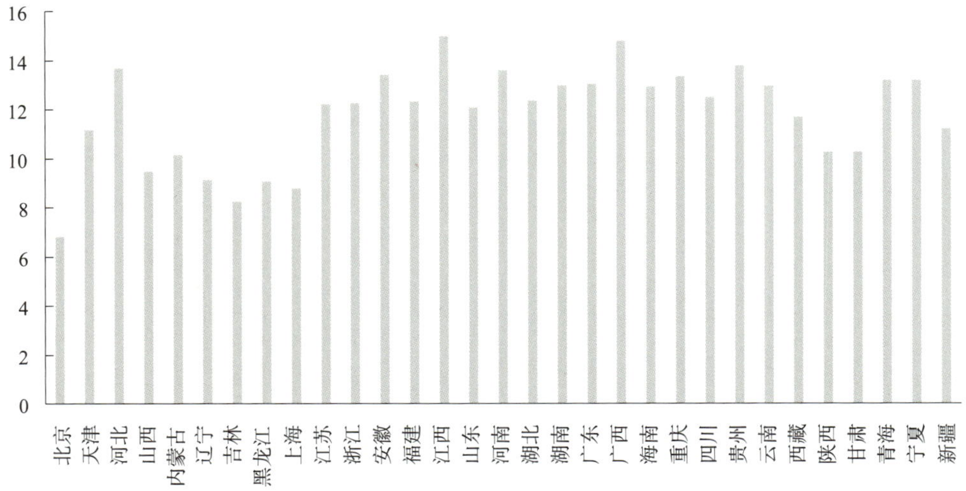

图 5. 24　2020 年各省（区、市）农村初中教育生师比

资料来源：2020年《中国教育统计年鉴》。

（三）农村教育经费投入不足，学校标准化建设有待改善

农村义务教育经费投入是农村教育发展的主要保障，农村义务教育阶段教育投入的不平等会造成城乡学生受教育质量的差别，进而导致后续接受高等教育机会和劳动力市场竞争的不平等。

第一，城乡教育经费投入存在差距。农村小学和初中教育阶段的生均教育经费支出与全国平均水平的差距逐渐增大。从投入占比来看，生均教育经费和生均预算内教育经费占比逐年减小，城乡义务教育经费投入差距较为明显。

第二，城乡教育资源投入存在差距。尽管近 10 年来农村义务教育阶段建网学校数量有所增加，到 2020 年农村小学有 67.26%、农村初中有 74.06% 的学校建成校园网络，但仍然显著低于城市地区的 84.46% 和 86.68%。图 5. 25 比较了 2020 年全国各省（区、市）农村中小学生均计算机数。

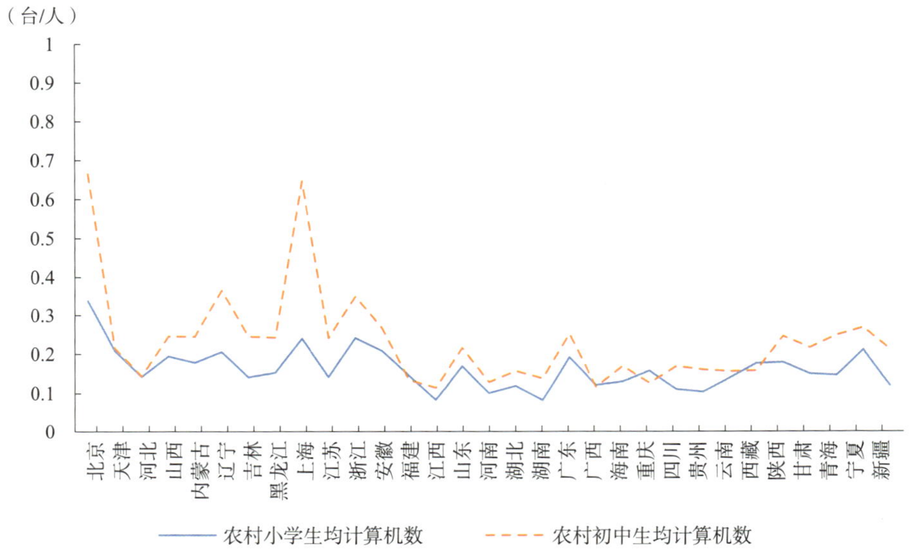

图 5. 25　2020 年各省（区、市）农村义务教育阶段生均计算机数

资料来源：2020年《中国教育统计年鉴》。

可见，无论是小学阶段还是初中阶段，各地区的教学设备资源均存在差异性，北京、上海等地区投入较高，部分地区投入相对较低。

三、农村义务教育发展滞后的原因

（一）农村义务教育学生发展不充分的原因

影响农村学生认知能力发展的原因主要来自早期家庭条件和环境差异，以及人力资本投资不足。首先，受早期家庭条件的影响，父母受教育水平直接影响到其子代的认知能力和受教育

水平（Becker et al.，1979）。由于农村地区父母受教育程度普遍偏低，使得农村儿童早期认知能力较弱。加之部分贫困农村儿童的营养不足，影响了早期智力发展。其次，父母对子女的人力资本投资是影响认知能力的重要因素。大量研究显示，照养人的养育知识和养育能力对儿童认知能力发展具有积极的影响（Black et al.，2003）。由于农村地区经济发展落后，受资金约束限制，城乡家庭教育投入存在较大差距。据调查，2019 年农村小学生均家庭教育支出为 1905 元，城镇为 6579 元；农村初中生均家庭教育支出为 3821 元，城镇为 9199 元（中国教育财政科学研究所，2021）。已有研究发现，以互助资金为代表的金融扶贫政策能够缩小贫富家庭教育投入差距，提高贫困地区孩子教育水平（尤婧，汪三贵，孙凯，2020）。同时，父母外出务工使得大批农村留守儿童只能获得祖辈的隔代照料，父母陪伴时间不足也是造成学生认知能力较低的重要因素（王春超，林俊杰，2021）。

（二）农村义务教育师资力量薄弱的原因

一方面，农村地区条件对优质教师吸引力不足。由于农村地区教师待遇普遍偏低、生活环境艰苦、个人发展机会少，农村中小学的教师编制名额较少（付卫东，范先佐，2018），特岗教师和代课教师相对较多（范先佐，2015）。在待遇差异较大的环境下，农村学校对优秀教师的吸引力较弱。直到 2018 年，全国 162 个县在不同程度上都存在有编未补问题。有 128 个县聘任 4.6 万名合同制教师和代课教师，未做到编外教师与在编教师同工同酬（中华人民共和国教育部，2019）。

另一方面，农村教师流动性大，教师队伍不稳定。当前部分乡村小规模学校师生比虽然较高，但是多数教师均身兼数职，“包班教学”“复式教学”，承担着繁重的教学任务，同时还要协助处理学校的多项行政事务，致使乡村小规模学校教师教学压力较大（肖正德，2011；高政，刘胡权，2014），部分教师选择离开。同时，目前中国中小学实行岗位绩效工资制度，工资总额主要由基本工资、绩效工资和津贴补贴组成。基本工资执行国家统一的政策和标准，城乡、地区之间差别不大，但绩效工资、津贴补贴等辅助性工资差距巨大（庞丽娟，金志峰，杨小敏，2017），相比之下，农村教师和落后地区教师的绩效工资、津贴都是偏低的。这不利于农村教师队伍的稳定，进一步致使农村中小学教师尤其是骨干教师和优秀年轻教师流失。

（三）农村义务教育经费投入不足的原因

2006 年至今，中国实施“中央和地方分项目、按比例分担”的农村义务教育经费保障机制。这一机制虽然对中央和省级政府在农村义务教育投入中的责任提出要求，强调了县级政府作为农村义务教育执行和实施的主体地位，在一定程度上缓解了农村义务教育发展的困境，但受限于县域经济发展水平，仍然无法满足农村义务教育进一步发展的需求（朱文辉，2018）。

一是区域间经济发展不平衡，造成农村义务教育投入显著的区域差距。随着城镇化的发展，虽然中国城乡社会经济发展差距有所缩小，但县域经济发展不平衡长期存在（蒋永穆，周宇晗，2018）。因此，造成了依赖于县级财政的农村义务教育面临着投入不足和投入差距较大的问题，制约了一部分地区农村义务教育的健康发展。2012 年以来，中国农村小学、初中生均教育经费都呈现逐年增长的趋势，但农村学校生均教育经费投入显著低于城市学校，且这种差距在逐年扩大。截至 2019 年，农村小学生均经费与城市的差值达到 2556 元，农村初中生均经费与城市的差值则有 6332 元，并仍有继续扩大的趋势（戎乘阳，2022）。

二是农村义务教育的投资见效较慢，政府对其投入动力不足。在以县为主的管理体制下，政府具有教育资源投入自主权，由于农村学校初始禀赋较差，办学状况的改善需要大量的教育资源投入，有限的资源投入难以显现实际的效果，为了显示政绩的需要，地方政府倾向于给予城市学校相对较多投入（王广飞，符琳蓉，2018）。因此，在教育资源投入，包括校舍建设、教学设备、网络建设等方面，仍存在较大的城乡差距。

四、提升农村义务教育质量的模式和项目

针对农村义务教育发展的问题和挑战，各级政府、社会组织和专家学者探索多种方式。各种探索围绕着学生发展、学校建设、教师管理以及创新办学等 4 个方面，试图找到更加适合农村义务教育发展的新模式。

（一）提升儿童人力资本的干预模式

弥合城乡儿童教育发展差距，最重要的是要为农村儿童提供与城市儿童平等的条件和机会。近年来，国内多个组织和个人开展若干项目对农村儿童早期发展和义务教育进行试验干预和研究。其中有代表性的包括：中国发展研究基金会组织开展的促进中国农村地区义务教育阶段儿童和青少年人力资本发展的系列干预研究、陕西师范大学教育实验经济研究所课题组关于贫困地区农村儿童的干预项目、西南财经大学课题组开展的“青少年教育促进计划（YEIP）”、中国人民大学课题组开展的有关学生同群效应和学生担任班干部效应的试验、暨南大学课题组关于农村义务教育阶段学生人力资本发展和留守儿童干预项目，这些项目采用规范的试验方法和科学评估方法，为农村儿童早期发展和义务教育的政策制定提供依据。

健康和教育是人力资本的两大基石。中国于2011年启动实施了农村义务教育学生营养改善计划，来改善贫困地区和家庭经济困难学生的营养健康水平。2007年，中国发展研究基金会启动了“贫困地区寄宿制小学学生营养改善项目”，旨在评估通过学校营养餐进行的营养干预对贫困地区寄宿生人力资本发展的影响。研究表明，营养餐能显著改善寄宿生的体质和体能，并提高其学习成绩（齐良书，赵俊超，2012）。2020年，中国发展研究基金会和田字格志愿服务社联合发起了“乡土村小”项目，旨在让乡村儿童能在家乡就近享受好的教育，通过教育创新解决村小教育质量低的难点。

陕西师范大学教育实验经济研究所课题组关注贫困农村地区儿童的营养、健康与教育的问题，开展了一系列旨在解决农村学生缺铁性贫血问题的干预试验，项目评估发现维生素咀嚼片显著提升学生成绩（Luo et al.，2012）。暨南大学课题组聚焦农村义务教育阶段儿童，尤其是留守儿童发展问题，2015年以来在湖北、湖南农村小学开展实地试验研究（王春超，钟锦鹏，2018；王春超，肖艾平，于瀚辰，2022），2018年与湖北省云梦县教育局联合开展了“留守儿童视频通话和课后辅导”专项课题研究，着力破解关爱农村留守儿童成长发展的难点、热点问题。课题组分别以改善农村留守儿童的非认知能力和学业成绩（认知能力）为目标，设计视频通话干预项目和课后辅导干预项目。该研究显示干预试验能够显著提升留守儿童的认知能力和非认知能力，为改善农村留守儿童的发展环境提供了思路。

近年来，无论是政府、社会组织还是研究学者，都在持续开展一系列卓有成效的干预项目（白勤，林泽炎，谭凯鸣，2012；Nie et al.，2020；Yi et al.，2014），探索改善农村义务教育质量的方法、模式与路径，为提高农村义务教育质量、促进城乡教育均衡发展提供借鉴参考。

（二）农村小规模学校集群发展模式

农村小规模学校是农村义务教育服务供给的重要载体。从教育资源配置效率视角来看，农村小规模学校与邻近学校的协同合作可以在更大程度上激发其办学活力、促进其内生发展（赵丹，范先佐，郭清扬，2019）。2018年5月印发的《国务院办公厅关于全面加强乡村小规模学校和乡镇寄宿制学校建设的指导意见》要求全面加强乡村小规模学校和乡镇寄宿制学校建设和管理，为加快教育现代化、实现乡村振兴打下坚实基础。通过改革教育资源的配置方式，探索小规模学校集群发展的有效路径，是提升农村教育质量的关键。

当前，在政府主导下开展的农村小规模学校集团化办学分为两种形式：一种为“帮扶式”的集团化办学，另一种为“联盟式”的集团化办学。针对发展水平一般但距离城市地区较近的农村小规模学校采取城市地区“帮扶”农村小规模学校的联合模式。例如，西宁市的农村学校教育集团主要以城市地区中心的几所学校为龙头，分别与一所对应的农村小规模薄弱学校结合形成城乡学校发展互助共同体，进而实现城乡优质资源的共享（蔡娜娜，2018）。针对发展水平相似且地理位置靠近的农村小规模学校采取“联盟”的形式，进而实现学校间管理互通、交流互鉴、课程互享和评价互惠。农村小规模学校必须注重对稀缺的教育资源加以优化配置与有效利用，在协同发展中寻求自主发展的新形式，实现农村小规模学校更优发展（陈国华，袁桂林，2016）。

（三）农村教育特岗教师专业发展模式

2006 年，教育部等部门联合启动并实施“特岗计划”，其全称为“农村义务教育阶段学校教师特设岗位计划”。“特岗计划”依靠中央和地方两级财政支持，公开招聘高校毕业生到农村义务教育阶段学校任教，满足乡村学校师资需求，提升乡村教师素质。

从实施效果来看，截至 2020 年，中央财政累计投入资金 710 亿元，累计招聘 95 万特岗教师，覆盖中西部省份 1000 多个县，3 万多所农村学校，在很大程度上解决了中西部农村学校师资短缺问题。相关学者利用调查收集的县域师生数据进行研究发现，特岗教师有助于提升农村学生的学业成绩，一定程度上有助于缩小城乡学业成绩差距（孙冉，杜屏，杨靖，2022）。

除“特岗计划”外，国内学者也在农村中小学“教师与教育”领域开展了多项随机干预试验研究，探索提高农村教师教学质量的有效渠道。例如，陕西师范大学教育实验经济研究所课题组于 2013—2014 年在西北 2 省开展了关于农村教师绩效激励的试验项目，采用 3 种不同考核方式作为教师的教学质量衡量标准，研究发现基于成绩“增加值百分位”[①] 的激励方案能显著提高学生的成绩。

（四）信息化助推农村教育发展模式

信息化和数字技术对农村义务教育的高质量发展具有极大的推动作用。由于农村存在明显的地区差异性，教育质量较低，优质师资缺乏，农村学校对信息化和数字技术有着比城市学校更为迫切的需求。将数字技术广泛地应用到农村学校，特别是一些落后地区学校，对于提升农村义务教育的质量将会发挥巨大的作用。《国家中长期教育改革和发展规划纲要（2010—2020 年）》明确提出：“到 2020 年，基本建成覆盖城乡各级各类学校的教育信息化体系，促进教育内容、教学手段和方法现代化。”以教育信息化手段推进义务教育优质均衡发展、促进教育公平、

① “增加值百分位”是指先计算学生评估调查和基线调查的标准化数学测试之差，再从该组全体样本中找出基线调查成绩一样的学生（即“起点相同的学生”），根据这些学生考试成绩的增加值对起点相同的同学进行百分位排名，每个样本学生都获得一个百分位排名，最后再对每位样本教师所教全部学生的“增加值百分位”取平均值（Loyalka et al.，2016）。

提高教育质量早已形成一种国家战略（吴晓英，朱德全，2014）。近年来，政府出台一系列的政策与措施推动农村教育信息化发展，国内从事农村教育的研究团队也聚焦于开展信息技术与教育的干预试验，探索适合中国发展现状的信息技术与教育干预模式，从而有效改善现代信息技术在农村教育中的应用状况（史耀疆，张林秀，常芳，2020）。

在教育信息化 1.0 阶段，国家和地方政府开展了一系列工程和项目，实现“搭环境、用技术”。这些工程和项目为中国农村教育信息化的发展奠定了坚实的基础，完成了中国教育信息化的起步，为进入信息化深度应用阶段打下基础。

当前，中国迈入教育信息化 2.0 阶段，大数据、云计算、人工智能技术助力教育，为教育教学的创新和变革提供了可能（雷励华，张子石，金义富，2019）。互联网的互联互通使得农村地区学校的学生通过信息技术在网上与名师对话，增加了获取高质量和高水平教育的机会。同时，教育信息化也可以通过计算机反馈系统提供的信息帮助教师调整教学计划，优化课堂教学。

关于信息技术与教育的干预试验和项目，中国科学院张林秀教授等学者开展的“计算机辅助学习”项目通过为学生提供计算机辅助学习，显著提高了学生的学业成绩和认知能力（Bai et al.，2016）。2020 年 4 月，中国发展研究基金会设立了“乡村儿童教育信息化”项目，项目以培养学生、教师信息化素养为核心，以学校、家庭、村庄为基础环境，从设施设备、人员培训、结构调整、人文关怀 4 个方面实施项目干预，旨在提高乡村学生信息化学习质量，缩小义务教育信息化的城乡差距。

经过过去多年的发展，我国教育信息化发展成效显著，目前已进入数字技术与教育教学融合创新的新时期。师生数字素养和数字应用能力是实现教育数字化转型的关键，特别是乡村教师的数字素养水平，不仅影响教师专业素养的提升，更会影响教育质量的提升和教育均衡发展的推进。2022 年 11 月，教育部发布《教师数字素养》教育行业标准，以规范对教师数字素养的培训与评价，打造一支能适应教育数字化转型战略需求的师资队伍。多数乡村教师虽然能够在教学中使用信息技术、利用信息技术检索信息，但在通过数字技术提高专业水平，以及信息技术与教育教学融合创新能力方面，还存在短板。围绕乡村教师数字素养提升目标，中国发展研究基金会于 2023 年开展“智惠园丁：乡村未来教师培养计划”项目，用数字技术赋能教师，提高乡村教师的数字技能和素养，从而推动乡村教育的数字化转型。

（五）农村义务教育管理模式改革探索

农村义务教育管理模式是指从一定的教育制度环境和特定的教育管理价值观出发，在乡村教育管理过程中形成的一套教育管理程式系统或特定管理结构（杨金红，2011）。

长期以来，中国普遍实行县乡村分级负责的基础教育管理体制与管理模式，推动了农村义务教育的快速发展。进入 21 世纪，为适应农村税费制度改革的新形势，各地抓住农村义务教育经费保障新机制改革的时机，落实“以县为主”的农村义务教育管理体制。近年来，伴随着“以县为主”的管理体制和农村义务教育经费保障新机制的实施，各地积极探索多元开放教育体制和办学机制，逐步打破乡村行政界限，积极探索联合办学模式，推动标准化学校建设，形成了农村学区中心校、区域性九年一贯制、农村义务教育托管等创新管理模式，着力提高农村义务教育整体发展水平。

结合当前发展状况及相关文献研究，本章着重讨论以下 3 种有代表性的农村义务教育管理模式。

1. 区域性九年一贯制管理模式

广义上讲，九年一贯制学校是指学校的小学和初中实行一体化的教育。区域性九年一贯制管理，主要指以农村初中为中心，对农村初中和所辖内的小学进行统一的教育教学管理。例如，2003 年，山西省介休市撤销乡镇教委，设立乡镇中心校，在全市农村义务教育阶段实行区域性九年一贯制管理，由乡镇中学负责对服务区内的初中和小学进行统一管理，对各学校的行政、财务和教学等进行统一的规划和指导。同时，中学和小学又相对独立，依据中小学特点实行分部管理。

区域性九年一贯制管理模式突破了以学校为单位的分散管理格局，促进了农村中小学教育资源的共享以及教学管理的衔接，有利于提高农村义务教育阶段学校质量。

2. 农村学区中心校管理模式

农村学区中心校管理模式主要是通过划分学区，设立学区中心校，在县域内重新整合区域内教育资源。例如，河北省围场满族蒙古族自治县针对区域内农村小学办学规模小、师资力量不足等问题，建立了一个打破乡镇行政区划的教育学区，不仅整合了优质教师资源，而且实现了规模化办学。农村学区中心校管理模式使得学校管理水平和管理队伍得到优化，有利于实现农村教师专任化和教育资源更大范围内的共享。

3. 农村义务教育学校托管办学模式

近年来，政府制定一系列举措加快义务教育均等化和促进教育公平发展，其中，农村义务教育学校托管办学模式应运而生。为进一步优化配置教育资源，政府部门探索由教育行政部门出资购买专业化服务，委托教育中介机构或优质学校对农村义务教育学校进行管理的办学模式（沈祖芸，2009）。

例如，上海市自 2007 年开始农村义务教育学校托管工作，在 3 轮工作实施中，中介机构对

80余所郊区农村义务教育学校进行全方位管理，受益学生8万余人。通过政府出资购买教育管理服务，不仅实现了优质教育资源跨区流动，而且实现了从“输血”到“造血”的转变，真正实现了农村薄弱学校办学能力的转型升级（黄丹凤，2014）。

近年来，也有大量的教育管理集团助力义务教育学校办学能力提升。例如，海亮教育管理集团是国内K12领域覆盖最广、规模最大的民办教育集团之一，为积极响应国家乡村振兴战略，集团采用托管办学等方式融入各地县域教育。2021年，海亮教育管理集团与云南省元谋县政府开展乡村教育振兴行动，推动实现远程教育资源共享、师资及学生共同培训培养计划，助力地区基础教育发展；2022年，海亮教育管理集团与云南省泸西县和景东彝族自治县人民政府联合开展“乡村教育振兴综合实践区项目”建设，在合作办学期间，海亮教育管理集团派遣团队，在学校委托管理、拔尖人才培养、普惠课后服务项目、课程设置调整、教研互动等方面与学校开展深度合作，全面带动两个县域基础教育水平整体提升。

五、本章小结

本章对中国农村义务教育的发展进程，取得的进步和面临的挑战进行回顾和评价。农村义务教育取得的成绩是巨大的，义务教育的普及率已接近城市水平，处于发展中国家的领先水平，教育质量也有着明显的提高。但是，相对于城市义务教育来说，农村义务教育仍存在一些短板，主要是教育质量有待进一步提高，争取比肩城市义务教育水平。同时，农村不同地区的义务教育发展的不平衡问题仍比较严重，一些落后地区义务教育的质量堪忧。改变农村义务教育发展的这种不充分和不平衡状况，需要对农村义务教育加大投入，特别需要建立吸引优质师资的体制机制，设立专项基金激励城市优质师资到农村学校教书育人，鼓励探索不同的办学模式和学校管理模式，鼓励一些创新型的社会办学模式，同时建立教学的信息化网络系统，特别在一些经济较为落后地区，采用数字和信息技术手段提高农村中小学校教学质量和水平。

第六章

农村中等职业教育的发展

职业教育是国民教育体系的重要组成部分，担负着培养高技能人才、促进高质量就业的重要职责，能够为推动中国式现代化夯实重要的人力资本基础。中等职业教育是普及高中阶段教育和建设中国特色职业教育体系的基础，为国家发展培养了大量初、中级技能型人才，助力了技术进步和产业升级，对发展经济、促进就业、助力脱贫等影响深远。在过去 10 年中，我国中等职业教育事业取得了很大进步，教育质量稳步提高，为培养各行各业需要的技术人员和技能工人做出了巨大贡献。目前，中等职业学校的学生大部分来自农村，相当一部分中等职业学校就位于县域农村。因此，中等职业教育的发展是农村儿童高质量发展不可或缺的重要环节。

一、农村中等职业教育发展的重要意义

中国中等职业教育处在一种稳定发展状态，为社会经济发展建设不断输送人才。在出生率下降和初中毕业生减少的影响下，中等职业教育的招生规模在 2010 年后出现一段时期下降，之后从 2014 年开始出现反弹，基本保持在每年招生接近 500 万人的规模（见图 6.1）。同时，从 2017 年开始中等职业教育的每年毕业生人数也保持在相对稳定的水平。据教育部 2022 年发布的《中国职业教育发展白皮书》统计，我国职业教育学校 70% 以上学生来自农村。2013 年底至

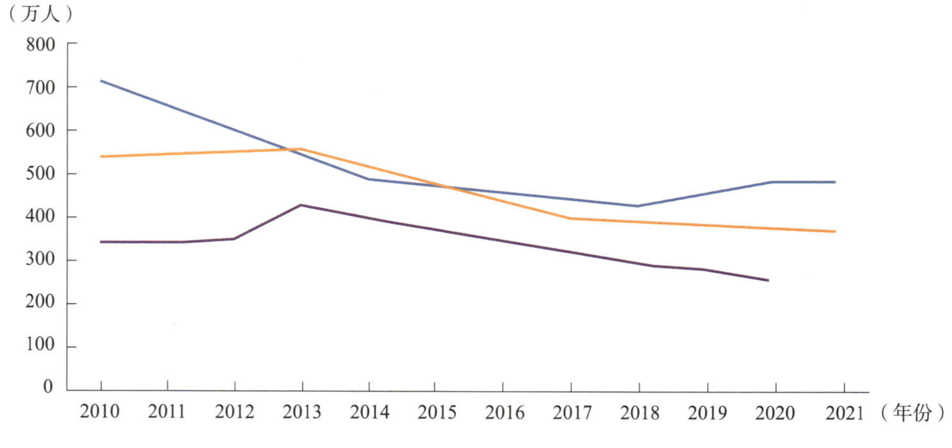

图 6.1 2010—2021 年中国中等职业教育的发展情况

资料来源：国家统计局国家数据网站。

2020年底，累计有800多万贫困家庭学生接受了职业教育。农村中等职业教育发展能够增加农村儿童接受教育的机会，帮助他们积累人力资本，并有助力家庭摆脱贫困、实现收入可持续增长的重要作用。

在中国大力推进乡村振兴之时，农村中等职业教育迎来高质量发展的时机。乡村振兴需要大量的各行各业的专业人才，需要发展面向农村的职业教育，通过农村儿童发展，培育和凝聚人才推进乡村振兴，顺利实现乡村振兴的战略目标。发展农村中等职业教育是全面推进乡村振兴战略的一个重要组成部分。2021年2月，中共中央办公厅、国务院办公厅印发了《关于加快推进乡村人才振兴的意见》，明确指出要"加快发展面向农村的职业教育"。农村中等职业教育是农村职业教育的重要组成部分，其专业化、技术化、职业化的特点使其在乡村振兴人才培养过程中具备了不可替代的作用，能够很好地推动乡村振兴战略的实施，引导乡村农业生产和农村发展向专业化、高质量、现代化方向迈进。

在推进乡村振兴的进程中，农村中等职业教育具有非常重要的作用，为农村发展培育人才，为农业现代化和专业化发展、优化农村产业结构都将做出重要的贡献。

（一）输送专业人才，助力乡村振兴

现代经济增长理论强调人力资本的重要性，认为人力资本在经济增长中的作用要远大于物质资本。区域经济的发展以一定数量的高质量专业技术人才为支撑，而农村中等职业教育作为人才培养基地，由于其具备专业性和职业性的特点，可通过不同的专业设置培养出面向三农、服务三农的多层次高素质专业技能人才。一方面可直接满足当地农村农业发展的用人需求，另一方面可极大提高劳动者综合素质，进而提高劳动生产率，促进农村经济社会发展。值得注意的是，农村中等职业教育的生源大多来自本地区和邻近地区，毕业生也大多会选择在本地区或邻近地区就业，因此，农村中等职业教育对当地的人才贡献率要远高于其他普通教育。随着乡村振兴战略的推进，农村对专业化人才和高级技能劳动力的需求会不断增加，这对于农村职业教育发展是一个难得的机遇。

（二）提升技能水平，改善就业环境

职业培训作为人力资本投资的一种重要形式，对促进劳动者就业、改善地区就业环境具有正向作用。职业教育具有较强的包容性，是面向所有人的一种教育类型，除适龄儿童外，农村中等职业教育还面向已经进入劳动力市场的青年群体，为包括企业在职员工、退伍军人等在内的社会成员提供二次学习和接受教育的机会，使其获得生存和发展的技能。尤其是在经济较为

落后的农村地区，青少年及社会弱势群体可以通过接受中等职业教育提高受教育水平，掌握安身立命的“一技之长”，进而扩宽就业选择面，显著提高就业机会和就业质量。对于农村经济社会发展来说，就业环境的改善与就业质量的提升可以显著提高全社会的就业率，保持社会稳定性和区域经济的可持续发展。

（三）提供技术支持，实现创新发展

农村中等职业学校拥有多学科的技术技能人才和技能实训中心，可作为高新技术的孵化与转化基地，为农业农村的建设与发展，给予技术指导、建议与扶持。一方面，农村中等职业教育通过产教融合、校企合作，可以实现与地方经济接轨、与农业企业结合，真正了解到地方经济和农业企业发展的问题与困境，进而通过项目开发等方式，孵化出促进当地经济社会发展的先进技术与专利，直接应用于实际，有效促进农村发展和农业的技术创新。另一方面，农村中等职业教育可以通过将最新的科学技术和科技成果融入教学之中，提高学生对最新技术的理解与应用能力，进而转化为农村农业发展的实际生产力，为区域经济社会发展做出贡献。

（四）服务当地产业，构建新发展格局

职业教育与普通教育不同，更侧重于学生职业能力的培养与技术水平的提升。由于农村中等职业教育的辐射半径较小，许多中等职业教育学校为适应经济社会发展需要会根据区域优势产业进行专业设置，根据区域市场需求进行人才培养，实现人才培养与当地产业需求的高度吻合。同时，农村中等职业教育可通过校企合作等多种方式，直接引入企业的生产管理模式，便于学生实现从学校到工作岗位的无缝衔接，直接服务于当地产业发展。此外，职业教育具有一定的前瞻性与导向性，通过把握高新技术的发展方向，可以前瞻性地设置具有发展前景的专业，以带动农村产业结构的升级换代，优化农村经济结构和就业结构，为农业农村带来新的发展机会与经济增长点，构建新发展格局。

二、农村中等职业教育的现状与挑战

近年来，我国农村中等职业教育得到快速发展，基本上满足了农村适龄儿童的教育需要。但是，应该看到农村中等职业教育面对的许多挑战，由于教育质量不高和教学内容不能适应

市场需求，造成了中等职业教育毕业生就业不稳，工资偏低等问题，从而影响到他们对中等职业教育的需求不足等一系列问题。如表 6. 1 所示，2011—2020 年，在高中教育阶段的在校生中接受普通高中教育的学生人数基本上是稳定不变的，而接受中等职业教育的学生人数是下降的，从 2011 年的 2204.3 万人下降到 2020 年的 1663.3 万人，下降了近 25%。而且每年中等职业教育在校生在高中教育阶段的在校生中比例也是逐年下降的，从 2011 年的 47.1% 下降到 2020 年的 40.0%。这种情况对于农村中等职业教育来说只能是更为严重，因为农村中等职业教育的发展滞后于城市中等职业教育，其需求会有更大幅度的下降。对此，我们必须要有清醒的认识，寻求促进农村职业教育发展的新思路、新方案、新措施。

表 6. 1　　2011—2020 年中国普通高中教育与中等职业教育的在校学生情况

		合计	普通高中	成人高中	中等职业教育				
					小计	普通中专	成人中专	职业高中	技工学校
学生数（万人）	2011	4685.6	2454.8	26.5	2204.3	855.2	238.7	681.0	429.4
	2012	4594.3	2467.2	14.4	2112.7	812.6	254.3	623.0	422.8
	2013	4370.0	2435.9	11.1	1923.0	772.2	230.0	534.2	386.6
	2014	4170.7	2400.5	14.9	1755.3	749.1	194.4	472.8	339.0
	2015	4037.8	2374.4	6.6	1656.8	732.7	162.7	439.9	321.5
	2016	3970.1	2366.6	4.4	1599.1	718.1	141.2	416.6	323.2
	2017	3971.0	2374.6	3.9	1592.5	713.0	127.2	414.1	338.2
	2018	3934.6	2375.4	4.0	1555.2	699.4	113.1	401.1	341.6
	2019	3994.8	2414.3	4.1	1576.4	703.6	106.8	405.7	360.3
	2020	4163.0	2494.5	5.2	1663.3	735.4	112.7	419.7	395.5
比重（%）	2011	100	52.4	0.6	47.1	18.3	5.1	14.5	9.2
	2012	100	53.7	0.3	46.0	17.7	5.5	13.6	9.2
	2013	100	55.7	0.3	44.0	17.7	5.3	12.2	8.8
	2014	100	57.6	0.4	42.1	18.0	4.7	11.3	8.1
	2015	100	58.8	0.2	41.0	18.1	4.0	10.9	8.0
	2016	100	59.6	0.1	40.3	18.1	3.6	10.5	8.1
	2017	100	59.8	0.1	40.1	18.0	3.2	10.4	8.5
	2018	100	60.4	0.1	39.6	17.8	2.9	10.2	8.7
	2019	100	60.4	0.1	39.5	17.6	2.7	10.2	9.0
	2020	100	59.9	0.1	40.0	17.7	2.7	10.1	9.5

资料来源：2020 年《中国教育统计年鉴》。

（一）乡村振兴对中等职业教育的需求分析

乡村振兴战略的实施为农村中等职业教育带来了极大的发展机遇，更对农村中等职业教育提出了更高的发展要求。作为农村实用人才培养的主要教育形式，乡村振兴战略的实施对农村中等职业教育的需求主要体现在人才、技术和文化 3 个方面。

在人才需求方面。乡村振兴包括产业振兴、人才振兴、文化振兴、生态振兴、组织振兴五个维度，其中，人才振兴是乡村振兴的基础和前提。随着国家宏观政策的引导和惠民政策不断向农村地区倾斜，尤其是乡村振兴战略的实施使我国农村逐渐改变了过去贫困落后的样貌，农业新业态蓬勃发展，越来越多的农村人口开始愿意留在农村，还有许多进城务工人员在面对城市就业形势的不稳定性和基本权益得不到有效保障的情况下，积极返回家乡工作。农村人员逐渐密集起来，这就产生了越来越多的教育需求。尤其是返乡务工人员在回到家乡后，大多不会从事简单的农业生产活动，他们秉持着返乡创业、成为新型职业农民的态度，对于职业教育与培训的需求空前增加。而农村中等职业教育作为农村人才的重要培养基地，相较于其他教育形式，更具地域性，应积极对接和匹配农村人口的职业教育需求，积极推进供给侧结构性改革，为农村人口提供更加精准切合的职业教育服务，为乡村振兴战略的实施培养更多的农业职业技能实用人才。

在技术需求方面。当今世界，现代技术在促进社会不断发展过程中的作用越来越明显，而农村社会不应该成为被技术遗忘的角落。实现乡村振兴需要技术助推，尤其需要更加先进的农业技术为乡村振兴加油助力。从农村角度来说，相关技术的引入为农村带来了许多变化。尤其是近些年来，我国农村农业机械率不断上升，现已进入了机械化为主导的新发展阶段。同时，“互联网 + 乡村”的农村数字经济不断发展，如果农民存在技术缺失问题将导致其无法应对农村技术发展所带来的瓶颈。这就对农村中等职业教育提出了更多的技术需求，一方面需要其进一步提升学校的技术孵化与转化能力，通过技术科研、项目开发等解决当地农民及企业所遇到的技术难题，将最先进的农业种植技术、机械技术、信息技术等带到田间地头，带到农民身边。另一方面则需要农村中等职业教育用好新技术，将最新的科技成果融入教学内容、教学方法、教学评价等实际教学之中，进一步提升育人能力，强化教学质量，满足当地农村农业发展与升级的技术需求。

在文化需求方面。文化振兴作为乡村振兴的一个重要组成部分，是乡村振兴的重要精神支撑和铸魂工程。文化具有基础性、指引性功用，在一定程度上是农村秩序的潜在基石，在对农村民众精神价值的塑造与社会秩序的稳定方面发挥着关键性作用。教育本身就是文化传播与发展的关键场域，具有保存、传递、创造文化的重要功能，农村中等职业教育作为与农村经济社会联系最为紧密的教育类型，具有天然的优势，它与乡村文化处于同一片农村空间之中，可形成中等职业教育助力乡村文化振兴的空间界域。因此，在乡村振兴中，农村中等职业教育应通过文化宣讲、村校共建、文化人才培育等方式，充分发掘乡村传统文化的底蕴、精神和价值，塑造以社会主义先进文化为主体的乡村思想文化体系，挖掘乡村本土红色资源和传统文化资源，打造乡村特色文化产业。

乡村振兴对农村中等职业教育毕业生的需求在很大程度上将取决于农村中等职业教育的质量和培训出学生的素质和能力。也就是说，农村中等职业教育教学质量提高，培养出更能切合社会经济需要的人才，自然会激发更大的需求。从这个意义上来说，当务之急是推进农村中等职业教育的转型与提质，它不仅能带来更大的对其毕业生的需求，也培养出更有能力和发展潜力的社会人才。

（二）农村中等职业教育的主要模式及其发展经验

农村中等职业教育是农村教育体系中至关重要的一环，在中华人民共和国成立70多年里，经历了从无到有，不断向优发展的不同阶段，并在我国打赢脱贫攻坚战和促进农业农村发展过程中发挥了积极的作用。当前，我国中等职业教育从实施主体角度来看，主要包括职业学校所开展的学历职业教育和其他机构所开展的非学历职业培训。近些年来，在国家政策的引导和支持下，农村中等职业学校也开始积极参与职业培训，开展了如新型职业农民培训、雨露计划等，积极发挥了职业学校在农民技能培养方面的优势。从办学形式上看，各地区根据自身发展情况，不断进行办学形式的创新，“合作办学”“分段培养”等模式已基本实现全国推广，同时，还涌现出了如“市县合作、三段培养”的海南模式、“以城带乡、城乡联合”的河南模式、“藏区打基础、内地学技能”的四川藏区模式等，一定程度上缓解了城乡发展不平衡给农村中等职业教育带来的制约。从育人主体来看，校企合作的人才培养模式已基本形成，许多农业龙头企业都加入农村中等职业教育办学过程中，面向市场需求，增强了农村人才培养的适应性。

（三）农村中等职业教育回报率研究

教育回报率是衡量教育质量的一种重要指标，教育回报率高意味着教育给学生增添了更多的人力资本，提高了其市场竞争力，在劳动力市场上获得更高的报酬，带来更高的人力资本投资收益。

当前，我国已有较多学者通过对普通教育和职业教育的相关数据分析，指出相较于普通高中教育而言，职业教育的回报率更高[①]。也有学者发现，即使在农村地区，中等职业教育的回报率也要高于普通高中。例如，栾江等人在甘肃、陕西两个西部省份大样本农户抽样调查数据的基础上，对中等职业教育和高中教育的收入回报率进行了估计，提出中等职业教育更有利于提高农村劳动者的非农收入水平。胡咏梅等基于我国 1989—2009 年进行的 8 次全国性住户抽样调查数据，通过实证分析指出，农村中等职业教育比普通高中教育的投资回报率更高，而且农村职业教育对农户家庭及个人收入均有正向显著影响，其中家庭年均回报率为 8.33%，个人年均回报率高达 16.94%。曹黎娟等人对 2010 年中国健康与营养调查数据中城乡居民的整体教育的回报率和分阶段教育回报率使用 OLS 法进行了估计，结果发现城镇居民普通高中的教育回报率为 45.2%，中等职业教育回报率为 71.8%；农村居民普通高中教育回报率为 8%，中等职业教育回报率为 29.4%。种种研究表明，促进农村中等职业教育发展是加快我国农村经济转型和调整农村收入分配格局的重要途径，更是推动乡村振兴战略实施的重要推手。

同时，国家也看到了农村中等职业教育在农业人才培养和提高农民收入方面的作用，多个涉农文件均强调要大力发展农村职业教育。从地区数据来看，仅湖南省龙山县，自脱贫攻坚以来就累计发放职业教育补助资金近 8000 万元，帮助农村青壮年农民和贫困家庭子女接受职业教育，直接促进 8000 多户贫困家庭新成长的劳动力稳定就业，带动贫困家庭稳定脱贫，基本达到了资助一人、就业一人、脱贫一户的工作目标，脱贫成效显著，提高了农村劳动力的整体素质，取得了非常好的社会效应。

【专栏 5】　雨露计划

雨露计划是我国面向农村地区、针对农业贫困人口实施的以农村中等职业教育为主要内容的职业教育补贴政策，研究人员实地走访了甘肃、湖北、吉林、湖南等省份，调查了其工作开展情况，获取了相关数据和典型案例，进一步证明了农村中等职业教育在提高农村劳动力素质、增加收入等方面具备较高回报。从整体数据来看，2015—2020 年，雨露计划共惠及全国 800 多万名学生，有超半数的学生对技能培训结果持肯定态度，多数学生获得了学历证书和技能等级证书，掌握一技之长，实现了带动全家脱贫致富的目标。

① 如邢春冰利用 CHIP 调查数据估计了普通高中毕业生与中等职业学校毕业生的教育回报率，他发现后者远高于前者。在 2013 年，中等职业学校毕业生的教育回报率比普通高中毕业生高出近 20%（见邢春冰：“普通高中还是职业教育？”载中国发展研究基金会，《职业教育发展之路——赢未来 · 职业教育发展国际研讨会背景报告》，2020）。

此外，就个体劳动力而言，家住甘肃省岷县十里镇十里村三社的张卯堂由于家庭条件困难，早早就进入社会打工，却没有获得较好的经济收入。而后他在岷县职业中等专业学校乡镇管理专业学习期间，通过申请雨露计划培训补助，解决了他上学期间的经济负担，毕业后他结合自己学习的知识和之前的社会经验，成立了岷县纵横文化传媒有限责任公司，现公司年利润已达100多万元。同时，他深知自己的成功是因为自己接受了职业教育和政府资助，因此多次用自己的亲身经历向身边的人进行宣传和提供实际帮助，让更多的人走上了通过职业教育脱贫致富的道路。

资料来源：作者根据相关资料整理。

（四）农村中等职业教育发展的主要挑战

近些年来，国家对发展职业教育越来越重视，出台了一系列的国家政策文件，如2021年10月出台了《关于推动现代职业教育高质量发展的意见》，2022年4月通过了新修订的《中华人民共和国职业教育法》等，不断推动我国职业教育朝着现代化、高质量的方向发展。对农村中等职业教育而言，近几年虽有各项重大优惠、扶持政策相继出台，但其发展仍面临诸多严峻挑战，主要有以下几个方面。

其一，受社会观念影响，农村中等职业教育发展的社会环境较差。普通教育和职业教育从根本上来说属于不同的教育类型，职业教育与普通教育最大区别就在于，除了向学习者教授基础知识之外，更侧重于专业知识和专业技能的传授。但受我国传统“重知轻术”“重仕轻工”观念的影响，人们对职业教育的认识仍存在偏颇，认为职业教育是学习不好的学生不得已的升学选择，且没有较好的发展前景和就业空间，职业教育的社会认同度较差（中国发展研究基金会，2020）。

进入21世纪后，我国高校不断扩招，社会整体学历节节攀升，中等职业教育毕业生在就业市场上逐渐失去了核心竞争优势，我国中等职业教育规模开始萎缩。农村中等职业教育规模在这一过程中萎缩更为严重。通过调查，当前农村地区的职普比在很多地区已经跌破了40%。除此之外，农业农村在社会经济环境中也处于劣势地位，很多农村家庭让孩子接受教育，期待获得“非农化”的职业发展，这就导致许多农村中等职业学校走上了“去农化”道路。由此可见，“重普教轻职教”和“农业偏见”的社会观念，使农村中等职业教育发展缺少良好的社会环境，成为农村中等职业教育发展的制约因素。

【专栏 6】　赢未来：职业教育提升计划与百年职校案例

案例 1　赢未来：职业教育提升计划

赢未来：职业教育提升计划是中国发展研究基金会于 2016 年起开展的社会试验项目，目前覆盖广东、四川、贵州、河北、江西等 6 省 9 市 35 所中高职院校。项目旨在通过校长培训、学生训练营、校企合作探究、课证融通试点研究、幸福职校生、心理教师专业能力提升等干预和研究活动，提高职业教育质量，赋予学生终身发展能力，培养阳光健康、积极向上的新型技术技能人才。该项目将干预重点放在我国欠发达地区农村的中等职业学校。通过一系列干预活动，学生在认知、情绪与行为等方面有显著改善和提升。2016 年至今，该项目累计受益学生达 30 万名，在一定程度上改善和提升了农村职校的办学条件和能力。

案例 2　百年职校

2005 年，姚莉等一批各界爱心人士在北京创办百年职校，成为中国第一所为贫困家庭子女提供全免费教育的公益职业教育学校。建校以来，百年职校始终致力于探索优质职业教育，以此消除贫困，助力青年成长。从北京起步，“百年模式”的公益学校办到了成都、三亚、武汉、郑州、大连、银川、丽江、梅州、雷山等全国 10 个地区和非洲国家安哥拉。百年职校已为 7500 余名贫困学生提供了教育机会，生源来自全国 30 个省（区、市）的 965 个县市区，覆盖了西南山区、西北高原、中部老区、东北林区等国家重点扶贫地区。百年职校的公益职业教育项目让贫困家庭学生实现有效就业，生活水平得到提高。2005—2018 年，百年职校累计接收家庭困难学生 6800 余人，4100 多名毕业生全部实现就业。北京部分百年职校的毕业生，多数已经成为企业的骨干，进入管理层的月薪超过 10000 元。

资料来源：作者根据相关资料整理。

其二，受城乡差距的影响，农村中等职业教育发展缺少优质教育资源。在发展不平衡的大背景下，农村地区发展严重滞后于城市，包括义务教育和职业教育的发展。城市教育、高等教育、重点学校得到了优先发展，导致国内的优质教育资源，包括办学经费、师资力量、基本条件等均向城市倾斜。农村中等职业学校大多位于经济发展较为落后的地区，与城市相比，农村在公共产品供给方面存在相对劣势，所拥有的教育机会和优质教育资源相对短缺，教育资源配置存在不均衡问题。以办学经费为例，2019 年我国普通初中共获得国家财政性教育经费 8018 亿元，而中等职业教育则仅有 2302 亿元（中华人民共和国教育部，2021），农村中等职业教育只会更少。同时，农村中等职业学校的办学经费主要来源于地方政府（大多是县级地方政府），由于其本身财力有限，大多只能满足中等职业学校的基本办学要求，在更新设备、引进新技术方面存在很大的资金困难，这直接影响了农村中等职业学校的办学条件和教学质量。此外，资源分配不均在一定程度上导致农村人口受教育权利得不到保障，无法获得同城市居民在中等职业教育上同等的机会，农村中等职业教育在资源层面也失去了后续发展的基础与动力。

【专栏 7】 情暖少数民族女孩

情暖少数民族女孩是由海南成美慈善基金会于 2011 年设立的慈善公益教育项目。项目以少数民族地区女孩（14 ~ 18 岁）为对象，坚持以“培养一名好女孩”为出发点和具体目标，除了长期资助少数民族地区贫困女孩，为其提供在校生活费、奖学金外，还通过研发性别视角大龄女童培养课程体系，开展社会融入教育和职业发展教育，培养少数民族地区大龄女童的自信、感恩、独立及社会责任感，提升她们的个人品质和职业素养，同时鼓励学生成立社团及参与公益慈善活动，积极创造学生参与社会实践的空间和机会。项目已覆盖 12 个少数民族地区，累计帮助 8947 名贫困女孩接受职业教育，受助孩子多数是来自于边疆地区的少数民族女孩，通过药剂、护理、学前教育等专业的学习，她们掌握到能立足于社会的本领，同时也能够用更好的技能服务当地发展。

资料来源：作者根据相关资料整理。

其三，受内部结构影响，农村中等职业教育发展模式逐渐僵化。当前农村中等职业教育缺少良好的社会环境和足够的资源支持，这就导致其形成了相对固化的发展模式。一方面，当前农村中等职业教育存在供给不足问题，不能满足社会对高质量职业教育的需求。据调查，当前我国很多地市都已经实现了每一个县都有一个中等职业学校的数量要求，但在质量方面，由于专业设置雷同、缺少职业培训的系统性规划、与涉农企业联系较少等，适应当地农村产业发展质量要求的职校存在较大缺口，无法满足当地经济社会发展对于农业人才的需求。另一方面，农村中等职业教育人才培养模式较为单一。当前，农村中等职业学校大多仍然以“课堂讲授 + 企业实习”的模式进行人才培养，在中等职业学校这一教育场域中，学生处于被动地位，缺少将所学的理论知识应用于实践的机会，无法真正做到理论与实践相结合，直接影响农村中等职业学校的人才培养质量。此外，农村中等职业学校学籍挂靠现象愈演愈烈。随着国家对职普比要求的进一步严格，许多农村中等职业学校寻求到“挂靠学籍”这一生源增加方式。不少学生在初中毕业后，成绩不理想无法就读普通高中，将其学籍挂靠到中等职业学校，并缴纳一定费用后，学校可以对其到其他高中借读睁一只眼闭一只眼。通过这种方式，看似农村中等职业学校的生源得到了保障，但长此以往，农村中等职业教育将彻底沦为“空架子”，失去长远发展的基本动力。

三、职业教育助推乡村发展的国际经验

随着城市化和工业化进程的不断推进，如何保障农业与农村的可持续发展问题广泛存在于世界各国，职业教育作为人力资源开发的重要手段，受到世界各国重视，并进行了多样化的探索与实践，取得不少成绩。因此，在了解其他国家为推动乡村发展所采取的职业教育行动基础上，总结职业教育推动乡村发展的国际经验对于发展我国农村中等职业教育，推动乡村振兴战略实施具有重要意义。

（一）以国家制度奠定职业教育发展的基石

一切公共事业的发展都离不开国家和政府的支持，职业教育也不例外，许多发达国家都通过建立相关国家制度、颁布法律法规、制定公共政策等为职业教育发展提供基础保障。

从国家宏观制度和政策来看，开放型的户籍制度、农民准入制度、劳动力自由流动制度、公平的社会保障和福利体系等均为农村职业教育发展创设了良好的社会环境。以美国为例，美国的户籍登记相对宽松，不受户口登记身份和地区影响，只需要持有社会保障卡，即可享受所在地包括医疗、入学、保险等在内的社会福利待遇。这种户籍制度在一定程度上允许农村人才自由流动，可对农业资源进行优化配置。从职业教育内部来看，相关法律法规和政策的制定与实施为农村职业教育的发展提供了坚实的政治支撑。在发达国家，早在 20 世纪初期就意识到农村职业教育发展的重要性，相继颁布了一系列的国家法案与章程，如美国的《莫雷尔法案》《史密斯—休斯法》《加强 21 世纪生涯与技术教育法》，德国的《职业教育法》《职业培训章程》，日本的《社会教育法》《终身学习振兴法》等，对职业教育的举办、师资、教学、资金供给等做了相应部署和安排，保障了农村地区学生接受职业教育的权利，满足地区经济发展需求。发展中国家也逐渐意识到职业教育在提高农村人口技能方面的作用，将农村职业教育发展写入法律，并实施了具体的政府行动。如印度于 2020 年发布《国家教育政策 2020》，提出要在未来 10 年内分阶段将职业教育纳入所有学校，从学校六年级教育阶段开始实施职业教育，着重发挥职业教育在育人方面的独特作用。

（二）面向乡村发展需求提高职业教育适应性

不同的乡村之间存在较大的发展差异，乡村内不同的行业职业人群对于发展的需求也各不相同，因此对于职业教育的需求也呈现多样化的特征。目前，世界各国均着力提升职业教育的适应性，以满足不同地区、不同人口的多样化发展需求。

就地区而言，农民田间学校（Farmer Field Schools，FFS）是目前国际职业技能培训在乡村地区开展得比较成功的模式，主要是根据各个地区的发展特点来实施多样化的技能培训。例如，菲律宾的农民田间学校大多直接由政府管理，学习的重点内容是农业实际生产过程中出现的农作物相关问题解决办法，而在埃及，学习重点则放在帮助农民获得信息和提高认知上，继而不断调整相关培训活动。同时，其他国家如美国也早在 1963 年就建立了区域职业教育中心，为乡村现代化发展提供新型培训项目，促进农村青年技能获得与提升（Jansen，1987），使其掌握更加多样化的职业技能。国际劳工组织在柬埔寨乡村地区实施的 APPT 项目与面向非洲国家开发的 DEWD 项目均致力于残疾人的技能培训问题，促进残障人士转换为优质人力资源，保障其发展权利，提高其就业能力和生活质量。

（三）融合现代技术扩宽优质资源覆盖面

受地理环境和经济发展水平的影响，乡村地区职业教育发展受到多重限制，而现代技术尤其是现代信息技术的发展为职业教育在乡村地区的实施提供了现实可操作的解决方案，受到世界各国重视，可有效扩宽优质教育资源的覆盖面。

当前，世界各国融合现代技术发展农村职业教育主要有移动式职业教育设备开发、在线项目与课程等几种模式。以印度为例，它是世界第二大人口大国，且有 70% 的人口居住在乡村地区，乡村青年缺少参与职业教育与培训的机会。为解决此问题，印度政府着力开发了 Sakshat Amrita 职业教育项目，通过移动式职业教育设备围绕着乡村地区经济开发的实践需要实施职业教育与培训课程。移动式职业教育设备在数据收集、课程开发、人员交互、时间安排等方面具有先天优势，可以根据不同地区特点对人员技能需求进行分析，农民可以根据自己的时间和需求选择参加合适的职业教育与培训，同时可以利用多媒体动画、三维虚拟现实活动和触觉设备等技术进行实际操作培训，解决了乡村地区优质设备的配备问题，促进了印度乡村地区的发展。

新加坡历来重视职业教育与培训，并提出了“技能创前程”的全国性教育计划，其中继续教育与培训在线课程网站项目就是此计划的重要组成部分。该网站通过整合各种优质教育资源，实现了对所有职业领域、岗位所需课程的全覆盖。值得关注的是，该项目在课程开发时，集合了新加坡国立大学、南洋理工大学等高校多名专家学者，在增强实用性的同时保证在线课程科学性。同时，该项目注重与新加坡劳动力资格体系、国家技工资格证书和学历证书等的衔接性与适配度，在提升新加坡劳动力技能水平和就业质量方面发挥了重要作用。

（四）注重非正规职业培训作用提升职业水平

职业教育体系既包括各级各类职业院校所开展的职业教育，也包括职业培训机构所实施的职业培训。在乡村发展过程中，农民多样化的技能需求和成长需要，对发挥农民培训等社会化非正规的职业教育提出了更高要求。

当前，世界各国在积极推进政府职业教育行动的同时，鼓励和引导其他部门、行业、私人企业、社会团体和个人举办多层次、多形式的农村职业教育，为乡村发展提供多方力量。以日本为例，日本的农民教育培训体系主要由文部科学省主导的农民职业培训和农林水产省主导的农民职业培训两部分构成。相比于文部科学省开展的学历农业职业教育，农林水产省主导的农民职业培训以培养职业农民为核心，既包括由农业大学、各都道府县农业大学、八岳中央农业实践大学等在内的正规教育，也包括由农业改良普及中心、农业青年俱乐部、国内外留学教育以及务农预备校所开展的非正规教育。同时，日本农协也是日本农民职业培育体系中的重要一环，主要以讲座、交流和短期培训等形式进行农业培训，是日本农业职业教育的重要组成部分，对农民培训工作产生了十分积极的作用（高鸣，武昀寰，邱楠，2018）。在美国，各级各类职业学校在开展学历教育的同时，也会在农闲时期或者冬季深入乡村对青年农民开展系统的农民培训，传授最新的农业生产、加工和营销知识。同时，美国的农民俱乐部也积极发挥自身在农民群体中的影响，通过讲座、活动等一系列形式，帮助乡村青年学习各种专业技术，制定生产计划，提高乡村人才经营管理能力（王文槿，2005）。

四、本章小结

乡村振兴战略的实施为农村中等职业教育带来了极大的发展机遇，更对农村中等职业教育提出了更高的发展要求。农村中等职业教育的专业化、技术化、职业化的特点使其在乡村振兴人才培养过程中具备了不可替代的作用。而且，相关研究表明，相较于普通高中教育而言，职业教育的回报率更高，在农村地区也是如此。这为农村中等职业教育高质量发展提供了更加有利的环境和条件。

本章指出了农村中等职业教育发展中遇到的挑战。一是受到社会观念和环境的影响，农村中等职业教育发展受到一定的制约。人们对职业教育的认识仍存在偏颇，认为职业教育的学生都是“劣等生”，没有较好的发展前景和就业空间，社会认同度较差。二是城乡教育资源分配不平衡进一步制约农村中等职业教育发展。农村中等职业学校大多位于经济发展较为落后的地区，与城市相较，农村在公共产品供给方面存在相对劣势，所拥有的教育机会和优质教育资源相对短缺，导致教育质量不高，缺少教育需求的吸引力。三是农村中等职业教育发展模式僵化，内生发展动力不足。一方面，当前农村中等职业教育存在供给不足问题，不能满足社会对高质量职业教育的需求；另一方面，农村中等职业教育人才培养模式较为单一。农村中等职业学校大多仍然以“课堂讲授 + 企业实习”的模式进行人才培养，学生处于被动地位，无法真正做到理论与实践相结合，直接影响农村中等职业学校的人才培养质量。

近些年来，在国家政策的引导和支持下，农村中等职业学校也开始转型，积极参与职业培训，开展了如新型职业农民培训、雨露计划等，积极发挥了职业学校在农民技能培养方面的优势。一定程度上缓解了城乡发展不平衡给农村中等职业教育带来的制约。从育人主体来看，校企合作的人才培养模式已基本形成，许多农业龙头企业都参与到农村中等职业教育办学过程中，增强了农村人才培养的市场性与适应性。农村中等职业教育的发展在不断创新与突破中，逐渐由政府主导发展到以市场需求为导向，服务农业农村能力明显提高。在推进乡村振兴战略实施过程中，职业教育理应继续发挥自身优势，明确发展定位，拓展服务面，深化产教融合，提升服务能力。

第七章

农村儿童的营养和健康

营养是保障儿童健康成长的基础，关系到人口素质的提高和人力资本的积累。儿童时期营养不良会阻碍儿童大脑和体质发育，进而影响到学习以及成年后的生活和工作，促进儿童营养健康是一项投入较小而回报很高的人力资本投资。随着脱贫攻坚战的全面胜利，农村地区儿童的营养健康状况得到很大的改善，尤其是欠发达地区的儿童，但其营养不足情况依然存在，微量营养素缺乏仍较为普遍。中国随着快速城镇化以及人民生活方式和观念的不断变化，出现了新的营养问题和挑战。全面改善农村地区儿童营养和健康状况任重道远。

一、儿童营养和健康的重要性

儿童营养状况是衡量人群营养状况最敏感的指标，也是人口素质的基础。儿童营养不良率和患病率是对社会经济、卫生保健、膳食营养状况和文化教育的综合反映。营养状况影响人的生命质量和社会公平，是人口预期寿命、学习和劳动能力、人力资源状况、经济发展以及疾病和疾病负担等的主要决定因素。

（一）营养不良与儿童发展

合理营养是儿童身体和智力发育的根本，是儿童运动技能、认知和心理行为发展的物质基础（Tette et al.，2015）。生长发育是一个连续的过程，是从量变到质变的复杂过程，贯穿整个儿童时期，良好的营养是儿童近期和远期健康的重要保障。这一过程中，任何阶段如果出现营养不良，特别是蛋白质、铁和锌的缺乏，会造成多个脑区域的损伤，影响儿童组织器官的生长及其功能的完善和成熟，增加传染性疾病和慢性非传染性疾病的发生风险，从而影响其身心健康，包括体格、智力、运动技能、身体素质以及心理等的发展，甚至造成死亡。

营养不良会导致儿童生长发育低下，大脑发育和认知发展都受到损害。大脑发育的关键时期在胎儿及婴幼儿阶段，充足均衡的营养有利于大脑发育，孕期营养不良和儿童时期营养不良都会影响儿童的脑发育，脑细胞的增殖数量、大小及功能，从而影响儿童的智力，并且这种影响不可逆转。相关研究表明：低出生体重儿童损失智商 5 分；生长迟缓儿童可损失智商 5 ~ 11 分；缺铁性贫血儿童可损失智商 8 分；碘缺乏儿童可损失智商 12 分（余群力，2010）。

营养不良会影响儿童的体质和体能。蛋白质摄入比例高是儿童握力达标的保护因素之一，适当增加蛋白质摄入可以显著增加握力达标率；25 羟维生素 D 严重缺乏时，肌力、平衡能力降低；能量、蛋白质、优质蛋白质、维生素 B_1、铁等与肺活量指数、800 米跑步标准成绩呈正相关；儿童青少年 BMI 与体质状况之间存在倒“U”形关系，即营养不足和营养过剩的儿童均存在较差的体质状况（苏宜香，2016）。体重正常的儿童具有最优的体质状况，身高的生长关键时期在青春期，如果由于营养不良或钙缺乏造成了身材矮小，在青春期没有得到及时而充足的营养补充，一旦过了青春期，身高将无法赶超同龄人。因此，保持儿童正常的体重可以促进儿童保持较好的体质状况。

营养不良会损害个体的免疫系统，增加对传染性和非传染性疾病的易感性。营养不良也会增加艾滋病、结核病等传染性疾病的易感性。营养不良使得营养相关慢性病如心血管疾病、糖尿病等出现低龄化。同时儿童早期的营养不良还会导致成年期肥胖、高血压、冠心病和糖尿病等慢性疾病风险的提高以及早逝等。因此，儿童时期营养将影响个体一生的健康以及国民的整体素质，投资儿童营养是形成人力资本的关键。

（二）营养不良与社会经济发展

营养水平的改善能够使个体避免由于长期营养不良而导致的各种疾病，降低发病率，提高劳动时间，并改善整个人类的体魄和身体结构，从而增强人类的抗病能力，提高劳动能力，对经济和社会发展产生显著影响。研究显示，由于儿童早期生长迟缓造成的成年身高每减少 1%，可降低 1.4% 的劳动生产率，消除成人贫血可增加 5% ~ 7% 的劳动生产率（世界卫生组织，2014）。《2016 年全球营养报告》指出，在非洲和亚洲，每年因营养不良造成的经济损失相当于国内生产总值的 11%。在 17 个联合国可持续发展目标中，至少有 12 个目标包含与营养高度相关的指标，这反映了营养在可持续发展中的核心作用，改善营养是在卫生、教育、就业、女性赋权以及减贫和减少不平等等方面实现进步的前提。儿童是实现国民经济可持续发展的重要人力资源储备，儿童的营养得到保证，能够为其发展奠定坚实的基础，帮助其充分发挥潜力，未来劳动生产能力和效率以及生活质量才能得到保障，整个社会和经济才会发展得更好。

我国人口构成不断变化，随着生育率的降低，我国未来年轻劳动力人口数量将下降，如果他们的营养不良状况得不到改善，国家的创造力与生产潜力将进一步受到限制。因此要实现 2030 年健康中国的目标、全面建成社会主义现代化国家，更需要关注儿童营养不良问题，尤其是农村地区儿童营养问题，将改善儿童营养不良纳入乡村振兴指标，把对儿童营养的投资作为一项基础性投入。

二、农村儿童营养和健康的现状

（一）农村 0 ~ 6 岁儿童营养和健康状况

我国城乡、地区间儿童死亡率差异较为明显。2020 年，农村婴儿死亡率和 5 岁以下儿童死亡率分别为 6.2‰和 8.9‰，远高于城市 3.6‰和 4.4‰的水平。从地区来看，西部地区婴儿死亡率和 5 岁以下儿童死亡率分别为 7.9‰和 10.6‰，高于中部地区的 4.7‰和 6.6‰、东部地区 2.7‰和 4.1‰的水平，城乡、地区间的不平衡仍然存在（国家统计局，2021）。

我国农村地区 5 岁以下儿童的身高、体重总体趋势向好，但与城市地区相比仍存在一定差距，且存在性别差异（见表 7. 1）。身高是反映体格发育的一个重要指标，能量摄入量、蔬菜摄入量以及优质蛋白质比例是儿童身高发育的影响因素，其中优质蛋白质比例在长期变化高峰阶段的作用很大。农村各阶段男女童身高均低于相同月龄的城市儿童，农村各阶段男女童体重均低于或等于相同月龄的城市儿童，且月龄越大，差距越大；农村各阶段男女童身高、体重存在明显的性别差异。

表 7. 1　中国城乡 5 岁以下儿童平均身高与体重

月龄（月）	身高（cm）				体重（kg）			
	农村		城市		农村		城市	
	男童	女童	男童	女童	男童	女童	男童	女童
6	69.7	67.8	69.9	68.0	8.9	8.2	8.9	8.2
12	75.9	75.3	76.7	76.0	10.3	9.7	10.5	10.0
23	85.5	85.3	86.2	86.8	12.2	11.9	12.2	12.7
24 ~ 35	90.8	89.7	92.7	91.6	13.6	13.0	14.1	13.5
36 ~ 47	99.1	97.7	100.9	99.7	16.0	15.1	16.3	15.7
48 ~ 59	105.8	104.8	107.5	106.7	17.8	17.1	18.4	17.6
60 ~ 71.9	112.0	110.9	114.4	113.3	19.9	19.0	21.3	20.1

资料来源：《中国居民营养与健康状况监测报告（2015—2017 年）》。

我国农村 5 岁以下儿童营养不足问题明显改善，但仍高于城市相同月龄儿童营养不足率。2015—2017 年，我国农村 5 岁以下儿童总体营养不足率为 10.2%，显著高于全国平均 8.8% 和城市 6.7% 的水平，具体表现在生长迟缓、低体重、消瘦。我国农村 5 岁以下儿童生长迟缓率为 5.8%，高于全国平均 4.8% 和城市平均 3.5% 的水平。农村 5 岁以下儿童低体重率为 2.4%，高于全国平均 2.0% 和城市 1.5% 的水平。农村 5 岁以下儿童消瘦率为 2.2%，高于全国平均 2.0% 和城市 1.7% 的水平（见图 7. 1）。

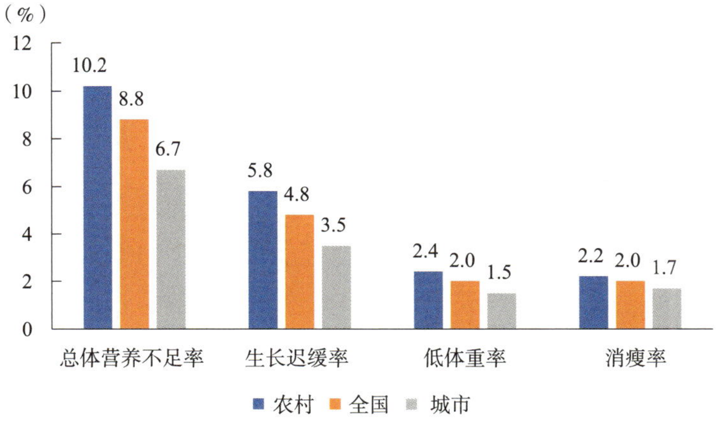

图 7.1 2015—2017 年全国 5 岁以下营养不足儿童占比

资料来源:《中国居民营养与健康状况监测报告(2015—2017年)》。

我国农村 5 岁以下儿童贫血发生率仍然较高。2015—2017 年,我国农村 5 岁以下儿童贫血率为 25.6%,高于全国平均 21.2% 和城市 15.0% 的水平。其中轻度贫血占 64.6%,中度贫血占 34.9%,重度贫血占 0.5%。主要是因为多种营养素,特别是微量营养素缺乏,如铁、维生素 C、维生素 B_6、维生素 B_{12}、叶酸、维生素 A 等。因此,贫血表征微量营养素缺乏状况。

(二)母亲孕期和乳母营养健康状况

儿童营养不良一部分始于母亲孕期和哺乳期,孕妇营养摄入不足和乳母营养摄入不足会影响婴幼儿生长和发育。我国农村地区孕妇和乳母存在食物能量摄入的相对过剩,微量营养素缺乏,如铁、钙、碘、维生素 A、维生素 D 及叶酸等摄入不足,导致超重肥胖及贫血高发等健康问题,构成主要营养问题。由此造成孕期体重增长过高或不足,即增重不适宜现象普遍。孕期增重过多或过少、妊娠糖尿病、妊娠期高血压、巨大儿及小于胎龄儿等问题不仅会对胎儿宫内环境产生重要影响,还造成新生儿、婴幼儿及 5 岁以下儿童健康问题,以及子代成年后慢性非传染性疾病及代谢性疾病的发生风险升高。数据显示,我国农村孕妇贫血率为 13.6%,乳母贫血率为 19.5%,显著高于其他成年人群(国家卫生健康委员会,2021)。

(三)婴幼儿母乳喂养及辅食添加情况

中国农村婴幼儿母乳喂养现状堪忧,6 月龄内婴幼儿纯母乳喂养率整体偏低且呈下降趋势。母乳是婴幼儿的最佳营养来源,是确保儿童健康成长和发育的基础。现有证据表明,母乳所含的各种营养物质最适合婴幼儿的消化吸收,有利于婴幼儿身体素质的提高,且可促进婴幼儿早期认知能力和非认知能力的发展。2015—2017 年调查显示,我国农村地区纯母乳喂养率为 34.1%（见图 7.2），其中 4 月龄以下纯母乳喂养率为 43.6%，4 ~ 6 月龄纯母乳喂养率为 24.8%。中国发展研究基金会 2019 年发布的《中国母乳喂养影响因素调查报告》显示，农村地区 6 月龄内婴儿纯母乳喂养率为 28.3%，低于世界平均水平（40%）（世界卫生组织和联合国儿童基金会，2017），且与《中国儿童发展纲要（2021—2030 年）》和《国民营养计划（2017—2030 年）》所确立的 6 月龄内婴儿纯母乳喂养率达到 50% 以上的目标还存在相当大的距离。

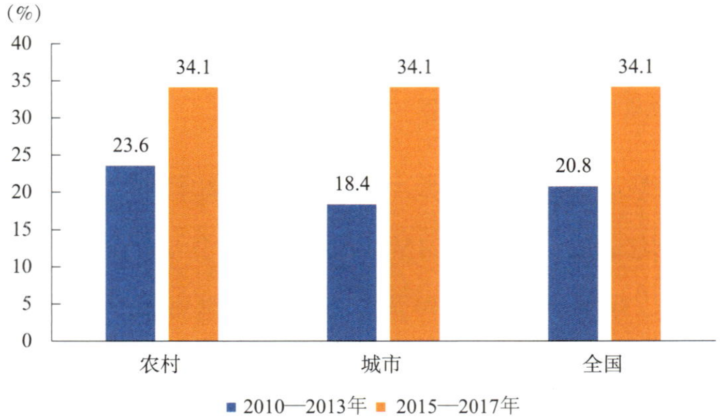

图 7.2　2010—2013 年、2015—2017 年全国 6 月龄以下婴幼儿纯母乳喂养率

资料来源：《中国居民营养与健康状况监测报告（2015—2017年）》。

婴幼儿 6 个月后科学添加辅食，是婴幼儿获得充足营养、健康成长的保障。然而，我国农村地区辅食添加状况不容乐观。婴幼儿时期的营养健康问题很大程度上源于照养人喂养行为的影响，不合理的喂养行为是婴幼儿营养不良的主要原因之一（Yue et al.，2018）。对于 6 个月以上的婴幼儿，单一母乳喂养已经不能完全满足其对能量以及营养素的需要，需适时引入其他营养丰富的食物，也就是添加辅食。6个月以后合理地添加辅食能满足婴幼儿不断增长的营养需求，帮助婴幼儿实现从母乳到家常膳食的过渡，是促进婴幼儿心理行为发育的重要过程，同时还可以有效预防成年期的感染性疾病。辅食添加种类和辅食添加频次是婴幼儿辅食添加是否合理的两个重要指标。2013 年中国 0 ~ 5 岁儿童营养与健康状况监测数据显示，农村 7 ~ 24 月龄婴幼儿辅食种类合格率仅为 39.8%，低于全国平均 62.% 和城市 65.5% 的水平，辅食添加频次合格率在农村为 60.6%，低于城市 79.1% 的平均水平。"农村地区儿童改善项目"监测数据显示，与 2012 年基线数据相比，经过干预，2014—2020 年农村地区 6 ~ 23 月龄婴幼儿辅食添加种类合格率提升为 63.4% ~ 69.2%，但辅食添加合格率仍然偏低，且各月龄组间辅食添加种类和添加频次合格率差异较大。6 ~ 11 月龄组合格率最低，随着月龄增加，合格率均有所增加，表明对于月龄较小的婴幼儿，很多家长认为婴幼儿食量小，从而给婴幼儿添加的辅食种类少或频次低，导致婴幼儿营养素缺乏，影响其生长发育。

（四）照养人喂养知识水平

婴幼儿照养人的喂养知识直接影响到喂养行为，进而对儿童的健康产生重要影响，总体来看，农村地区照养人的科学喂养知识存在不足。受教育程度的差异是农村地区照养人科学喂养知识缺乏的重要原因，2012—2020 年度贫困地区营养改善项目监测结果显示，营养包项目地区婴幼儿的主要照养人均为母亲，其次为祖父母。近 10 年来主要照养人关系结构无显著变化。母亲文化程度均以初中为主，初中以下学历占比逐年减少，初中以上学历占比逐年增加，2020 年调查结果与 2012 年相比，初中及以上学历占比显著提高（$p < 0.001$）。根据中国发展研究基金会 2019 年发布的《中国母乳喂养影响因素调查报告》数据显示，2012 年照养人喂养知识合格率仅为 6.5%，照养人喂养知识水平随后逐年升高，2020 年提升至 56.8%，但仍处于较低的水平，仅 61.3% 的家长知晓应在满 6 月龄时添加辅食。2014 年照养人喂养知识水平较 2012 年有显著提高，表明营养宣教在项目干预中有效，特别是在干预初期，多种形式的营养宣教可有效提升照养人喂养知识水平。母亲及祖父母作为主要照养人，文化教育程度较低，且以家务或务农为主要职业，可能是喂养知识不足的原因。

（五）义务教育阶段儿童营养和健康状况

我国农村地区 6 ～ 17 岁儿童各年龄组身体健康状况总体均有所提升，但与城市地区相比仍存在一定差距（见表 7. 2）。与 2012 年相比，2017 年农村地区男、女学生身高分别增加 2.4 厘米和 2.0 厘米；体重分别增加 0.7 千克和 0.1 千克。从城乡差距来看，农村地区儿童身高、体重均低于同年龄阶段城市地区儿童。城乡迟缓率分别为 1.0% 和 2.2%，与 2015 年相比，分别下降 0.5 个百分点和 2.5 个百分点；全国消瘦率为 8.7%，城乡分别为 8.1% 和 9.3%，未见明显变化。

表 7. 2　2017 年中国城乡 6 ～ 17 岁儿童平均身高与体重

年龄（岁）	身高（cm）				体重（kg）			
	农村		城市		农村		城市	
	男童	女童	男童	女童	男童	女童	男童	女童
6	120.8	119.5	122.2	121.4	23.1	21.7	24.2	22.9
7	124.1	122.8	126.9	124.4	24.6	23.3	26.8	24.9
8	130.1	128.4	132.1	130.5	28.1	26.3	30.1	28.3
9	134.1	133.5	138.2	136.0	30.8	29.0	34.0	31.8
10	138.7	140.1	143.2	141.4	34.0	33.3	37.7	36.2
11	144.1	146.4	149.9	148.5	37.8	37.8	43.4	41.4
12	150.5	151.4	156.1	152.8	41.8	42.1	48.0	46.2

续表

年龄（岁）	身高（cm）				体重（kg）			
	农村		城市		农村		城市	
	男童	女童	男童	女童	男童	女童	男童	女童
13	157.6	153.5	163.5	156.6	46.3	45.3	55.7	49.1
14	162.9	155.9	166.3	158.6	50.7	47.5	56.7	50.8
15	168.6	158.0	171.3	158.8	54.0	51.5	63.0	54.1
16	170.4	158.5	172.3	159.6	56.3	51.8	64.6	54.3
17	170.3	157.9	173.2	159.3	58.0	52.1	64.7	52.8

资料来源：《中国居民营养与健康状况监测报告（2015—2017 年）》。

缺铁性贫血是在世界范围内普遍存在的营养健康问题，尤其是在发展中国家。全世界约 1/4 的人患有缺铁性贫血（De Benoist et al.，2008）。在中国农村地区，学生的营养健康问题也不容忽视。根据世界卫生组织定义，血红蛋白水平低于 115 g/L（适用于 11 岁及以下儿童）或 120 g/L（适用于 12 ～ 14 岁儿童）即为贫血。一项汇总了 2009—2013 年的 27 项调研、涉及全国 10 个省份共 27535 名学生的研究表明，农村学生缺铁性贫血平均发生率为 27%（Liu et al.，2015）。2017 年，农村地区 6 ～ 11 岁儿童贫血率为 5.0%，与 2015 年相比下降 0.9 个百分点，高于城市地区儿童贫血率 3.5% 的水平。12 ～ 17 岁农村儿童贫血率为 7.8%，与 2015 年相比下降 0.3 个百分点，高于城市地区儿童贫血率 5.4% 的水平。6 ～ 17 岁农村儿童维生素 A 缺乏率 1.24%，边缘缺乏率为 18.14%，高于城市同年龄阶段儿童相应比例。但农村地区 6 ～ 17 岁儿童超重率为 9.5%，肥胖率为 5.9%，均低于城市同年龄阶段儿童相应比例。

农村学生缺铁性贫血问题的发生，主要是因为学生饮食不均衡，缺少对营养丰富食物的摄入，例如西部地区农村家庭的饮食以面条、大米等葡萄糖、蛋白质等含量丰富的食物为主，蔬菜、水果、红肉等含铁、维生素等微量元素丰富的食物相对摄入较少。此外，学生家长和学校负责人对缺铁性贫血问题的认知水平也亟须提高（Luo et al.，2011）。

缺铁性贫血会给学生的成长、发展造成严重的负面影响。研究表明，因血红蛋白含量低，缺铁性贫血会影响血液向大脑及身体输送氧气，导致困乏、容易疲劳、注意力不集中等问题（Iannotti et al.，2006）。多项研究表明，缺铁性贫血对学生的认知能力发展、学业表现、情绪管理等有不可逆转的影响（Luo et al.，2012）。患有缺铁性贫血的孩子长大后收入可能更低（Bobonis et al.，2006）。而且，婴儿时期或儿童早期阶段的缺铁性贫血产生的负面影响不可逆转，即使是后期缺铁性贫血得到了治疗，早期缺铁性贫血造成的负面影响仍然会在成年期表现出来（Lozoff et al.，2006）。

（六）农村儿童心理健康状况

儿童的健康不仅指儿童身体器官、组织的生长发育和心理发育良好，而且指儿童的性格开朗、情绪乐观、对外部环境有较强的适应能力。其中，身体健康、心理健康与社会适应能力相互作用、相互促进，共同构成了儿童的健康素质。心理健康和社会适应是基于身体健康所表现的人的社会属性。儿童的心理健康问题主要特征包括人际信任感低、自卑敏感心理、焦虑心理、逆反心理和孤僻心理等（黄艳苹，李玲，2007）。

近年来出台的《教育部办公厅关于加强学生心理健康管理工作的通知》《教育部等五部门关于全面加强和改进新时代学校卫生与健康教育工作的意见》等文件中重点要求中小学按比例配置心理教师，提高心理教师待遇等。另外，国家实施“双减”等政策，也力图减轻学生负担，缓解中小学生学业压力。这些措施背后隐含的一个重要原因是儿童心理健康问题已经相当严重，儿童心理健康逐渐受到国家关注，出台一系列政策，来助力缓解儿童心理健康问题（见表 7. 3）。

表 7.3　近年来国家关于心理健康教育的重要政策文件

发布时间	发文机构	文件名称
2016 年 2 月	国务院	《国务院关于加强农村留守儿童关爱保护工作的意见》
2016 年 11 月	全国妇联等	《关于指导推进家庭教育的五年规划（2016—2020 年）》
2017 年 4 月	中共中央、国务院	《中长期青年发展规划（2016—2025 年）》
2017 年 8 月	教育部	《中小学德育工作指南》
2018 年 11 月	国家卫生健康委员会等	《全国社会心理服务体系建设试点工作方案》
2019 年 4 月	民政部等	《关于进一步健全农村留守儿童和困境儿童关爱服务体系的意见》
2019 年 7 月	健康中国行动推进委员会	《健康中国行动（2019—2030 年）》
2019 年 12 月	国家卫生健康委员会等	《健康中国行动——儿童青少年心理健康行动方案（2019—2022 年）》
2020 年 4 月	国家卫生健康委员会等	《关于印发全国社会心理服务体系建设试点 2020 年重点工作任务及增设试点的通知》
2021 年 7 月	教育部	《教育部办公厅关于加强学生心理健康管理工作的通知》
2021 年 8 月	教育部等	《教育部等五部门关于全面加强和改进新时代学校卫生与健康教育工作的意见》

资料来源：课题组根据国家相关政策整理。

农村儿童的心理健康问题更是不容忽视。2021 年中国科学院《乡村儿童心理健康调查报告》数据显示，2498 个 5 ~ 15 岁儿童样本中 25.2% 的农村儿童存在抑郁风险，25.7% 的农村儿童存在过度焦虑，同时女生过度焦虑检出率（27.8%）超过男生（23.4%）。影响农村儿童心理健康的主要因素包括家庭环境差异、教育环境差异、个体品质差异，其中最重要的一个因素是睡眠，报告显示超过 30% 的农村儿童睡眠状况堪忧，且睡眠质量与抑郁、焦虑呈正相关：睡眠质量越差，儿童的抑郁率、焦虑率越大，问题行为越多。本章使用中国家庭追踪调查（CFPS）2014 年和 2018 年数据中城乡儿童抑郁情况进行对比发现，农村儿童的抑郁得分要显著高于城市地区（见图 7.3）。

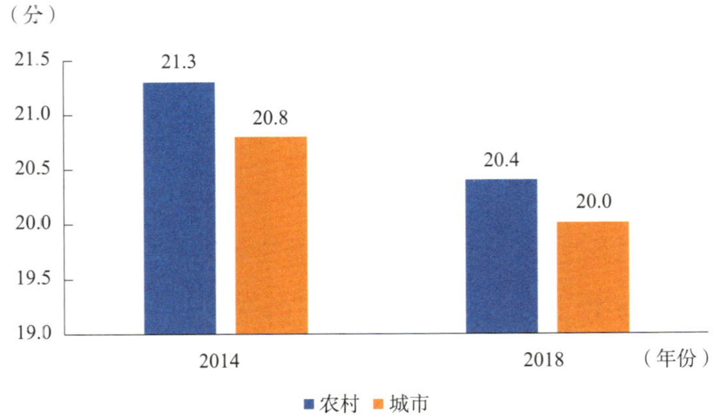

图 7.3　2014 年、2018 年中国家庭追踪调查（CFPS）调查城乡 10 ~ 16 岁儿童抑郁现状

资料来源：中国家庭追踪调查（CFPS）2014年、2018年数据。

农村留守儿童的心理健康状况更为严峻。随着城镇化的推行，大量农村父母外出务工，子女交由其祖父母或者亲属照料抚养，长期与父母分离，不能与父母双方生活在一起，长期缺乏父母的关爱养育和指导，造成了一部分儿童的心理健康问题，主要表现为认知偏差、情绪情感障碍（情绪不稳定、孤独、焦虑、情感冷漠等）、社交能力低下、品德行为偏差、个性偏差或障碍等。研究发现孤独感是留守儿童最突出的情感，其孤独感得分显著高于非留守儿童，在留守儿童群体中孤独感者比率达 64.28%，且与年龄呈现负相关，即年龄越小孤独感情绪越明显（任玉嘉，李梦龙，孙华，2020）。2021 年中国科学院《乡村儿童心理健康调查报告》数据显示，留守儿童中度及以上焦虑检出率为 27.7%，有抑郁倾向检出率为 28.5%，均高于非留守儿童相应数值（见图 7. 4）。因此，与非留守儿童相比，留守儿童长期与父母分离，心理上容易出现自卑、退缩、偏执、情感冷漠等问题。

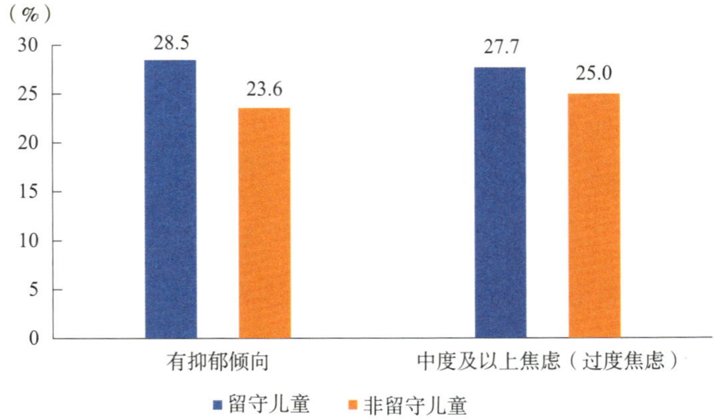

图 7. 4　2021 年农村留守儿童与非留守儿童抑郁与焦虑检出率对比

资料来源：《乡村儿童心理健康调查报告》。

三、已开展的项目

（一）母子健康综合项目

卫生健康部门与世界卫生组织、联合国儿童基金会合作开展“母子健康综合项目（2011—2015）”，覆盖了西部7个省（区）35个项目县，关注西部农村地区孕产妇和0～6岁儿童健康状况。5年间共有180余万孕产妇、60余万5岁以下儿童受益，使他们的健康状况得到进一步改善。2016—2020年国家卫生健康委员会与联合国儿童基金会在中西部地区8个省（区）25个项目县合作开展了“母子健康发展综合项目”，目的是加强中西部地区孕产妇、儿童系统保健服务和管理。针对中西部地区发展不平衡的现状，实施差异化干预，探索中西部地区的儿童早期发展综合服务模式。

（二）妈妈学校

中国发展研究基金会于2009年发起“妈妈学校”，首先在青海省乐都区展开，主要瞄准的人群是贫困地区孕产妇及其家庭，针对贫困地区营养知识欠缺的突出问题，面向孕妇和婴幼儿家长开展营养知识培训。乡级和村级的妇幼保健人员借助现金转移支付鼓励参与的方式，向孕产妇和乳母进行妇幼保健、母乳喂养以及辅食喂养等内容的健康教育，并提供多元维生素补充片，以此来提高孕产妇和婴幼儿的营养和健康水平。2009—2013年，试点结果证明孕期营养干预有效降低了新生儿低出生体重的发生率。

（三）贫困地区儿童营养改善项目

为改善贫困地区儿童营养和健康状况，促进儿童生长发育，降低婴幼儿营养不良和贫血率，提高儿童照养人科学喂养知识普及程度，2012年，国家卫生健康委员会和全国妇联在贫困地区开始实施贫困地区儿童营养改善项目，免费为贫困地区6～24月龄婴幼儿每天提供一包富含蛋白质、维生素和矿物质的营养包，作为辅助的营养补充品。同时，开展儿童知识宣传和照养人喂养指导咨询活动，依托妇幼健康系统县、乡、村三级网络，开展营养包发放和科普知识宣传教育。截至2021年，项目已实现对22个省（区、市）991个县全覆盖，累计受益儿童数量达到1365万名。

2017年，项目监测结果显示，项目地区营养包发放率达95.7%，有效服用率达75.5%，项目持续监测地区6～24月龄婴幼儿平均贫血率和生长迟缓率与2012年基线调查相比分别下降

46.5% 和 36.6%。项目有效地改善了贫困地区儿童贫血状况，使 6 ~ 24 月龄婴幼儿发烧和腹泻两周患病率显著下降，显著增加婴幼儿血红蛋白水平、有效改善贫血、显著改善生长迟缓。婴幼儿家长营养知识水平显著提升，婴幼儿辅食添加种类、添加频次、添加满足最低可接受膳食比例均有改善。

对营养包改善生长迟缓进行经济效益评估并结合贫血效益评估，结果显示，通过服用营养包，贫困地区儿童生长迟缓与贫血状况得到改善，项目成本—效益比为 1∶5.8①，项目具有良好经济效益，这与哥本哈根共识②一致。若按照 2020 年全国人均可支配收入统计，项目的成本—效益比约为 1∶10.8。通过三级卫生网络发放营养包，为公众营养改善提供了实践经验。营养包项目赢得了国际社会的赞誉，成为全球早期儿童营养改善关注的亮点。

（四）农村义务教育学生营养改善计划

要提升我国人力资本的整体质量，农村学生的健康问题应引起关注。投资健康，不仅可以增加人力资本质量，而且可以通过延长工作年限来增加人力资本数量。对学生健康状况的改善既是对健康的投资，也是对教育的投资。因此，为改善义务教育阶段儿童营养健康状况，2011 年，国家正式启动实施农村义务教育学生营养改善计划，为农村欠发达地区义务教育阶段学生提供营养餐。

该项目从 2011 年的 20 个省（区、市）680 个集中连片特困地区贫困县，已扩展至 2020 年的 28 个省（区、市）1732 个县，覆盖农村义务教育学校 13.16 万所，受益学生达 3797.83 万人（中华人民共和国教育部，2021）。中央财政 10 年来已累计安排膳食补助资金近 2000 亿元，还专门安排 300 亿元专项资金支持试点地区食堂建设。各地科学制定供餐方式和内容，完善食品安全和质量、资金监管和跟踪监测等制度，增强资金使用的安全性、规范性和有效性。

2022 年，全国农村义务教育学生营养改善计划领导小组办公室会同中国疾病预防控制中心营养与健康所，对 2012 年以来的营养改善计划实施效果进行综合评价。结果显示，营养改善计划实施过程中，学校供餐模式更加合理，健康教育更加普及。2021 年，在 11857 所受监测学校中，有食堂的比例逐年增高，从 2012 年的 60.6% 增长到 2021 年的 90.9%；学校食堂供餐的比例逐年增长，从 2012 年的 46.1% 增长到 2021 年的 83.4%。企业供餐的比例从 2012 年的 47.1% 下降至 2021 年的 16.4%。

① 这一数据计算的是营养包改善生长迟缓与贫血的成本—效益比，而营养包中除铁外，还含有多种微量营养素，如维生素 A、维生素 D、维生素 B_1、维生素 B_2、叶酸、尼克酸、钙和锌等，因此目前的收益计算仍低估了营养包的整体效益。

② 哥本哈根共识指出提供微量营养素的营养改善策略可以获得最高的回报。

2012—2022 年，营养改善计划实施 10 多年来成效显著，欠发达地区农村学生的营养健康状况得到了显著改善，学生在身高、体重、运动能力、学习能力等方面都有了明显提高。2021 年监测数据显示，受监测地区 6 ~ 15 岁学生生长迟缓率为 2.3%，比 2012 年的 8.0% 下降了 5.7 个百分点。从消瘦率看，受监测地区 6 ~ 15 岁学生消瘦率为 9.8%。从贫血率看，受监测地区学生贫血率为 12.0%，比 2012 年的 16.7% 下降了 4.7 个百分点，其中，西部地区学生贫血率的下降幅度达到 6.0 个百分点。从膳食结构看，受监测地区 50.3% 的中小学生吃畜禽鱼等肉类（包括牛肉、羊肉、鸡肉、鱼、虾等）的频率达到每周 5 次以上；33.3% 的中小学生每天吃 3 种及以上新鲜蔬菜；30.8% 的中小学生可以做到每天吃水果；32.8% 的中小学生每天喝奶制品（包括牛奶、羊奶、马奶、奶粉、酸奶等），这一比例较 2014 年的 13.8% 有较大幅度的增长。

（五）改善农村学生缺铁性贫血项目

为探索解决农村学生缺铁性贫血的方案，陕西师范大学教育实验经济研究所先后开展了 6 次大规模的随机干预试验，涉及 489 所农村小学约 24000 名五年级小学生。主要干预模式包括添加铁补充剂（如含铁的多元维生素片）、以提升家长或学校负责人贫血相关认知为目标的信息干预、以改善学校管理为目标的学校补贴和激励干预。

经过干预后结果显示，每天给学生补充一片多元维生素片，补充 7 个月后可以显著提高学生的血红蛋白水平 1.7 ~ 2.3g/L（约相当于 0.2 个标准差）。具体而言，与对照组仅向家长发放《告家长书》，告知家长学生是否贫血、贫血的影响及如何避免贫血相比，每天补充一片含微量元素的多元维生素片可使干预组学生血红蛋白水平显著提高 2.14g/L（0.2 个标准差）；同时对家长进行贫血知识培训和每天补充一片含微量元素的多元维生素片可以使学生血红蛋白水平显著提高，补充维生素作用更显著。与每天一枚鸡蛋相比，每天补充维生素片会使血红蛋白水平显著提高。

四、本章小结

营养是保障儿童健康成长的基础，关系到人口素质的提高和人力资本的积累。儿童时期营养不良和关键营养素的缺失不仅会影响儿童的生长发育和智力的发展，增加传染性疾病和慢性非传染性疾病的发生风险，从而影响体格、智力、运动技能、身体素质以及心理等方面的身心健康状况，还通过降低人力资本的积累影响社会经济的发展。

近 10 年来，农村儿童的营养健康状况有了明显的改善，但依然存在比较严重的营养健康问题，并且与城市儿童相比存在较大的差距。农村儿童营养健康问题主要表现在婴幼儿死亡率偏高、身高体重偏低、贫血发生率较高、心理健康问题突出等多个方面，导致这些健康问题的原因包括怀孕期间母亲营养素的缺失、0 ~ 6 月龄纯母乳喂养率过低、6 月龄后辅食添加率低和添加不合理、儿童期营养不全并且缺乏铁、钙、碘、锌等关键的微量元素和维生素、父母特别是母亲陪伴的缺失等。这些问题的产生又与抚养人缺乏养育知识和儿童留守密切相关。

未来的政策干预应该从喂养人的养育知识教育和不同年龄阶段的营养干预两个方面展开。在借鉴已有成功营养干预计划的基础上，营养干预项目应该更多地向学龄前儿童延伸。长期来看，通过发展县域劳动密集型的富民产业，解决父母外出务工导致的留守问题或在父母缺失的情况下提供陪伴和心理干预具有重要的意义。

第八章

农村儿童的保护体系

在全世界各个角落，都有儿童面临着暴力问题。据不完全统计，全球每年有超过 15 亿儿童遭受不同形式的暴力。随着我国经济由高速增长阶段转向高质量发展阶段，儿童权利保障法制体系逐步完善，未成年人保护工作体制机制进一步加强。第七次全国人口普查数据显示，目前我国 0 ~ 17 周岁人口约为 2.98 亿人（国务院新闻办公室，2021）。据测算，农村地区 0 ~ 17 周岁人口约 1.1 亿人（国家统计局，2021），约占全国 0 ~ 17 周岁人口总数的 36.9%。在农村地区，儿童面临的暴力表现形式有家庭暴力、校园暴力、儿童性侵害、利用儿童乞讨、拐卖儿童等。党的十九大提出“健全农村留守儿童和妇女、老年人关爱服务体系”，体现了对儿童福利和儿童保护问题的前瞻性和预见性，儿童保护在农村儿童发展中的基础作用越来越凸显。因此，本章节对农村儿童保护的内容和作用、现状、面临的挑战、已开展的项目和模式加以分析，为乡村振兴阶段推动农村地区儿童保护提供参考。

一、儿童保护的内容和作用

儿童保护和未成年人保护具有相似的含义，有广义和狭义之分。狭义的儿童保护是指国家通过一系列的制度安排，包括社会救助、法律诉讼、社会服务和替代性养护等措施，对受到和可能受到各种形式暴力（如虐待、忽视、遗弃和剥削）的儿童提供一系列救助、保护和服务措施，使儿童能够在安全的环境中成长。广义的儿童保护与广义的儿童福利的含义类似，指现代福利国家为改善儿童福利状况、促进儿童福利的制度安排（Cameron et al., 2006）。

儿童保护的主要对象是受到和可能受到暴力和其他形式伤害的儿童，这些儿童全部都是儿童保护制度的服务对象。儿童受到的暴力包括所有形式的针对儿童的身体和情感伤害、虐待、忽视、疏忽照顾以及商业和其他形式的剥削，它会导致在一种责任、信任或权利的关系中，儿童的身体、生存、发展和尊严受到真正的或潜在的伤害。虐待儿童的主体是父母以及受委托照顾和管教儿童的人。针对儿童的暴力既包括家庭内的父母虐待，即针对儿童的家庭暴力，也包括家庭外照顾者和教育者对儿童实施的暴力。儿童虐待主要包括身体虐待、精神虐待、性虐待和忽视 4 种形式，其中身体虐待指不是意外所造成的对儿童的身体伤害，或不做任何预防使儿童身体受伤；精神虐待指危害或损害儿童心理、情绪或智力发展的行为和态度，包括羞辱、惊吓、孤立、剥削、漠视儿童的情绪需要等；性虐待指牵涉儿童的非法的性活动，或者所涉及的儿童不能做出知情同意的性活动；忽视指严重或长期忽视儿童的基本需要（如饮食、穿衣、住宿、教育及医疗照顾），以致危害儿童的健康或发展，或在本来可以避免的情况下令儿童面对极大的危险（Lonne，Parton，2008）。目前国际上普遍认为忽视包括 4 个方面：身体忽视、情感忽视、医疗忽视和教育忽视。当前国内存在的儿童暴力主要包括家庭内对儿童的暴力，校园暴力，儿童福利机构内发生的针对儿童的暴力，社会上发生的儿童虐待、忽视和遗弃等。

儿童受到的暴力对儿童身心健康的伤害是非常严重的，这种影响可以持续到成年，甚至一生，也对社会和职业产生因果性效应。虐待儿童给儿童及家庭造成痛苦，并可能产生长期不良后果。虐待会导致精神紧张，极度紧张有可能损害精神和免疫系统发育，其后果是曾经受过虐待的儿童成人后出现行为、身体和精神卫生问题的危险性增加，如抑郁症、施加暴力、酗酒等高危性行为，这些行为和精神卫生方面的后果，又会增加未来罹患心脏病和癌症的风险以及导致自杀和性疾病传播感染。研究显示，儿童时期遭受的暴力可以以“表观遗传”的形式改变个体基因的表达和遗传，降低人终生的抗压能力，更易生病或自杀（McGowan et al.，2009）。此外，虐待儿童还会对社会经济产生影响，增加如住院治疗、心理健康治疗、儿童福利和长期医疗保健等费用（世界卫生组织，2010）。由于儿童是弱势群体，自我保护能力非常有限，只有为儿童提供有效的保护，采取行动进行干预，才能减弱暴力对儿童的伤害以及对社会的负面影响。

二、农村儿童保护的现状

2013 年以来，我国儿童福利与保护制度体系不断健全，完成了从兜底保障向分类保障、从补缺向适度普惠、从物质保障向物质保障 + 服务保障的转型升级。农村地区儿童保护事业也取得突破性进展，但同时我国儿童保护制度体系仍存在发展不平衡不充分等突出问题。

（一）儿童法律保护体系不断完善

1. 儿童法律保护体系框架基本形成

法律是国家最高级且最有强制力的儿童保护手段。随着《中国儿童发展纲要（2021—2030年）》的出台，以依法保护儿童合法权益为目标，我国儿童保护立法不断发展，初步构建起了以宪法为基础，依托于儿童专项法律的未成年人司法保护体系，为儿童保护工作提供了重要法律依据。

《中华人民共和国民法典》的颁布实施和《中华人民共和国未成年人保护法》的修订施行，从基础性、综合性法律的高度赋予民政部门实施国家兜底监护、牵头协调未成年人保护、针对困境未成年人实施分类保障等法定职责，提出了“家庭保护、学校保护、社会保护、司法保护、政府保护、网络保护”内容，为儿童福利和未成年人保护事业发展提供了强有力的法律保障，对促进我国儿童保护法律体系建设，开展儿童保护工作具有里程碑式重要意义。

新修订的《中华人民共和国未成年人保护法》明确了我国儿童保护工作的迫切需求，增加了侵害未成年人案件强制报告、相关行业入职查询制度、未成年被害人“一站式询问”、青春期教育改为性教育、网络保护、委托照护制度及人身权利保障制度等，着力解决监护人监护不力、学生欺凌、性侵害未成年人、未成年人沉迷网络等热点问题，强化了国家监护和政府兜底责任，系统完善未成年人网络保护制度，构建起了“六位一体”的儿童保护新格局。

2. 儿童家庭保护制度不断完善和发展

2016 年 3 月开始实施的《中华人民共和国反家庭暴力法》也为儿童在家庭场景下遭受的暴力提供司法保护。该法出台后，打骂孩子成为法律必须管的公共事务、法律事务，甚至成为庄严的国家事务。对家庭暴力的定义、预防、处置、人身安全保护令和法律责任等做出了规定，对遭受家庭暴力的儿童给予特殊保护，并将国内外针对儿童保护的一些特殊制度进行了扩展，适用于其他无民事行为能力人和限制民事行为能力人，加大了立法特殊保护的范围。

《中华人民共和国预防未成年人犯罪法》也规定了未成年人的父母或者其他监护人要加强对未成年人的管教，参与对罪错未成年人的矫治教育。2021 年 10 月出台的《中华人民共和国家庭教育促进法》进一步明确了家庭教育的发展方向，为父母或者其他监护人的家庭教育提供指导，为未来国家、学校和社会各方面开展家庭教育工作指明方向。

3. 全面构建未成年人学校保护制度

以《中华人民共和国未成年人保护法》的“学校保护”为基础，教育部发布了《未成年人学校保护规定》和《中小学教育惩戒规则（试行）》，以部门规章的形式落实了《中华人民共和国未成年人保护法》等法律规定。其中《未成年人学校保护规定》明确了学校保护的具体职责，将《中华人民共和国未成年人保护法》“学校保护”的 17 条内容扩充到 63 条，内容更加具体明确且有可操作性，通过建立“十项具体机制”，健全和完善学校保护机制。近年来学生欺凌和校园性侵害问题受到社会广泛关注，因此针对这两项内容做出了专门规定。《中小学教育惩戒规则（试行）》保障和规范了学校、教师的教育惩戒权利，对教育惩戒的基本定位、应用范围、适用情形、具体措施、禁止行为等做出了明确规定，为学校和教师正确履行教育管理职责明确了方向、提供了支持，同时也为健全学生行为规范、培养学生遵纪守法的良好行为习惯打下了基础。

（二）农村儿童福利政策体系取得突破进展

为做好未成年人救助保护、农村留守儿童关爱服务、儿童福利机构高质量发展、孤儿及事实无人抚养儿童保障等工作，民政部门强化政策设计，将法律规定具象化为看得见摸得着的政策保护。通过出台工作意见、下发工作通知的形式，提出具体要求，给出政策指引，不断拓展农村儿童保障范畴，提高保障水平，扩充保障内容，为农村儿童福利事业发展提供政策铺垫。

将事实无人抚养儿童纳入国家保障，特困人员救助供养制度所覆盖未成年人范围扩大。2019 年 6 月，民政部等 12 部门联合印发《关于进一步加强事实无人抚养儿童保障工作的意见》，首次认定“父母双方均符合或一方死亡或失踪，另一方符合重残、重病、服刑在押、强制隔离戒毒、被执行其他限制人身自由的措施、失联情形之一”的儿童为事实无人抚养儿童，并纳入国家保障体系。2021 年 4 月，民政部印发《特困人员认定方法》，明确规定“特困人员中的未成年人，可继续享有救助供养待遇至 18 周岁”，放宽特困人员救助供养制度所覆盖的未成年人范围，从 16 周岁延长至 18 周岁，供养时间延长，加强对该类儿童群体的基本生活权益保障，实现福利政策的兼容和打通。

健全孤儿和事实无人抚养儿童基本生活保障制度，完善动态调整机制，提高孤儿、事实无人抚养儿童的基本生活保障水平。2006年民政部《关于加强孤儿救助工作的意见》出台，孤儿救助福利保障制度初步建立。2009 年发布《民政部办公厅关于制定孤儿最低养育标准的通知》，明确规定散居孤儿基本生活保障标准每月不得低于 600 元。2010 年下发《民政部 财政部关于发放孤儿基本生活费的通知》，明确提出中央财政与地方财政合力为全国孤儿发放基本生活费。2010 年，《国务院办公厅关于加强孤儿保障工作的意见》出台，进一步全面建立与经济社会发展水平相适应的孤儿保障制度。截至 2022 年 9 月底，全国共有 15.9 万名孤儿、35.1 万名事实无人抚养儿童被纳入国家基本生活保障范围。全国儿童福利机构已由 2020 年底的 1217 家优化为 916 家，机构养育、医疗、康复、教育、社会工作一体化发展水平稳步提升。孤儿养育补贴标准也在逐年提高，集中供养孤儿的养育津贴从 2016 年的每月 1143.7 元提高到 2021 年的每月 1697.4 元；同期社会散居孤儿的养育津贴从每月 792.9 元提高到每月 1257.2 元（见图 8. 1）。

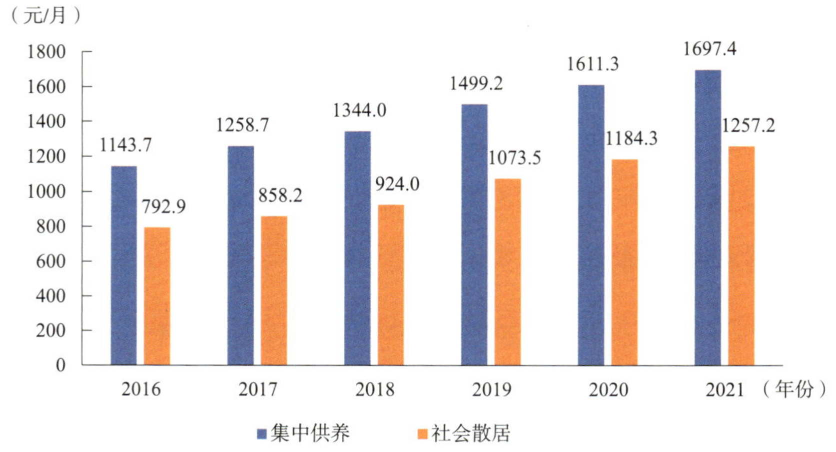

图 8.1　2016—2021 年孤儿养育津贴

资料来源：根据历年《中国民政统计年鉴》整理。

农村留守儿童关爱服务工作持续推进，保护工作日益制度化。2016 年，国务院首次发布以农村留守儿童关爱保护为主题的政策文件，印发《关于加强农村留守儿童关爱保护工作的意见》。其中，针对完善关爱服务体系和健全救助保护机制这两个重点环节，提出了针对性的政策安排和系统性的顶层设计。2021 年，民政部印发《关于做好因突发事件影响造成监护缺失未成年人救助保护工作的意见》和《关于加强寒假春节期间父母就地过年农村留守儿童关爱服务工作的通知》，加强农村留守儿童关爱服务工作，不断完善农村留守儿童和困境儿童关爱服务体系。

（三）四级儿童保护协调机制全面建立

国家层面正式成立未成年人保护协调机制。2021 年，《国务院办公厅关于成立国务院未成年人保护工作领导小组的通知》发布，正式成立国家层面的未成年人保护协调机制，办公室设在民政部。国务院未成年人保护工作领导小组成立，标志着我国未成年人保护工作机制取得突破性进展，将有利于发挥各相关部门在儿童保护方面的独特作用，提高保护工作的整体水平。

纵向到底、权责明确的未成年人保护机制全面建立。根据法律规定，县级以上人民政府应当建立未成年人保护工作协调机制，统筹、协调、督促和指导有关部门在各自职责范围内做好未成年人保护工作。协调机制具体工作由县级以上人民政府民政部门承担，省级人民政府也可以根据本地实际情况确定由其他有关部门承担。2021 年，全国 31 个省（区、市）和新疆生产建设兵团全部建立未成年人保护工作领导小组（委员会），全国省市县四级领导协调机制实现全覆盖，各部门职责明确、协作有力，共同构建城乡未成年人保护网络。

除此之外，新修订的《中华人民共和国未成年人保护法》明确规定了“乡镇人民政府和街道办事处应当设立未成年人保护工作站或者指定专门人员，及时办理未成年人相关事务；支持、指导居民委员会、村民委员会设立专人专岗，做好未成年人保护工作”，全面搭建分工明确、联系紧密、贯穿省市县乡村的五级儿童保护服务体系，进一步健全农村儿童保护机制。

（四）社会组织助力农村儿童保护的力量不断加强

在政策支持和政府扶持下，社会力量积极参与农村儿童发展，成为我国农村儿童保护事业的有益补充。2015 年 10 月，中国扶贫基金会联合地方政府发起童伴妈妈项目，为每个村聘请一位全职的儿童守护专员——童伴妈妈，保障儿童福利政策的落实和儿童权利的保护。北京师范大学中国公益研究院作为智库力量为童伴妈妈项目落地和队伍建设提供专业化的技术支持，帮助童伴妈妈厘清岗位职责，并链接社会多方力量协调资源，推动地方政府建立多部门参与的联动机制，形成专业化的农村儿童保护与服务网络。专业社会组织的广泛参与，扩大了基层儿童关爱保护服务的范围，不断壮大农村儿童工作专业队伍力量。同时，中国发展研究基金会也建立起了相应的示范项目。2017 年，在河北大名县积极推广村儿童主任项目，建立起本地儿童主任和儿童督导员专业培养和督导体系，助力儿童主任队伍能力提升，至今已覆盖 5 个乡镇 20 个村居。

三、农村儿童保护面临的挑战

（一）农村儿童保护现状依然严峻

随着社会的转型，农村地区的经济人口结构发生了重大的改变，农村传统的儿童保护功能正在被逐步削弱，农村儿童保护问题进一步凸显，儿童遭遇的家庭暴力和学校暴力更为普遍。据统计，我国 2 ~ 4 岁儿童中，约有 3020 万遭受了心理攻击，2670 万遭受了体罚，其数量仅次于印度（Silva et al.，2018）。儿童早期家庭暴力管教对儿童的身体健康、心理健康和发展潜力均造成一定损害。一项基于 8 省农村地区的研究显示，样本儿童中 39.92% ~ 50.68% 遭受了各种类型的暴力，包括家庭躯体暴力、家庭情感暴力、校园躯体暴力和校园情感暴力，其中 3.70% ~ 10.64% 的儿童会经常遭受各类暴力（万国威，徐毅成，2022），表明农村地区儿童遭遇暴力的情况较为普遍。同时，农村地区义务教育阶段儿童校园暴力的形势也较为严峻，一些对不同农村地区学生的调查表明，样本学生遭受校园暴力的比例均超过 50%，如豫南农村地区学生遭受校园暴力的比例为 50.65%，贵州省和安徽省农村小学学生遭受校园暴力的比例为 50.4%，且母亲受教育程度越低，儿童越易遭受校园暴力（沈文丽，王辉，2021；贾至慧，陈飞宇，李旭阳等，2022）。

农村留守儿童作为农村儿童的主要群体，处在父母保护缺位的成长环境中，更易遭受意外伤害、性侵害、家庭暴力和校园暴力等。留守儿童因父母外出务工后缺乏有效监护和安全教育，受到意外伤害的概率大，伤亡事件时有发生。相关数据显示，留守儿童在烧伤、摔伤、溺水、交通事故、坠楼、食物中毒、触电、锐器割伤、动物咬伤等意外伤害事件上的发生率均高于非留守儿童。同时留守儿童遭受暴力侵害的比例明显高于非留守儿童，中国青少年研究中心调研数据表明，校园内曾被同学打的留守儿童所占比例为 17.3%，明显高于普通学生（11.2%），在家庭暴力方面，留守儿童在一年内较为频繁地遭受家人打骂的比例为 2.5%，高于普通学生的比例（1.6%）。同时，41.98% 的农村留守儿童感到被忽视，26.78% 的农村留守儿童感到被歧视（郭开元，张晓冰，2020）。

残疾儿童、遗弃与丢失儿童在农村地区也是一个严峻问题。据统计，2022 年我国共有 0 ~ 14 岁的残疾儿童 817 万人，占儿童总数的 2.67%，其中约 80% 的残疾儿童分布在广大的农村地区（中国残疾人联合会，2022）。残疾儿童无法享受与正常儿童同等的权利，需求通常得不到满足。同时儿童遗弃与儿童丢失也是儿童保护过程中面临的重大挑战，中国最大的服务于失踪人口的非政府组织——宝贝回家网站数据显示，截至 2018 年 6 月，数据库包括 16969 份遗弃儿童报告和 24175 份绑架儿童报告。可见残疾儿童、遗弃与丢失儿童也是儿童保护面临的重要问题，在下阶段也需要重点关注。

（二）农村儿童保护专业社会力量短缺

当前儿童福利和儿童保护的行政体系相对完善，但是缺乏与之相适应的服务支持体系。社会力量参与儿童保护工作不够充分，儿童保护领域专业社会组织相对稀缺，专业人才从规模数量到专业水平均与现实需求存在较大差距。政策倡导不到位，政府购买服务投入有限，孵化培育力度有待加强。

当前国家法律和相关政策已经实施，但是没有专业的机构和人员推动落实，再好的法律政策也难以真正发挥效用。儿童保护基层服务体系不健全，功能发挥不完整。县级层面儿童救助机构专业力量严重不足，专岗不专人、专职不专业现象突出，政府层面无法通过增加大量编制和人员来开展儿童福利与儿童保护工作，因此比较有效的方式是培育专业的社会组织，依托专业社会组织培养专业的未成年人保护人才。但是，从未成年人保护类社会组织的发展来看，相关社会组织还比较匮乏，专业人才储备不足，村级层面儿童督导员和儿童主任在理念、知识、技能等方面存在差距，难以充分满足儿童保护服务需求，这成为制约农村儿童保护事业发展的重要瓶颈。中国农村地区现有的服务类社会组织和社会工作者的覆盖范围不足以辐射全体农村儿童。按照每个社工站配备 3 ~ 8 名社工测算，我国农村地区社工站的专业人员总需求量为 8 万 ~ 25 万，因此，要进一步加强专业社工队伍建设。

（三）各部门儿童保护工作联动机制不完善

国务院妇女儿童工作委员会作为国务院负责妇女儿童工作的议事协调机构，负责协调和推动政府有关部门执行有关妇女儿童的各项法律法规和政策措施，发展妇女儿童事业。成员单位包括中央宣传部、国家发展和改革委员会、教育部、公安部、民政部、司法部、财政部、国家卫生健康委员会、全国妇联、中国残联、国家机关工委等部委和人民团体。民政、卫生、教育、公安、司法部门分别承担着儿童保护工作，职责见表 8. 1。

表 8. 1　部分政府部门儿童福利保护相关的职能

主体	性质	基本职能（儿童工作）
民政部门	政府职能部门	拟订儿童福利、孤弃儿童保障、儿童收养、儿童救助保护政策、标准，健全农村留守儿童关爱服务体系和困境儿童保障制度，指导儿童福利、收养登记、救助保护机构管理工作
卫生部门	政府职能部门	负责幼儿卫生、健康教育工作；拟定幼儿卫生标准；起草并组织实施与幼儿相关法律、法规、政策、规划、规范；组织拟订、实施《中华人民共和国母婴保健法》配套法规、规章和规范；制定幼儿保健系统规范等
教育部门	政府职能部门	普及义务教育，保障所有儿童受教育的权利；积极发展学前教育和特殊教育等
公安部门	政府职能部门	负责打击侵害儿童人身权益等违法犯罪活动，牵头协调开展反对拐卖儿童的犯罪工作
司法部门	政府职能部门	维护未成年人的合法权利，为未成年人提供法律援助和保护

资料来源：课题组根据国家相关政策整理。

但在具体的实施过程中，各部门存在工作衔接机制不完善、信息共享不够、工作程序不健全等问题。新修订的《中华人民共和国未成年人保护法》规定，保护未成年人，是国家机关、武装力量、政党、人民团体、企业事业单位、社会组织、城乡基层群众性自治组织、未成年人的监护人以及其他成年人的共同责任。国家、社会、学校和家庭应当教育和帮助未成年人维护自身合法权益，增强自我保护的意识和能力。因此未成年人保护需要国家、社会、学校和家庭等从各个角度共同发力，建立高效的工作协调机制。但一些地方还没有建立有效的工作衔接机制，一些权益受到侵害的儿童尚未得到充分有效的保护，部门之间的信息共享机制未有效建立，无法实现相关工作的有效衔接。

（四）农村儿童福利与保护监测数据仍存在不足

全国儿童福利信息系统帮助民政部及时准确掌握全国农村留守儿童和困境儿童基础信息。2021 年，民政部印发《"十四五"民政信息化发展规划》，明确提出推进全国儿童福利管理信息系统升级完善，迭代完善未成年人保护功能，助力儿童福利与保护工作精准化。在实际实施过程中，民政部尚未对儿童福利建立可量化、可监测的儿童发展指标，对数据的掌握停留在基础层面，无法实现对儿童福利实施效果的评估。

针对基层儿童保护的相关数据，当前并无专门的机构和人员来组织实施监测和收集。2020 年 5 月，最高人民检察院联合国家监察委员会、教育部等印发了《关于建立侵害未成年人案件强制报告制度的意见（试行）》，建立了侵害未成年人案件强制报告制度，但这一制度实施时间较短，尚未形成稳定和广泛的群众基础，同时相关主体对报告后的自身安全存在担忧，导致报告意识不足。当前针对儿童身体暴力、精神暴力、性侵害、校园暴力等伤害行为发生率等相关统计监测数据主要来源于科研机构的调查数据，缺乏全国性的监测数据。

四、已开展的项目

（一）中国儿童福利示范项目

为了促进未成年人保护工作在基层的落实，2010 年，民政部、联合国儿童基金会和北京师范大学中国公益研究院三方合作，共同发起实施中国儿童福利示范项目，首次在山西省、河南省、四川省、云南省和新疆维吾尔自治区 5 省（区）12 县 120 村设立 120 名儿童福利主任。这一项目的成功实施促成其在更大范围的推广。

以儿童主任和儿童督导员为代表的基层儿童保护工作队伍建设，成为农村地区儿童保护事业发展和基础性、专业性服务供给的重要突破口。截至 2020 年底，全国已建成有 5.5 万名乡镇（街道）儿童督导员、66.7 万名村（居）儿童主任的基层儿童工作队伍（民政部，2022），基层儿童工作服务实现全覆盖。11 年间，儿童主任队伍不断发展壮大，49 万名村儿童主任成为关爱与保护农村地区儿童的主力军。

（二）"护童成长"——儿童关爱服务体系建设试点项目

"护童成长"——儿童关爱服务体系建设试点项目是由民政部与联合国儿童基金会在全国 9 县（市、区）开展的为期 3 年的试点项目。该试点项目涉及江西、山东、广西、宁夏四省（区）

的 9 个县市区，分别是江西省吉安市遂川县、萍乡市莲花县、上饶市广丰区，山东省威海市环翠区、济宁市汶上县，广西壮族自治区钦州市灵山县、南宁市隆安县、玉林市北流市，宁夏回族自治区中卫市海原县。项目结合脱贫攻坚，聚焦农村留守儿童及困境儿童监护状况改善，探索儿童关爱保护服务的内容及标准，通过完善儿童关爱保护制度、打造儿童关爱保护服务平台、提升儿童关爱保护工作队伍服务能力和专业化水平，探索制定儿童关爱保护服务的高效运转网络和机制，力争通过项目经验总结推广，推动国家相关政策完善，从而推进儿童关爱保护服务体系建设。

项目实施开始，建立了上下协调、各尽其责的工作团队。民政部儿童福利司负责业务指导、审批工作计划和资金安排，并委托中国儿童福利和收养中心设立项目管理办公室上下协调，推动项目落地。联合国儿童基金会提供资金支持和技术把关，监测评估项目成效。试点省区民政部门负责指导示范，提炼推广项目经验；试点县市区民政部门从服务模式、平台、队伍和机制 4 方面探索创新，同时制定了项目运作、资金管理等方面的工作制度。各地还成立了工作领导小组或工作专班，把项目试点纳入儿童福利工作大盘子中一体推进。

项目实施过程中，形成了多个领域、多方力量支持的工作团队。项目在国家级和省级层面，成立了由儿童福利、儿童保护、社会工作、少年司法、心理学、社会性别等多个领域专家组成的团队，制定相关工作制度，明确了调研、培训、顾问咨询、专题讨论、课题研究、政策制定等多种形式的专家参与方式，发挥专业指导作用；同时省级层面安排专家定点督导试点县市区，在把控项目目标、指导项目实施、解决难点问题等方面提出意见建议，从专业角度保障项目实施效果。

面向基层儿童关爱保护工作队伍开展分级分类的全面培训，9 个试点县市区均开展了 1 ~ 2 轮儿童督导员、儿童主任全员培训，广西隆安探索建立了以乡镇为单位、小班参与式教学模式，江西莲花、山东汶上面向参与服务的社会组织、联席会议成员骨干等进行针对性的培训。

9 个试点县市区都利用项目资金购买了社会组织的服务，形成了包括信息摸排、对象核查、精准帮扶、政策宣传、业务培训、安全和心理健康教育等方面服务内容。社会组织的广泛参与扩大了基层关爱保护服务的范围，提高了服务的精准化、个性化、专业化水平，组织指导了大批志愿者参与服务，壮大了基层儿童工作队伍力量。部分社会组织还参与协助指导、培训、管理儿童主任，一定程度上促进了儿童主任服务能力的提高。

基层儿童关爱保护服务从以落实国家救助保障政策为主，逐步向生活兜底、监护兜底并重拓展，9 个试点县市区面向农村留守儿童、困境儿童开展了信息摸排，并为特殊困难儿童提供了入户探访、个案追踪、救助帮扶等服务，组织了政策宣讲、安全和心理健康教育等活动。通过国家层面的示范培训，深入儿童之家推广亲职教育和社会心理支持体育游戏，促进监护人了解儿童、亲子关系良性发展，帮助儿童增进朋辈交流，提升儿童自我保护能力。

（三）童伴妈妈项目

针对乡村儿童因监护缺位带来的关爱与保护问题，中国乡村发展基金会于 2015 年底发起童伴妈妈项目，通过培育乡村妇女开展乡村儿童关爱保护工作，采取“一个人、一个家、一条纽带”的模式，以童伴妈妈为抓手，以童伴之家为平台，以县级横向联动机制为保障，建立村级儿童监护网络，确保儿童福利服务递送“最后一公里”畅通。截至 2022 年 3 月，项目已在 11 省 117 县 1509 村开展，惠及 77 万余名儿童。项目实施 7 年来，已经培育 1500 余名童伴妈妈，她们成为参与乡村建设的巾帼力量。

（四）“爱佑安生”——围绕儿童救助与保护项目

2016 年出台《国务院关于加强困境儿童保障工作的意见》，当年爱佑慈善基金会设立“爱佑安生”——围绕儿童救助与保护项目，旨在发挥公益机构的服务平台能力，助力政府和家庭，为困境儿童的生存发展环境的进一步改善贡献更多专业的社会力量。项目瞄准监护缺失或监护不当家庭的儿童所面临的基本生活、就医、就学等困境，以及遭受虐待、遗弃、意外伤害、不法侵害等问题，与当地民政系统及相关政府部门、专家及社工组织合作，搭建基层儿童福利服务网络，开展救助与保护工作。

项目以社区、村落为服务半径，通过在地的儿童主任深入困境儿童家庭，开展需求了解和风险评估，并针对不同风险等级的困境儿童及家庭需求，以定期家访、专业干预、组织开展儿童之家活动等不同的服务方式，及时发现并调动资源解决儿童困境、开展困境儿童心理问题干预、提升监护人的抚育意识及能力。项目以与北京大学社会学系联合设计和开发的“针对监护缺失儿童的家庭监护风险评估与服务干预模型”作为社会科学依据，定期进行困境儿童风险等级评估，通过不断降低困境儿童风险等级，系统性评价项目服务效果。

“爱佑安生”——围绕儿童救助与保护项目于 2021 年获得第十一届“中华慈善奖”。截至 2021 年 12 月底，项目累计培养儿童主任超过 200 名，每年为超过 4000 名困境儿童提供生活照料和情感陪伴。2021 年，项目为不同风险等级的困境儿童提供家访服务 15450 次。目前全国在运营儿童之家 83 所，在 2021 年开展各类活动 17920 小时，共有超过 11 万人次本村、社区儿童参与到活动中。

五、本章小结

儿童保护对儿童的健康成长具有不可替代的作用，儿童受各种身体和精神伤害会产生非常严重的负面影响，这种影响可以持续到成年，甚至一生，也对社会和职业产生因果性效应。在农村地区，儿童面临的暴力和剥削表现形式有家庭暴力、校园暴力、儿童性侵害、利用儿童乞讨、拐卖儿童等，其中留守儿童受伤害的情形更为突出。

近年来，我国儿童权利保障法制体系逐步加强，政策体系逐步完善，未成年人保护工作体制机制进一步加强。但政策的落实依然面临基层人员不足、专业技能不高，部门协调机制不顺畅、社会组织发育不足和专业人员匮乏等现实的困扰。农村儿童保护的力度亟待加强。

未来农村儿童保护需要重点从完善部门协调机制、建立完整的监测体系、培养专业队伍和人才等方面展开。

第九章

农村儿童发展投资

在全球范围内，缩小儿童发展不平等是大多数政府对儿童进行大量投入的重要目标之一。儿童发展不平等存在于不同国家和地区、种族、家庭社会经济地位、性别、城乡儿童之间，同时也表现在儿童发展的身体健康、认知和非认知、健康卫生、运动等多个领域。因此针对欠发达地区和弱势群体的儿童发展投资是改善儿童发展不平等的重要策略。本章重点分析中国在农村儿童发展各个阶段的政策演进和投入现状。

一、儿童发展投资的政策演进

（一）0 ~ 3 岁婴幼儿资金投入政策

针对我国农村 0 ~ 3 岁婴幼儿，资金投入保障制度主要是针对基本公共卫生服务领域。2003 年，国务院建立新型农村合作医疗制度，重新将农村儿童纳入基本医疗保障体系。2014 年，《关于印发扎实推进农村卫生和计划生育扶贫工作实施方案的通知》发布，积极实施农村孕产妇住院分娩补助、新生儿疾病筛查补贴等项目。在此基础上，不断推进儿童保健服务，建立从孕期开始，保障健康、营养、心理等方面和促进儿童全面发展的机制。国家基本公共服务项目中设立为 0 ~ 6 岁儿童免费健康检查和免疫接种等服务项目，为儿童提供规范、系统的健康管理服务，提高儿童健康水平。

针对 0 ~ 3 岁婴幼儿早期养育及托育，国家层面并未出台明确的资金投入政策，尚未形成体系化、制度化和专业化的保障体系。2018 年 12 月中央经济工作会议明确将“增加对学前教育、农村贫困地区儿童早期发展、职业教育等的投入”确定为 2019 年度的重点工作任务，要求加大对贫困地区儿童早期发展的投入。2019 年 5 月，《国务院办公厅关于促进 3 岁以下婴幼儿照护服务发展的指导意见》发布，要求财政部门利用现有资金和政策渠道，对婴幼儿照护服务行业发展予以支持。2021 年国家推出 3 岁以下婴幼儿照护个人所得税专项附加扣除政策，还推出支持社会力量发展普惠托育服务专项行动实施方案，明确国家通过中央预算内投资，支持和引导城市政府系统规划建设托育服务体系。

（二）学前教育资金投入政策

学前教育作为终身教育的开端，是整个教育的奠基工程，也是社会公平的起点，接受学前教育可以使儿童的学习结果更公平，改善人口在代际间的社会流动。因此国家层面高度重视农村学前教育资金投入。

2008 年颁布的《关于促进农村学前教育发展的指导意见》强调要以公办园为主，多种形式办好农村幼儿园，其他各市县也应当资助农村幼儿园的发展，设立专项资金，保证经费到位。2010 年是学前教育经费政策变迁的转折点，自 2010 年开始，涉及学前教育经费的政策文件大量发布，经费投入水平不断提高，经费投入制度也更加健全，《国家中长期教育改革和发展规划纲要（2010—2020 年）》要求政府加大投入，多种形式扩大学前教育资源。2011 年，《关于加大财政投入支持学前教育发展的通知》提出学前教育经费投入坚持“政府主导、社会参与；地方为主，中央奖补；因地制宜，突出重点；立足长远，创新机制”的原则，中央对“校舍改建类”“综合奖补类”“幼师培训类”“幼儿资助类”项目进行资金投入。《国务院关于当前发展学前教育的若干意见》规定了学前教育经费的财政预算、财政引导、民办教育的扶持与资助等内容。2017 年发布的《国家教育事业发展“十三五”规划》要求省级政府统筹学前教育资金向贫困县倾斜；2018 年发布《中共中央　国务院关于学前教育深化改革规范发展的若干意见》，提出国家进一步加大学前教育投入力度，健全经费投入长效机制，逐步提高学前教育财政投入和支持水平。2019 年，财政部、教育部印发的《支持学前教育发展资金管理办法》对学前教育发展资金制度做了新的修改：一是对学前教育经费实施动态调整；二是明确规定采取因素法的分配权重来分配资金。

（三）义务教育资金投入政策

我国自 2006 年起先后建立健全农村、城市义务教育经费保障机制，将义务教育全面纳入公共财政保障范围并逐步建立稳定增长机制。2005 年《国务院关于深化农村义务教育经费保障机制改革的通知》的发布，是我国健全义务教育转移支付体系过程中的一项重要改革举措。从 2005 年开始，农村义务教育被逐步纳入公共财政保障范围，建立起中央和地方“分项目、按比例”分担的农村义务教育经费保障机制。2006 年修订的《中华人民共和国义务教育法》对义务教育经费提出新要求，规定义务教育经费投入实行“国务院和地方各级人民政府根据职责共同负担，省、自治区、直辖市人民政府负责统筹落实”的体制。2012 年《关于切实加强义务教育经费管理的紧急通知》提出省级财政和教育部门在经费安排上重点向农村、边远、民族、贫困地区倾斜，并且对“省级统筹”中省级政府的职责做了明确规定。2015 年《国务院关于进一步完善城乡义务教育经费保障机制的通知》提出建立“城乡统一、重在农村”的义务教育经费保障机制，要求城乡义务教育建立起统一的“分项目、按比例”分担经费的保障机制，补齐农村教育发展的短板，实现义务教育的均衡化、高质量发展。2019 年《教育领域中央与地方财政事权和支出责任划分改革方案》对义务教育经费的中央和地方分担比例进行了调整，对于生均公用经费支出、家庭经济困难学生补助、校舍安全保障经费、教师工资的中央和地方分担比例，由原来东、中、西 3 类地区不同比例细分为 5 类地区 5 档比例。2021 年《中共中央 国务院关于实现巩固拓展脱贫攻坚成果同乡村振兴有效衔接的意见》要求优化教育财政支出重点，聚焦支持脱贫地区巩固拓展教育脱贫成果和乡村振兴，适当向国家乡村振兴重点帮扶县倾斜。

（四）职业教育和普通高中资金投入政策

财政投入是职业教育发展的基石。中等职业教育经费投入总量提升和投入分配合理是推动职业教育高质量发展、提高人才培养质量与适切性的重要推动力。国家出台了一系列政策保障职业教育的财政投入。2002 年颁布的《国务院关于大力推进职业教育改革与发展的决定》提出各级人民政府要加大对职业教育的经费投入，城市教育附加费安排用于职业教育的比例不低于 15%，已经普及九年义务教育的地区不低于 20%。中央政府和地方政府要增加职业教育专项经费；同时，企业要承担职工培训相关费用，一般按职工工资总额的 1.5% 提取；利用金融、税收及社会捐助等手段支持职业教育的发展；以及合理确定职业学校和职业培训学费标准，并确保职业学校实行收支两条线管理，学费不能冲抵财政拨款，任何部门不得截留或挪作他用。在此基础上初步形成了以政府财政投入为主的多渠道投入的职业教育财政政策。2005 年，《国务院关于大力发展职业教育的决定》提出，建立职业教育贫困家庭学生助学制度，在此之后，国家出台了一系列政策构建职业教育资助体系，完善职业教育生均拨款制度，用以保障职业教育的良性发展。2009 年，《关于中等职业学校农村家庭经济困难学生和涉农专业学生免学费工作的意见》提出，对公办中等职业学校全日制在校生中农村家庭经济困难学生和涉农专业学生逐步免除学费。2014 年，《财政部 教育部关于建立完善以改革和绩效为导向的生均拨款制度加快发展现代高等职业教育的意见》提出，各地建立完善的高职院校生均拨款制度。2015 年，财政部、教育部、人力资源和社会保障部发布的《关于建立完善中等职业学校生均拨款制度的指导意见》提出，到 2016 年底，各地应当建立完善中等职业学校生均拨款制度；到 2020 年，建立起与社会主义市场经济体制相适应、基本满足事业发展需要的中等职业教育多元经费投入体系，形成以政府投入为主，行业、企业及其他社会力量共同支持的经费投入长效机制。2019 年，《国务院关于印发国家职业教育改革实施方案的通知》提到新增教育经费要向职业教育倾斜；同时，要进一步完善中等职业学校生均拨款制度，各地中等职业学校生均财政拨款水平可适当高于当地普通高中；各地在继续巩固落实好高等职业教育生均财政拨款水平达到12000元的基础上，根据发展需要和财力可逐步提高拨款水平。一系列学生资助政策对促进职业教育尤其是中等职业教育发展，提升职业教育吸引力起到了重要作用。

国家对普通高中教育的重视是确保其得以快速发展的基础，而资金投入是保障其持续健康发展的物质前提。2010年,《国家中长期教育改革和发展规划纲要（2010—2020年）》指出，要加快普及高中教育，完善非义务教育培养分担机制，根据经济发展状况、培养成本和群众承受能力，调整学费标准，建立普通高中家庭经济困难学生国家资助制度。2019年,《关于新时代推进普通高中育人方式改革的指导意见》要求，各省（区、市）要不断优化普通高中经费投入机制以及教育成本分担机制，并对生均经费的拨款标准以及学费的收费标准予以调整。可见，国家财政投入向普通高中教育阶段倾斜的力度逐步扩大。

二、农村儿童发展投资的现状与分析

（一）农村儿童发展教育经费总投入情况分析

为了促进教育发展、改善教育公平，增加教育经费投入是重要的政策工具。经费投入总量提升和投入分配合理是推动儿童发展、提高人力培养质量与适切性的重要推动力。教育资金的投入主体包括政府、家庭、市场和社会等，其中以政府和家庭投入为主。对于农村儿童教育而言，主要包括农村幼儿园、农村小学、农村初中、农村高中和农村职业高中。教育投入主要分为国家财政性教育经费、民办学校举办者投入、社会捐赠收入、事业收入、其他教育经费五大类，其中事业收入包括学费。

2020年，在农村儿童教育经费投入中，由政府承担的国家财政性教育经费为16176.6亿元，约占农村儿童教育总投入的90.53%，政府是农村儿童教育经费的最主要投入主体；由家庭承担的学费为1316.7亿元，约占农村儿童教育总投入的7.37%，家庭是第二大投入主体；民办学校举办者投入91.4亿元，占比仅为0.51%，可见随着义务教育、职业教育免费等政策的推行，市场在农村儿童教育中的投入十分有限；社会捐赠资金为16.9亿元，占比最小，约占0.09%。农村儿童优质教育资源较城市而言较为稀缺，需要社会捐赠资金予以支持，但目前我国投向农村儿童教育的社会捐赠资金规模较小，在农村儿童教育中，第三次分配发挥的作用十分有限（见图9.1）。

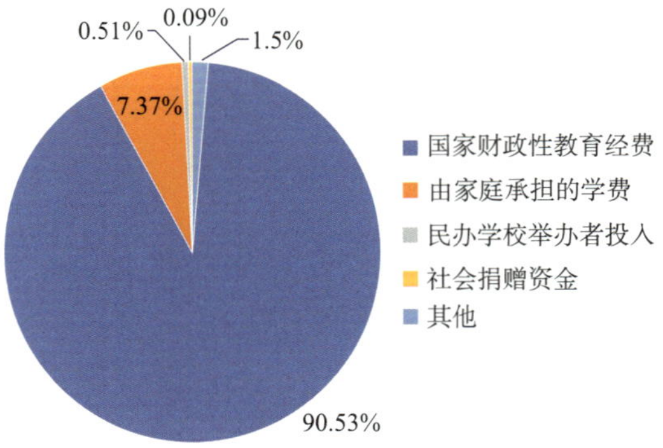

图 9.1　2020 年农村儿童教育经费投入结构

资料来源：2020年《中国教育经费统计年鉴》。

从政府投入的财政性教育经费来看，投向农村儿童的国家财政性教育经费从 2011 年的 6393 亿元一路上升到 2020 年的 16177 亿元，增长了 1.53 倍；而投向全国儿童的国家财政性教育经费也从 2011 年的 13137 亿元上升到 2020 年的 31881 亿元，增长了 1.43 倍。从增长率来看，仅 2014 年、2015 年投向农村儿童的国家财政性教育经费增长率均高于全国儿童的增长率；其余年份，农村儿童教育中的国家财政性教育经费投入增长率均低于全国儿童的增长率，且近几年二者均呈平稳增长态势（见表 9. 1）。

表 9.1　2011—2020 年我国儿童国家财政性教育经费情况

年份	全国儿童国家财政性教育经费（亿元）	农村儿童国家财政性教育经费（亿元）	全国儿童国家财政性教育经费年增长率（%）	农村儿童国家财政性教育经费年增长率（%）
2011	13137	6393	27.20	25.08
2012	16266	7876	23.82	23.20
2013	17604	8344	8.23	5.94
2014	18650	10584	5.94	26.85
2015	20949	11919	12.33	12.61
2016	22933	12838	9.47	7.71
2017	25143	13690	9.64	6.64
2018	27111	14372	7.83	4.98
2019	29452	15278	8.63	6.30
2020	31881	16177	8.25	5.88

资料来源：2011—2020 年《中国教育经费统计年鉴》。

从 2020 年生均教育经费的情况看，农村生均教育经费在所有教育阶段都低于全国生均教育经费，可见，在投入力度上，农村儿童的教育投入力度相对较小。按教育阶段划分，农村幼儿园的生均教育经费最低，为 6860 元；农村小学的生均教育经费为 11541 元；农村初中的生均教育经费最高，为 15731 元；农村高中和中等职业学校的生均教育经费也相对较高，分别为 14583 元和 14864 元（见表 9. 2）。根据人力资本投资理论，在全生命周期，投入越早，成本越低，投资回报率越高。而我国农村儿童乃至全体儿童，在幼儿园和小学阶段的教育投入相对较少，有待进一步提高。

表 9. 2　2020 年我国不同教育阶段生均教育经费情况

	幼儿园	小学	初中	高中	中等职业学校
生均教育经费（元）	9410	12330	17803	18671	17446
农村生均教育经费（元）	6860	11541	15731	14583	14864

资料来源：2020 年《中国教育经费统计年鉴》。

（二）0 ~ 3 岁婴幼儿项目资金投入现状

我国农村地区 0 ~ 3 岁婴幼儿享受国家基本公共卫生服务，主要是通过政府资金支持或购买服务的形式来开展项目，包括健康营养改善类项目和儿童早期发展试点类项目。我国儿童健康投入保障力度不断扩大，基本公共卫生服务经费由 2012 年的每人每年 25 元提高到 2022 年的每人每年 84 元，免费孕前优生健康检查、增补叶酸预防神经管缺陷、贫困地区新生儿疾病筛查等公共卫生项目持续扩点拓面，儿童健康管理和疾病防治服务覆盖率不断提升。

1. 增补叶酸预防神经管缺陷项目

国家卫生健康委员会于 2009 年启动实施免费为农村妇女在孕前 3 个月至孕早期 3 个月每次补服叶酸预防神经管缺陷项目，项目为孕早期 3 个月妇女补服叶酸，降低新生儿神经管缺陷发生率。2009—2014 年，中央财政投入了 7.9 亿元左右，为全国 5662 万农村生育妇女增补了叶酸。

2. 贫困地区新生儿疾病筛查项目

2012 年启动实施，逐步扩大覆盖范围。截至 2016 年底，中央财政累计投入资金 5.5 亿元，项目覆盖 21 个省（区、市）14 个国家集中连片特殊困难地区 354 个县（市、区），受益新生儿约 469 万例。

3. 贫困地区儿童营养改善项目

2013 年，国家开始实施贫困地区儿童营养改善项目，主要对象是农村贫困地区的 6 ~ 24 月龄婴幼儿，开展宣教、监测与评估，免费发放营养包。为 6 月龄以上婴幼儿每天提供 1 包营养包，至 24 月龄。截至 2018 年底，中央财政累计投入资金约 28 亿元，项目覆盖 21 个省（区、市）715 个国家级贫困县，受益儿童累计达 722 万人。

4. 农村儿童早期发展项目

部分社会组织、国际组织与企业基金会联合地方政府，以项目示范的方式提供服务，开展了形式多样的农村儿童早期发展项目。其中，中国发展研究基金会联合地方政府开展了“慧育中国”项目，为 6 ~ 36 个月儿童提供以家访为主的早期养育干预服务。浙江省湖畔魔豆公益基金会与地方政府、陕西师范大学教育实验经济研究所合作开展了“养育未来”项目，探索以“养育中心”为主的儿童早期发展服务模式。上述项目将县级政府、社会组织与企业基金会联合，充分发挥县级政府提供公共服务的制度优势以及社会组织、企业基金会提供资金、专业技术和项目管理等方面的优势，实现了多方的优势互补。在资金投入方面，我国农村 0 ~ 3 岁婴幼儿试点项目的资金来源多元化，以社会公益资金为主，此外还有部分中央转移支付资金和试点所在县的财政资金。

“慧育中国”项目主要由社会捐赠资金支持，其中社会企业捐赠承担着绝大部分项目成本，项目所在县级财政则负担少部分成本。实地调研中获得的数据显示，湖南省古丈县的“慧育中国”项目主要由社会资本支持，项目每年所需资金 90 余万元，其中 70 余万元来自中国发展研究基金会所募集的公司捐赠资金，20 万元来自古丈县财政拨款。在项目平均成本上，“慧育中国”项目每名婴幼儿每年约 2464 元。但项目覆盖范围有限，2020 年调研时，古丈县的“慧育中国”项目仅在试点乡镇和村推行，未来是否扩展到全县以及是否持续性地提供该服务，则取决于社会捐赠资金的多少、捐赠的可持续性以及县级政府的意愿和财政的可承受能力等因素。

“养育未来”项目则由试点县政府和企业基金会联合提供资金，其中企业基金会为浙江省湖畔魔豆公益基金会，政府出资则主要来自中央财政转移支付资金。陕西省宁陕县“养育未来”项目根据地方政府和公益组织的职责分工来承担项目成本。2018—2020 年，宁陕县政府累计投入财政资金 944 万元，该资金绝大部分来自中央财政转移支付；浙江省湖畔魔豆公益基金会累计投入资金 704 万元。政府财政投入中，前期投入占比较大的为“养育中心”场地的购买和租赁，除购买和租赁外，其余“养育中心”和养育服务点来自乡镇政府或学校、幼儿园的闲置房产。公益组织重点投入养育师薪酬、培训、差旅等人力成本费用，占其总投入的比重约为 70%。在项目平均成本上，“养育未来”项目每名婴幼儿每年约 3787 元（韩凤芹，曹蕊，李丹等，2022）（见表 9.3）。

表 9.3 农村儿童早期发展试点项目成本及分担

试点项目	服务主要模式	项目覆盖范围	资金投入	项目成本分担	项目平均成本
“慧育中国”	家访式为主	11 个项目试点县	社会资本与县级财政联合支持	社会捐赠资金承担项目主要成本，试点县财政承担少部分成本	2464 元 / 人 / 年
“养育未来”	中心式为主	4 个项目试点县	社会资本与中央财政转移支付联合支持	浙江省湖畔魔豆公益基金会和试点县共担，部分试点县申请中央财政转移支付资金	3787 元 / 人 / 年

资料来源：课题组根据实地调研材料整理。

（三）学前教育的资金投入现状

实现社会主义现代化的远景目标、乡村振兴战略的实施，以及全面实行“三孩生育政策”，均对作为基础性支撑的学前教育事业发展提出了更高要求和更大挑战，有效推进“幼有所育”、加快构建普及普惠并具有较高质量的学前教育公共服务体系是学前教育事业发展的重要战略目标。财政投入是学前教育保障机制的核心与关键。近年来，为解决农村学前教育“入园难、入园贵”的问题，政府不断扩大学前教育投入规模，补足学前教育发展短板。

近年来我国加大了对农村学前教育的投入力度，但由于城乡二元结构、历史欠账以及农村地区幼儿数量较多等客观现实，使得农村地区学前教育经费总投入依然与城市存在较大差距。由表 9.4 可知，2011—2020 年全国农村学前教育经费投入总量呈现持续增长的态势，但增长率整体呈现减小的趋势。具体而言，我国农村学前教育经费投入总量由 2011 年的 342 亿元上升到 2020 年的 1826 亿元，增长了 4.3 倍；在增长率上，我国农村学前教育经费投入年增长率在 2012—2014 年先减少后增加，2014 年后整体呈现降低的趋势。与全国的投入增长率相比，农村的增长率仅在 2012 年、2014 年、2015 年和 2020 年占优势，其余年份全国增长率均高于农村增长率，与此相对应，城市学前教育经费投入总量的增长率在 2013 年、2016 年、2017 年、2018 年、2019 年高于农村。

表 9.4　　2011—2020 年我国学前教育经费投入的变化情况

年份	农村学前教育经费投入总量（亿元）	全国学前教育经费投入总量（亿元）	城市学前教育经费投入总量（亿元）	农村学前教育经费年增长率（%）	全国学前教育经费年增长率（%）	城市学前教育经费年增长率（%）
2011	342	1018	676	—	—	—
2012	574	1504	930	67.8	47.7	37.6
2013	667	1758	1091	16.2	16.9	17.3
2014	903	2048	1145	35.4	16.5	4.9
2015	1123	2426	1303	24.4	18.5	13.8
2016	1277	2803	1526	13.7	15.5	17.1
2017	1465	3256	1791	14.7	16.2	17.4
2018	1599	3672	2073	9.1	12.8	15.7
2019	1756	4104	2348	9.8	11.8	13.3
2020	1826	4204	2378	4.0	2.4	1.3

资料来源：2011—2020 年《中国教育经费统计年鉴》。

2020 年，我国学前教育国家财政性教育经费共计 2533 亿元，其中投向农村 1165 亿元，占比 46%。在农村学前教育总经费中，国家财政性教育经费占比也不断提高，由 2011 年的 41.23% 提高到 2020 年的 63.8%，且高于整个学前教育国家财政性教育经费占比（见图 9. 2）。可见，政府在农村学前教育中所承担的财政支出责任越来越大。

图 9.2　2011—2020 年农村学前教育国家财政性教育经费投入及比例

资料来源：2011—2020年《中国教育经费统计年鉴》。

农村地区学前教育经费的投入存在区域间和区域内的差异，发展不平衡问题一直存在。由于历史和制度的原因，我国农村学前教育经费投入存在较大的区域差异。2020 年我国农村学前教育生均一般公共预算教育经费为 6860.06 元，其中农村学前教育生均一般公共预算教育经费最靠前的是北京、上海，均在 3 万元以上，甘肃、青海、新疆、贵州、福建、四川、重庆、安徽、河北、云南、湖北、山西、湖南、山东、广东、河南、辽宁、广西等不足 1 万元，最高的北京是最低的广西的 12.6 倍（见表 9.5）。

表 9.5　2020 年全国各省（区、市）学前教育生均一般公共预算教育经费情况

省（区、市）	全国学前教育生均一般公共预算教育经费（元）	农村学前教育生均一般公共预算教育经费（元）	农村学前教育生均一般公共预算教育经费与全国学前教育生均一般公共预算教育经费之比（%）
全国平均	9410.76	6860.06	72.90
北京	37064.98	40094.51	108.17
天津	22022.16	11878.75	53.94
河北	7188.32	6184.70	86.04
山西	5272.27	4556.92	86.43
内蒙古	14454.40	13799.46	95.47
辽宁	5777.09	3378.29	58.48
吉林	13088.94	11842.67	90.48
黑龙江	10597.38	10356.67	97.73
上海	30920.03	30009.21	97.05
江苏	10009.91	7112.77	71.06
浙江	15509.06	14983.26	96.61
安徽	7562.80	6499.89	85.95
福建	8865.77	7161.37	80.78
江西	10280.96	9197.50	89.46
山东	5411.33	4312.38	79.69
河南	4459.81	3446.09	77.27
湖北	7083.86	4720.97	66.64
湖南	5170.46	4394.04	84.98

续表

省（区、市）	全国学前教育生均一般公共预算教育经费（元）	农村学前教育生均一般公共预算教育经费（元）	农村学前教育生均一般公共预算教育经费与全国学前教育生均一般公共预算教育经费之比（%）
广东	9512.77	3587.56	37.71
广西	4204.28	3173.81	75.49
海南	18665.82	16868.22	90.37
重庆	8326.28	6513.03	78.22
四川	8892.72	6635.48	74.62
贵州	9101.35	7714.16	84.76
云南	7344.95	5562.60	75.73
西藏	25298.33	19834.54	78.40
陕西	12805.97	11040.28	86.21
甘肃	9658.65	8824.93	91.37
青海	8413.59	8102.33	96.30
宁夏	10965.39	7112.26	64.86
新疆	9069.84	8081.42	89.10

资料来源：2020 年《中国教育经费统计年鉴》。

（四）义务教育的资金投入现状

农村义务教育经费保障机制改革主要包括 4 项内容：全面免除农村义务教育阶段学生学杂费，对家庭经济困难学生免费提供教科书并补助寄宿生生活费；提高农村义务教育阶段中小学公用经费保障水平；建立农村义务教育阶段中小学校舍维修改造长效机制；巩固和完善农村中小学教师工资保障机制。2006 年新机制率先在西部农村地区实施，2007 年在全国农村地区全面实施，免除所有农村义务教育阶段学生学杂费和教科书费，同时，进一步完善农村义务教育经费保障机制相关政策，提高了农村义务教育阶段学校公用经费保障水平和家庭经济困难寄宿生生活费补助标准。

我国建立了覆盖城乡的义务教育经费保障机制，义务教育财政体制经历了从“多元筹资”到“以县为主”再到“经费省级统筹，管理以县为主”的转变，促进义务教育优质均衡发展。

1. 义务教育总经费投入现状

2011—2020 年全国农村义务教育经费投入总量呈现持续增长的态势，但增速放缓，且投入总量与全国义务教育经费投入差距逐渐扩大。具体而言，在投入量上，我国农村义务教育经费投入总量由 2011 年的 6085 亿元增长到 2020 年的 13386 亿元，增长了 1.2 倍左右。与全国义务教育经费投入总量相比，绝对差距由 2011 年的 4093 亿元增加到 2020 年的 10721 亿元，差距逐渐扩大。在增长率上，我国农村义务教育经费投入年增长率最高为 2011 年，达到 21.29%，增长率最低的年份是 2020 年，仅有 4.37%。同时与全国增长率相比，农村的增长率仅在 2012 年、2014 年和 2015 年略高于全国增长率，其余年份全国增长率均高于农村增长率（见表 9. 6）。

表 9.6　　2011—2020 年我国义务教育经费投入对比

年份	全国义务教育经费投入总量（亿元）	农村义务教育经费投入总量（亿元）	义务教育经费投入全国与农村的差值（亿元）	全国义务教育经费年增长率（%）	农村义务教育经费年增长率（%）
2011	10178	6085	4093	22.63	21.29
2012	12210	7310	4900	19.96	20.13
2013	13107	7712	5395	7.35	5.50
2014	14141	8947	5194	7.89	16.01
2015	15916	10075	5841	12.55	12.61
2016	17468	10844	6624	9.75	7.63
2017	19207	11528	7679	9.96	6.31
2018	20710	12059	8651	7.83	4.61
2019	22614	12825	9789	9.19	6.35
2020	24107	13386	10721	6.60	4.37

资料来源：2011—2020 年《中国教育经费统计年鉴》。

2011—2020 年农村义务教育国家财政性教育经费投入呈现持续增长的态势，占义务教育总经费的比重均在 95% 以上，增长率整体呈现缩小趋势，且与全国义务教育国家财政性教育经费投入差距逐渐扩大。我国农村义务教育国家财政性教育经费投入由 2011 年的 5956 亿元增加到 2020 年的 12777 亿元，增长了 1.1 倍左右。与全国义务教育国家财政性教育经费投入总量相比，绝对差距由 2011 年的 3705 亿元增加到 2020 年的 9467 亿元，差距逐渐扩大。在增长率上，我国农村义务教育国家财政性教育经费投入增长率呈现下降趋势，由 2011 年的 21.95% 下降到 2020 年的 4.20%，且与全国义务教育国家财政性教育经费增长率相比，农村增长率仅在 2014 年和 2015 年高于全国，其余年份全国增长率均高于农村（见表 9.7）。

表 9.7　　2011—2020 年义务教育国家财政性教育经费对比

年份	全国义务教育国家财政性教育经费（亿元）	农村义务教育国家财政性教育经费（亿元）	义务教育国家财政性教育经费全国与农村的差值（亿元）	全国义务教育国家财政性教育经费年增长率（%）	农村义务教育国家财政性教育经费年增长率（%）
2011	9661	5956	3705	23.94	21.95
2012	11641	7164	4477	20.49	20.28
2013	12524	7552	4972	7.59	5.42
2014	13450	8702	4748	7.39	15.23
2015	15033	9746	5287	11.77	12.00
2016	16449	10470	5979	9.42	7.43
2017	17981	11083	6898	9.31	5.85
2018	19280	11576	7704	7.22	4.45
2019	20933	12262	8671	8.57	5.93
2020	22244	12777	9467	6.26	4.20

资料来源：2011—2020 年《中国教育经费统计年鉴》。

2. 义务教育生均经费投入现状

2011—2020年，全国及农村小学、初中一般公共预算生均事业费支出总体呈现稳步增长的态势，但农村小学、初中一般公共预算生均事业费支出仍低于全国水平，且增长率大幅下降。具体而言，农村小学的一般公共预算生均事业费支出由2011年的4764.65元增加到2020年的11178.71元，增长率由2011年的25.29%下降到2020年的4.66%；农村初中的一般公共预算生均事业费支出由2011年的6207.1元增加到2020年的15112.1元，增长率由2011年的26.77%下降到2020年的3.92%（见表9.8）。这表明农村小学、初中一般公共预算生均事业费相对不足。

表9.8 2011—2020年全国城乡小学和初中生均事业费支出对比

年份	小学一般公共预算生均事业费支出				初中一般公共预算生均事业费支出			
	全国（元）	农村（元）	全国增长率（%）	农村增长率（%）	全国（元）	农村（元）	全国增长率（%）	农村增长率（%）
2011	4966.04	4764.65	23.76	25.29	7906.61	6207.10	25.47	26.77
2012	6128.99	6017.58	23.42	26.30	8137.00	7906.61	2.91	27.38
2013	6901.77	6854.96	12.61	13.92	9258.37	9195.77	13.78	16.30
2014	7681.02	7403.91	11.29	8.01	10359.33	9711.80	11.89	5.61
2015	8838.44	8576.75	15.07	15.84	12105.08	11348.79	16.85	16.86
2016	9557.89	9246.00	8.14	7.80	13415.99	12477.35	10.83	9.94
2017	10199.12	9768.57	6.71	5.65	14641.15	13447.08	9.13	7.77
2018	10566.29	10102.94	3.60	3.42	15199.11	13912.37	3.81	3.46
2019	11197.33	10681.34	5.97	5.73	16009.43	14542.23	5.33	4.53
2020	11654.53	11178.71	4.08	4.66	16633.35	15112.10	3.90	3.92

资料来源：2011—2020年《中国教育经费统计年鉴》。

2011—2020年，全国及农村小学、初中一般公共预算生均公用经费支出总体呈现稳步增长的态势，但农村小学、初中一般公共预算生均公用经费支出仍低于全国水平，且增长率大幅下降。具体而言，农村小学一般公共预算生均公用经费支出由2011年的1282.91元增加到2020年的2586.72元，增长率由2011年的48.82%下降到2020年的1.49%；农村初中一般公共预算生均公用经费支出由2011年的1956.66元增加到2020年的3633.56元，增长率由2011年的45.11%下降到2020年的3.40%（见表9.9）。这表明农村小学、初中一般公共预算生均公用经费相对不足。

表9.9 2011—2020年全国义务教育一般公共预算生均公用经费支出对比

年份	小学一般公共预算生均公用经费支出				初中一般公共预算生均公用经费支出			
	全国（元）	农村（元）	全国增长率（%）	农村增长率（%）	全国（元）	农村（元）	全国增长率（%）	农村增长率（%）
2011	1366.41	1282.91	46.94	48.82	2044.93	1956.66	44.59	45.11
2012	1829.14	1743.41	33.86	35.89	2691.76	2602.13	31.63	32.99
2013	2068.47	1973.53	13.08	13.20	2983.75	2968.37	10.85	14.07

续表

年份	小学一般公共预算生均公用经费支出				初中一般公共预算生均公用经费支出			
	全国（元）	农村（元）	全国增长率（%）	农村增长率（%）	全国（元）	农村（元）	全国增长率（%）	农村增长率（%）
2014	2241.83	2102.09	8.38	6.51	3120.81	2915.31	4.59	1.79
2015	2434.26	2245.30	8.58	6.81	3361.11	3093.82	7.70	6.12
2016	2610.80	2402.18	7.25	6.99	3562.05	3257.19	5.98	5.28
2017	2732.07	2495.84	4.64	3.90	3792.53	3406.72	6.47	4.59
2018	2794.58	2545.54	2.29	1.99	3907.82	3460.77	3.04	1.59
2019	2843.79	2548.73	1.76	0.13	4012.45	3513.97	2.68	1.54
2020	2873.43	2586.72	1.04	1.49	4183.59	3633.56	4.27	3.40

资料来源：2011—2020 年《中国教育经费统计年鉴》。

从生均教育经费看，2020 年我国各省（区、市）间农村义务教育一般公共预算生均教育经费存在一定差距。全国农村小学一般公共预算生均教育经费为 11541.34 元，农村初中一般公共预算生均教育经费为 15731.01 元。分省（区、市）来看，农村小学和农村初中一般公共预算生均教育经费最高的均是北京，其中农村小学一般公共预算生均教育经费 51749.40 元，农村初中一般公共预算生均教育经费 97982.30 元。一般公共预算生均教育经费最少的为河南，其中农村小学一般公共预算生均教育经费 7476.57 元，农村初中一般公共预算生均教育经费为 10734.77 元；北京农村小学一般公共预算生均教育经费是河南的 6.92 倍，北京农村初中一般公共预算生均教育经费是河南的 9.13 倍，省际差距较大。从城乡对比看，农村小学一般公共预算生均教育经费高于普通小学一般公共预算生均教育经费的有北京、河北、山西、内蒙古、辽宁等 15 个省（区、市），在这 15 个省（区、市），财政对农村小学的生均支持力度高于城市，此外天津、上海、安徽等 14 个省（区、市）农村小学一般公共预算生均教育经费占城乡全部一般公共预算生均教育经费的 90% 以上，城乡差距不大；江苏和广东的比重较低，其中广东最低，广东农村小学一般公共预算生均教育经费是城乡全部生均义务教育经费的 77.19%，农村初中一般公共预算生均教育经费高于普通初中一般公共预算生均教育经费的省（区、市）有北京、内蒙古、吉林、黑龙江、海南和甘肃，在这 6 个省（区、市），财政对农村初中的生均支持力度高于城市；此外，重庆、江西、上海等 21 个省（区、市）农村初中一般公共预算生均教育经费占城乡全部初中生均教育经费的 90% 以上，城乡差距不大；天津、江苏、广东和西藏的比重较低，其中广东最低，广东农村初中一般公共预算生均教育经费是城乡全部初中一般公共预算生均教育经费的 75.31%，可见，广东的义务教育在城乡投入力度上有所不同，农村义务教育财政投入力度较小（见表 9.10）。

表 9.10　　2020 年全国各省（区、市）义务教育一般公共预算生均教育经费对比

省（区、市）	普通小学一般公共预算生均教育经费（元）	农村小学一般公共预算生均教育经费（元）	普通初中一般公共预算生均教育经费（元）	农村初中一般公共预算生均教育经费（元）	农村小学一般公共预算生均教育经费与普通小学一般公共预算生均教育经费之比（%）	农村初中一般公共预算生均教育经费与普通初中一般公共预算生均教育经费之比（%）
全国	12330.58	11541.34	17803.60	15731.01	93.60	88.36
北京	35475.08	51749.40	62729.46	97982.30	145.88	156.20
天津	18831.02	18307.01	30806.65	24835.54	97.22	80.62
河北	9769.69	9786.12	13806.52	12834.46	100.17	92.96
山西	11382.23	12813.01	16600.15	16226.54	112.57	97.75
内蒙古	15208.50	17803.07	19239.92	20322.68	117.06	105.63
辽宁	12229.89	15433.10	17686.43	17421.60	126.19	98.50
吉林	15440.03	18435.02	19807.56	21467.74	119.40	108.38
黑龙江	15446.62	19350.67	17572.45	18953.58	125.27	107.86
上海	30741.79	28169.19	44970.99	40520.95	91.63	90.10
江苏	15257.91	13055.38	25071.46	21463.31	85.56	85.61
浙江	18715.85	19217.04	27258.20	26980.02	102.68	98.98
安徽	11428.19	10912.01	17415.92	16571.11	95.48	95.15
福建	11227.52	11080.48	18390.48	17936.64	98.69	97.53
江西	10970.34	11118.21	14196.33	13718.91	101.35	96.64
山东	10838.61	10275.50	17833.11	16804.04	94.80	94.23
河南	7665.87	7476.57	11575.54	10734.77	97.53	92.74
湖北	11433.93	10857.79	18555.68	17157.07	94.96	92.46
湖南	9807.34	9507.64	14626.14	13905.39	96.94	95.07
广东	14654.73	11311.36	21708.59	16347.89	77.19	75.31
广西	8886.27	8867.57	11597.45	10803.40	99.79	93.15
海南	13159.59	14583.07	18760.32	19241.80	110.82	102.57
重庆	13312.21	14261.45	17612.28	16431.69	107.13	93.30
四川	11587.23	11732.86	15483.34	14627.87	101.26	94.47
贵州	11230.24	11093.37	14394.85	13711.03	98.78	95.25
云南	12003.17	11859.53	15081.79	14169.26	98.80	93.95
西藏	30080.91	29177.29	35390.99	30967.11	97.00	87.50
陕西	13233.29	13470.28	19828.57	18532.93	101.79	93.47
甘肃	12696.24	13551.01	15810.99	16063.22	106.73	101.60
青海	15646.86	16016.62	19603.16	19376.27	102.36	98.84
宁夏	12578.20	12252.28	16563.20	15297.22	97.41	92.36
新疆	13259.28	13069.76	21540.37	20071.22	98.57	93.18

资料来源：2020 年《中国教育经费统计年鉴》。

（五）职业教育的资金投入现状

1. 职业教育总经费投入现状

2011—2020 年全国农村职业高中教育经费投入总量呈现持续增长的态势，由 2011 年的 73 亿元跨越式增长到 2020 年的 456 亿元，增长了 5.25 倍。在增长率上，我国农村职业高中教育经

费投入年增长率在2011—2013年先增加后减少，2014年达到增长率最高，为257.78%，2015—2019年整体呈现下降趋势，2020年有所上升，为16.33%。同时与全国增长率相比，农村职业高中教育经费年增长率仅在2012年、2014年、2015年、2018年和2020年高于全国职业高中教育经费投入增长率，其余年份全国增长率均高于农村（见表9. 11）。

表9. 11 2011—2020年我国职业教育经费对比

年份	全国中等职业教育经费投入总量（亿元）	全国职业高中教育经费投入总量（亿元）	农村职业高中教育经费投入总量（亿元）	全国中等职业教育经费年增长率（%）	全国职业高中教育经费年增长率（%）	农村职业高中教育经费年增长率（%）
2011	1638	618	73	20.71	21.41	15.87
2012	1909	724	94	16.54	17.15	28.77
2013	1998	733	90	4.66	1.24	−4.26
2014	1906	709	322	−4.60	−3.27	257.78
2015	2138	762	347	12.17	7.48	7.76
2016	2223	801	359	3.98	5.12	3.46
2017	2320	830	366	4.36	3.62	1.95
2018	2464	869	386	6.21	4.70	5.46
2019	2611	915	392	5.97	5.29	1.55
2020	2869	1031	456	9.88	12.68	16.33

资料来源：2011—2020年《中国教育经费统计年鉴》。

2011—2020年农村职业高中国家财政性教育经费投入稳定增长，是农村职业高中教育经费的最主要组成部分。2020年，农村职业高中国家财政性教育经费为427亿元，占农村职业高中教育经费的93.64%，占全国职业高中国家财政性教育经费的45.19%。在增长率上，除2014年外，我国农村职业高中国家财政性教育经费投入增长率整体呈现下降趋势，由2011年的23.40%下降到2020年的17.96%，且与全国职业高中国家财政性教育经费增长率相比，农村增长率在2012年、2014年、2015年、2018年和2020年高于全国增长率，其余年份全国增长率均高于农村（见表9. 12）。

表9. 12 2011—2020年我国职业教育国家财政性教育经费对比

年份	全国中等职业教育国家财政性教育经费（亿元）	全国职业高中国家财政性教育经费（亿元）	农村职业高中国家财政性教育经费（亿元）	全国中等职业教育国家财政性教育经费年增长率（%）	全国职业高中国家财政性教育经费年增长率（%）	农村职业高中国家财政性教育经费年增长率（%）
2011	1259	506	58	30.06	29.08	23.40
2012	1560	627	80	23.91	23.91	37.93
2013	1719	666	81	10.19	6.22	1.25
2014	1647	644	295	−4.19	−3.30	264.20
2015	1860	688	319	12.93	6.83	8.14

续表

年份	全国中等职业教育国家财政性教育经费（亿元）	全国职业高中国家财政性教育经费（亿元）	农村职业高中国家财政性教育经费（亿元）	全国中等职业教育国家财政性教育经费年增长率（%）	全国职业高中国家财政性教育经费年增长率（%）	农村职业高中国家财政性教育经费年增长率（%）
2016	1949	731	332	4.78	6.25	4.08
2017	2039	758	336	4.62	3.69	1.20
2018	2166	787	355	6.23	3.83	5.65
2019	2302	833	362	6.28	5.84	1.97
2020	2547	945	427	10.64	13.45	17.96

资料来源：2011—2020年《中国教育经费统计年鉴》。

2. 职业教育生均经费投入现状

2011—2020年，地方农村职业高中生均教育经费稳步增长，但与城市职业高中生均教育经费还存在一定差距。2011—2020年地方农村职业高中生均教育经费由7680.80元增加到20773.09元，增长了1.7倍。与地方职业高中生均教育经费相比，地方农村职业高中生均教育经费支出绝对差距2011—2019年逐年增加，2020年差距有所缩小，但与城市还存在一定差距。而且，地方农村职业高中生均教育经费所占地方职业高中生均教育经费的比例呈现增加趋势，表明国家对地方农村职业高中的投入有所增加。从增长率来看，2011—2020年地方农村职业高中生均教育经费增长率由21.77%下降到15.91%（见表9. 13）。

表9. 13　2011—2020年地方职业高中与地方农村职业高中生均教育经费对比

年份	地方职业高中生均教育经费（元）	地方农村职业高中生均教育经费（元）	地方职业高中生均教育经费增长率（%）	地方农村职业高中生均教育经费增长率（%）
2011	9659.73	7680.80	21.37	21.77
2012	11787.34	9999.33	22.03	30.19
2013	13299.84	10791.75	12.83	7.92
2014	14084.42	11260.04	5.90	4.34
2015	16266.62	13264.63	15.49	17.80
2016	17984.58	14816.39	10.56	11.70
2017	—	15689.13	—	5.89
2018	20550.31	17318.83	—	10.39
2019	22038.20	17921.93	7.24	3.48
2020	24272.53	20773.09	10.14	15.91

资料来源：2011—2020年《中国教育经费统计年鉴》。

2011—2020年地方农村职业高中生均公共财政预算事业费支出和生均公用经费支出保持稳定增长，投入不断加大，但增长率整体呈现下降趋势。具体而言，地方农村职业高中生均公共财政预算事业费支出由 2011 年的 4697.71 元增加到 2020 年的 14605.28 元，增长率由 2011 年的 30.85% 下降到 2020 年的 3.03%，下降 27.82 个百分点。地方农村职业高中生均公用经费支出由 2011 年的 1594.29 元增加到 2020 年的 5197.77 元，增长率由 2011 年的 74.86% 下降到 2020 年的 2.95%，下降 71.91 个百分点，增速大幅下降（见表 9. 14）。

表 9. 14　2011—2020 年地方职业高中和地方农村职业高中生均公共财政预算事业费支出和生均公用经费支出对比

年份	生均公共财政预算事业费支出				生均公用经费支出			
	地方职业高中（元）	地方农村职业高中（元）	地方职业高中增长率（%）	地方农村职业高中增长率（%）	地方职业高中（元）	地方农村职业高中（元）	地方职业高中增长率（%）	地方农村职业高中增长率（%）
2011	5999.63	4697.71	23.19	30.85	2086.85	1594.29	37.70	74.86
2012	7562.77	6554.61	26.05	39.53	3027.96	2793.58	45.10	75.22
2013	8855.84	7160.12	17.10	9.24	3660.82	2997.61	20.90	7.30
2014	9345.69	8099.06	5.53	13.11	3637.92	3438.45	−0.63	14.71
2015	11580.10	10133.72	23.91	25.12	4345.06	4083.27	19.44	18.75
2016	13245.70	11336.25	14.38	11.87	4906.04	4318.33	12.91	5.76
2017	14479.10	12273.19	9.31	8.26	5106.67	4460.08	4.09	3.28
2018	15297.40	13241.74	5.65	7.89	5282.82	4767.66	3.45	6.90
2019	16627.00	14175.31	8.69	7.05	5546.09	5048.76	4.98	5.90
2020	16978.60	14605.28	2.11	3.03	5597.63	5197.77	0.93	2.95

资料来源：2011—2020 年《中国教育经费统计年鉴》。

（六）高中教育的资金投入现状

普通高中是联系义务教育和高等教育的重要纽带，其巩固了义务教育的成果，为高等教育提供坚实的基础。从普通高中经费投入情况看，普通高中教育经费总投入从 2011 年的 2494.36 亿元到 2020 年的 5555.30 亿元，增长了 1.23 倍。农村普通高中经费投入从 2011 年的 335.02 亿元到 2020 年的 2200.17 亿元，增长了 5.6 倍。同时农村普通高中经费投入占总投入的比例呈现增长趋势，表明农村普通高中经费投入总量与城市普通高中经费投入差距不断缩小。从年增长率来看，除 2014 年外，农村普通高中经费投入 2011—2020 年增速整体呈现下降趋势（见表 9. 15）。

表 9. 15　2011—2020 年普通高中经费与农村普通高中经费投入对比

年份	普通高中经费总投入（亿元）	农村普通高中经费投入（亿元）	普通高中教育经费年增长率（%）	农村普通高中经费年增长率（%）	农村普通高中经费投入占总投入比例（%）
2011	2494.36	335.02	24.51	18.46	13.43
2012	2995.94	415.29	20.11	23.96	13.86
2013	3226.27	465.24	7.69	12.03	14.42

续表

年份	普通高中经费总投入（亿元）	农村普通高中经费投入（亿元）	普通高中教育经费年增长率（%）	农村普通高中经费年增长率（%）	农村普通高中经费投入占总投入比例（%）
2014	3358.54	1427.11	4.10	206.75	42.49
2015	3628.33	1556.56	8.03	9.07	42.90
2016	3932.31	1651.03	8.38	6.07	41.99
2017	4317.75	1771.14	9.80	7.27	41.02
2018	4724.65	1899.37	9.42	7.24	40.20
2019	5110.80	2035.96	8.17	7.19	39.84
2020	5555.30	2200.17	8.70	8.07	39.60

资料来源：2011—2020 年《中国教育经费统计年鉴》。

从农村教育经费投入结构来看，国家财政性教育经费一直是普通高中教育经费的主要来源，2011—2020 年，农村普通高中国家财政性教育经费由 237.88 亿元增加到 1807.73 亿元。2020 年，农村普通高中国家财政性教育经费占农村普通高中教育经费的 82.16%。2020 年民办学校中举办者投入为 21.74 亿元，占农村普通高中教育经费的 0.99%。2020 年，农村普通高中捐赠收入为 4.52 亿元，占农村普通高中教育经费的 0.21%。2020 年，农村普通高中事业收入为 345.94 亿元，占农村普通高中教育经费的 15.72%。2020 年，农村普通高中其他教育经费为 20.24 亿元，占农村普通高中教育经费的 0.92%（见表 9. 16）。从农村普通高中教育经费投入结构可以看出，政府高度重视普通高中教育阶段，政府投入是普通高中阶段教育经费的主要来源，对促进普通高中教育的发展起到了较好的推动作用。

表 9. 16　　2011—2020 年农村普通高中教育经费投入结构

年份	农村普通高中国家财政性教育经费（亿元）	农村普通高中民办学校中举办者投入（亿元）	农村普通高中捐赠收入（亿元）	农村普通高中事业收入（亿元）	农村普通高中其他教育经费（亿元）
2011	237.88	1.13	3.66	86.84	5.51
2012	317.78	1.36	2.55	88.27	5.34
2013	355.41	6.87	2.15	94.43	6.37
2014	1125.80	6.45	4.22	277.88	12.75
2015	1260.08	8.43	4.23	263.37	20.44
2016	1356.08	6.59	3.52	261.11	23.73
2017	1471.49	9.74	3.82	264.84	21.25
2018	1566.86	20.19	3.72	280.70	27.90
2019	1679.50	21.08	3.50	310.72	21.16
2020	1807.73	21.74	4.52	345.94	20.24

资料来源：2011—2020 年《中国教育经费统计年鉴》。

从农村普通高中教育经费的支出结构来看，2020 年，农村普通高中教育经费支出 2173.1 亿元，其中教师的工资、福利和补助支出共 1386 亿元，占比 63.78%；学校的公用部分和基础建设支出 704.5 亿元，占比 32.42%；学生领取助学金 82.6 亿元，占比 3.8%。

从教育资助看，我国普通高中教育建立了以国家助学金、建档立卡等家庭经济困难学生免学杂费为主，地方政府资助和学校、社会资助为补充的资助政策体系。2020 年普通高中资助总金额 168.89 亿元，其中财政投入 159.35 亿元，占普通高中教育资助总金额的 94.35%，资助普通高中教育学生 1046.37 万人次（全国学生资助管理中心，2020）。

对比农村地区职业高中经费和普通高中国家财政性教育经费投入，可以看出 2011—2020 年，农村地区普通高中国家财政性教育经费投入明显高于职业高中国家财政性教育经费投入，普通高中和职业高中国家财政性教育经费占比分别约为 85% 和 15%，二者之间的差距始终较大（见表 9. 17）。可见，虽然国家高度重视农村职业教育的发展，但是在财政投入上与普通高中相比还是存在很大的差距，不能满足我国加快发展中等职业教育的需求。

表 9. 17　2011—2020 年农村地区职业高中和普通高中国家财政性教育经费投入情况

	农村地区职业高中		农村地区普通高中	
	国家财政性教育经费投入（亿元）	占高中阶段比例（%）	国家财政性教育经费投入（亿元）	占高中阶段比例（%）
2011	58	14.76	335.02	85.24
2012	80	16.15	415.29	83.85
2013	81	14.83	465.24	85.17
2014	295	17.13	1427.11	82.87
2015	319	17.01	1556.56	82.99
2016	332	16.74	1651.03	83.26
2017	336	15.95	1771.14	84.05
2018	355	15.75	1899.37	84.25
2019	362	15.10	2035.96	84.90
2020	427	16.25	2200.17	83.75

资料来源：2011—2020 年《中国教育经费统计年鉴》。

从生均教育经费看，2020 年我国各省（区、市）间农村普通高中教育生均教育经费存在一定差距。全国农村普通高中生均教育经费为 14583.00 元。分省（区、市）来看，农村普通高中生均教育经费最高的是北京，为 91134.55 元，最低的是广西，为 9075.23 元；北京农村普通高中生均教育经费是广西的 10.04 倍，差距较大。从城乡对比看，农村普通高中生均教育经费高于普通高中生均教育经费的有北京、吉林和海南。在这 3 个省（市），财政对农村普通高中的生均支持力度高于城市。北京、内蒙古、吉林、黑龙江、浙江、福建、江西、海南和甘肃 9 个省

（区、市）农村普通高中生均教育经费占高中生均教育经费的 90% 以上，城乡差距不大；天津、辽宁、上海、江苏、山东、湖北、广东、重庆和西藏的比重较低，其中广东最低，广东农村普通高中生均教育经费是高中生均教育经费的 64.45%，可见，广东的高中教育在城乡投入力度上有所不同，农村普通高中教育财政投入力度较小（见表 9. 18）。

表 9. 18　2020 年全国各省（区、市）城乡高中生均教育经费

省（区、市）	普通高中生均教育经费（元）	农村普通高中生均教育经费（元）	农村普通高中生均教育经费占普通高中生均教育经费比例（%）
全国	18671.83	14583.00	78.10
北京	76460.76	91134.55	119.19
天津	31045.20	23779.81	76.60
河北	16258.17	14464.98	88.97
山西	17212.75	15460.90	89.82
内蒙古	22050.06	21875.68	99.21
辽宁	16340.59	12322.34	75.41
吉林	15236.55	16907.85	110.97
黑龙江	13776.92	12638.99	91.74
上海	58426.50	41750.96	71.46
江苏	30964.71	23909.13	77.21
浙江	33188.97	30302.18	91.30
安徽	15241.26	13501.93	88.59
福建	18833.65	17001.33	90.27
江西	14943.20	13577.99	90.86
山东	18285.33	14524.46	79.43
河南	12359.99	10063.44	81.42
湖北	19079.30	14843.87	77.80
湖南	15577.70	13070.34	83.90
广东	23769.10	15319.32	64.45
广西	11217.17	9075.23	80.90
海南	20219.28	21363.78	105.66
重庆	16159.83	12583.19	77.87
四川	14100.12	12169.09	86.30
贵州	14346.09	12023.34	83.81
云南	18449.37	15488.45	83.95
西藏	42357.22	28296.84	66.81
陕西	19495.28	17023.70	87.32
甘肃	15957.36	14732.76	92.33

续表

省（区、市）	普通高中生均教育经费（元）	农村普通高中生均教育经费（元）	农村普通高中生均教育经费占普通高中生均教育经费比例（%）
青海	21719.00	18680.63	86.01
宁夏	16757.76	14043.04	83.80
新疆	19133.31	15989.37	83.57

资料来源：2020 年《中国教育经费统计年鉴》。

三、本章小结

为了确保农村儿童的全面发展，中国在农村地区针对不同的儿童发展阶段和需求构建了完整的投资体制和财政分担机制，形成了以政府投入为主，家庭和社会投入为辅的筹资体系。各级政府的大规模投入是农村儿童获得教育和健康服务的主要保障。

首先，农村儿童发展投资的主要问题是儿童早期发展投入严重不足，特别是 0 ~ 3 岁婴幼儿发展关键 1000 天还缺乏全国性的投入体制和政策，主要的投入都是通过小规模的试点项目，从而导致农村儿童早期养育和保护方面出现诸多问题，严重影响儿童身体、智力、心理等方面的健康发展。其次，儿童发展投资方面依然存在较大的城乡差距，投入总量和生均投入方面农村远远低于城市，像广东这样的发达地区城乡差距反而更大，从而导致农村教育和健康服务质量远低于城市，离城乡基本公共服务均等化还有相当大的差距。最后，儿童发展投资区域差距巨大，发达地区的投入水平比欠发达地区高数倍，从而影响区域均衡发展目标的实现。

人力资本是决定国家未来经济社会发展的关键因素，从人力资本投资角度看，投入越早，成本越低，回报越高。儿童发展程度越低的区域投资回报的潜力越大。未来政策取向应该进一步强化农村儿童早期发展的专项投入，通过转移支付和东西部协作等方式不断缩小儿童发展投资方面的区域差距。在区域内部，省级统筹资金分配时需要进一步向农村地区倾斜，县级政府严格按照城乡融合发展的要求将资金优先投向乡村两级，确保城乡基本公共服务均等化目标的实现。

第十章

儿童发展的国际经验

儿童优先发展已成为国际社会的一种共识。在儿童发展方面，一些国家先行一步，实行了一系列促进儿童发展的战略和政策，取得了不少有益的经验。这也为我国在促进农村儿童发展方面提供了借鉴和启示。更为重要的是国际学术界越来越重视儿童发展的研究，有理论探讨、实践描述，也有经验实证分析。这些研究成果对于我们从国际视野来看儿童发展与乡村振兴的关系很有帮助。

一、国际学术界有关儿童发展研究的重要发现

国际学术界有关儿童发展及其与经济社会发展关系的研究领域主要集中在以下几个方面：婴幼儿喂养、儿童营养、儿童健康、学前教育、义务教育、职业教育、儿童保护等。主要的发现可以归纳为以下几个方面。

（一）儿童发展与贫困

多项国际研究及实践表明，贫困与农村儿童发展之间存在显著关联。贫困通过增加风险因素、限制保护因素、削弱激励因素来直接影响儿童的多维发展。具体表现在贫困意味着资源的匮乏，一方面会导致儿童的身体健康与营养无法得到有效保障；另一方面直接影响儿童的认知能力的发展，长期暴露于贫困等恶劣环境下，会延缓甚至阻断儿童的认知能力发展，从而会对儿童未来发展产生长期的不利影响。此外，贫困还会与儿童家庭形成双向影响，即贫困影响到家庭功能进而对儿童发展产生不利影响，而儿童发展的受阻又会反过来削弱家庭功能，甚至造成贫困的代际传递。

因而，缓解儿童贫困，不仅有利于儿童个体及家庭的发展，也对提高国家人力资本、推进社会公平有着深远的积极影响。国际及国内实证研究结果表明，缓解儿童贫困应遵循以下原则。一是尽早干预。根据赫克曼曲线，相较后期干预（如成人教育项目），对弱势儿童早期的干预有最高的经济回报率。二是缓解儿童贫困需要各行业、多部门共同参与和支持。由于个人和家庭资源有限无法承担所有养育儿童的责任，需要社会各界的共同支持以及政府提供直接的公共服务，共同为儿童发展提供更好的条件。儿童发展涉及多年龄段和多方面的需要，单靠一个部门

无法承担相应的责任，需要教育、卫生、民政等多部门协同进行制度设计和政策执行。例如，2018 年第 71 届世界卫生大会上，联合国儿童基金会提出养育照护的基本框架，养育照护框架由 5 个不可分割的基本元素构成（世界卫生组织，2018）：足够的营养、良好的健康、安全和保障、回应式照料及受教育机会。该框架描述了一个由政府支持、照养人实践的养育照护的生态模式——在国家层面给予政策支持和帮助，社会各部门提供健康、营养、教育和儿童保护服务，社区培训父母或其他照养人的养育照护知识与技能，以让婴幼儿获得来自父母（及其他照养人）的高质量的养育照护。该框架建议卫生保健部门、教育部门及社会保障部门直接参与婴幼儿照护。卫生保健部门可以为孕妇提供保健服务、为婴幼儿提供照顾服务等，更为关键的是，卫生保健工作者也是最熟悉家庭和社区文化的人，能够根据社区的传统，推动高质量的养育照护行为。而教育部门则负责为年龄较大儿童提供教育服务，包括制定合适的课程体系与材料。而社会保障部门则肩负为婴幼儿创造有利生存环境的重任，包括困难家庭救护、儿童免费娱乐设施建设、城市规划与绿地建设等。三是缓解贫困可以阻止多重风险叠加对儿童发展带来的影响。家庭社会经济地位的下降所导致风险因素的叠加可能会改变儿童的基因表达的方式，破坏他们的生理反应系统，抑制他们的自我调节和压力管理能力，影响到他们未来的收入水平和生活质量，甚至让他们陷入代际贫穷的“恶性循环”。

（二）儿童发展与暴力

促进儿童发展不应忽视儿童暴力问题。2015 年全球有 10 亿儿童经历过情感、身体或性暴力，占全部 2 ~ 17 岁儿童的一半左右，其中女童遭受更多的暴力行为，也受害更深，例如女童遭到性侵的终生患病率为 18%，男童为 8%。针对儿童的暴力行为包括虐待、欺凌、青少年暴力、性暴力、情感或心理暴力和目睹暴力，这可能会引起一系列卫生和社会问题，包括伤害、精神健康问题、非传染性疾病和风险行为、传染病和风险行为、孕产妇和儿童健康。对此，世界卫生组织与其合作伙伴联合国儿童基金会等（2017）共同提出 INSPIRE 七项策略以从法律支持、社会支持、经济支持、技术支持、政策助推多个层面保护儿童免受暴力行为的影响，分别是落实和执行法律（Implementation and Enforcement of Laws）、规范和价值观（Norms and Values）、安全的环境（Safe Environments）、支持父母和照护者（Parent and Caregiver Support）、改善收入和经济状况（Income and Economic Strengthening）、应对和支持服务（Response and Support Services）、教育和生活技能（Education and Life Skills）。这些策略不仅在帮助儿童摆脱暴力困境中有重要作用，还有助于实现有关贫困、卫生、教育、性别平等、安全环境和正义的可持续发展目标。

二、促进农村儿童发展的国际经验

一些国家历史上也推行过乡村振兴，农村儿童发展被作为乡村振兴战略的重要组成部分，提供给我们可参照的经验。乡村振兴归根结底是人的振兴，农村儿童发展则是其中重要一环。“如何为乡村儿童提供良好的成长环境？”“如何帮助乡村儿童获得公平教育机会？”“如何促使乡村儿童在未来有多样化的职业选择，充分发挥自身潜能？”这些问题都是在乡村振兴过程中需要考虑的内容。日本、韩国均在 20 世纪开展“乡村振兴”运动。在该运动中，两国都将儿童教育放到了举足轻重的位置，取得了较好的效果。

（一）发达国家儿童发展的经验

儿童发展既是当下社会发展的重要一环，又是未来社会进步的推动力。促进儿童发展不仅要优化其当下的成长环境，如健康成长、促进公平等，还要考虑如何制定相关的政策能够让儿童发展符合当下甚至未来社会发展的人才需求。对此，许多发达国家都进行了多样的社会试验以及制定促进儿童发展的相关政策，并且根据各国经济发展水平以及儿童发展情况，确定以下具体的政策目标：促进公平与平等；保障家庭福祉，促进性别平等；促进儿童现代化发展，提高适应社会能力。具体的经验和做法主要有：

1. 促进公平与平等

促进公平与平等是为缩小不同儿童群体的发展差距，通过各种政策手段帮助弱势和困难儿童，提高其发展能力。在这方面美国的一些做法值得重视。美国在 20 世纪 30 年代开始制定一些政策帮助处境不利的学前儿童，其政策经历了从量到质、从宏观到微观、合作对象多样化，以及儿童年龄趋小化的过程。

1933—1963 年，美国政府更加聚焦儿童的权利公平，明确了政府对学前教育的责任，出台一系列政策以保证学前儿童的受教育权利，包括建立保育学校，保障所有学前教育儿童享有同等的受教育权利，包括处境不利的儿童。1964—1987 年开始聚焦机会公平，通过将教育资源向处境不利儿童倾斜等方式，使得这些儿童与其他儿童处于相同的起点，包括设立“提前开始中心”，在医疗保健、社会服务、家长参与、营养服务、增强师资队伍等方面为弱势群体儿童提供更优质的学前服务，消除贫困的代际传递。1988—2001 年，美国政府开始聚焦教育的质量公平，为解决学前教育的“质量危机”，通过设立质量专项提高与保障资金、提高教师队伍素质等提升学前教育质量。与此同时，美国政府设立儿童保育发展专款项目和贫困家庭临时支援项目，扩大低龄补助对象，在“提前开始计划”的基础上设立“更早提前开始计划”，对婴幼儿以及怀孕妇女进行干预，以缓解家庭贫困对学前儿童的影响。2002—2019年，美国政府进一步聚焦儿童的教育结果公平，美国政府采用“蜘蛛网模式”，涉及课程、教学、质量监管等多方面，以制定学习结果标准、实施专家家访计划、强化教师队伍、构建质量评级体系等措施来促进教育结果的公平。

英国在促进学前教育公平方面也有一些值得关注的做法。英国对于弱势儿童学前教育的支持以一个核心项目为主线，循序渐进，从贫困地区的“散点服务模式”到地区的“以点及面”的模式，到最后扩大服务地区，对全国各地的儿童均提供统一质量标准的优质儿童早期服务和教育。

20世纪70年代，受经济危机影响，英国经济滑坡、社会问题凸显，贫困家庭子女的教育问题受到了极大的关注。在此背景下，儿童“服务中心”应运而生，该项目是在贫困地区建立的服务机构，其服务内容包括儿童保育、支持困难儿童家庭以及社区能力建设。2002年，英国政府设立“确保开端服务中心”，实施一系列有助于帮助弱势儿童早期发展的项目，其中包括：儿童及家庭的医疗服务；儿童早期教育服务；有关获取儿童养育方法的建议及取得针对家庭的专家服务（比如，儿童的语言矫正服务、健康饮食等）的途径；为困难儿童家庭提供就业或培训机会。这类“中心”项目最初只是服务于贫困地区，并在贫困地区建立起一个“中心”体系网，覆盖到每个社区。后来，这类“中心”逐渐变成了向所有儿童和家庭提供服务支持的项目。

此外，英国的托育服务经验也值得借鉴。英国2006年修订的《儿童保育法》明确规定，3岁以下婴幼儿的托育服务由国家健康、社会或福利部门负责管理，地方政府协调各部门职责划分与合作。2008年《早期教育阶段法定框架》正式确立了全国0 ~ 5岁“保教一体化”的早教模式，2014年《儿童与家庭法案》明确政府相关部门应对育儿假、育儿津贴等做出详细规定。为了鼓励婴幼儿托育事业发展，英国出台了一些激励措施，如为婴幼儿家庭提供现金补贴，实施家庭保教费用的税收减免，企业提供儿童保育券，设立婴幼儿照护的国家专项基金等。

新加坡政府从2012年起陆续出台和实施了多项学前教育改革措施，成立幼儿培育署，对学前教育进行统一管理和指导；加大财政投入，以扩大低收费全天制学前教育的规模；提高教师素质，完善学前教育课程框架和质量评估体系。在学前教育的财政投入方面，新加坡政府主要支持以下措施：一是扩展“主要业者计划”与较大的教育集团合作，通过对其提供政府津贴或租用廉价组屋等方式，设立合规学前教育机构；二是设立公立幼儿园；三是提高对弱势儿童的资助标准和扩大资助范围，进而对经济弱势、身体机能等方面弱势的儿童提供学前教育和发展的物质保障；四是加大对其他学前教育机构的支持力度，包括人力（志愿者补助）和财力（房屋租住补贴等）。

新加坡近年来从经济物质层面为弱势家庭的儿童提供经济补助，使其发展有基本物质基础。一个代表性项目称为“儿童发展账户”（Children Development Account，CDA）。接受资助的学龄前儿童均来自月收入不足4500新加坡元的低收入家庭。具体而言，该计划总共有两步：第一步，所有从2016年3月24日起出生的新加坡儿童将通过他们的儿童发展账户获得3000美元的初始资助；第二步，父母每存入一美元，政府就会以1∶1进行配比，对于不同年龄段的儿童其配比上限也不一致，1～2岁儿童配比上限为3000美元，5岁以上儿童配比上限为15000美元。该计划使大约1300名来自低收入家庭的学龄前儿童受益。

日本把提升农村教育质量作为其乡村振兴的主要内容。日本政府颁布了《偏远地区教育振兴法》，以通过法律保障偏远地区教育的质量提升，促进城乡儿童受教育的权利平等。该法的主要内容为以下几个方面：①明确规定各级政府和部门在学校设施、教师培训以及因地制宜的教育政策制定等方面的义务和责任；②明确偏僻地区及偏僻地区学校的制定标准：全面调查国内各地区的学校情况，并根据基础条件进行分类，在此基础上制定不同级别学校的质量标准；③对解决偏远地区师资问题进行规定：规定政府对于教师薪资的负责程度、在偏远地区设立教师培训机构以及为基层政府部门设立教师引进指标；④制定相关对策，增加财政补助。由此可见，日本政府从责任明确、标准制定、师资保障、资金保障4个方面入手制定相应的法律制度和规则，来提升偏远地区的教育发展水平。

韩国的儿童发展政策是以解决问题为导向的。早期主要是从解决问题出发来制定相关的儿童发展政策，到后期逐渐演变为全面保障儿童权利的普惠性政策，涉及立法、支持服务机构和财政资助。

在2000年后，韩国针对儿童受虐待问题，出台法规在明确儿童保护的家庭责任和权限基础上，承认了国家干预的必要性。同时，韩国政府也开始提供儿童权利保障和儿童保护的福利服务。在全韩国十大社会服务中儿童福利服务占5项，分别是婴幼儿发育支援服务、儿童情感发育支援服务、儿童问题行为早期介入服务、互联网沉迷儿童治愈服务、课后独自照料服务。此外，韩国还实施普惠性儿童福利政策，2018年起按照人头给予所有0～5岁儿童家庭补贴，但排除了收入最高的10%的家庭。从2019年开始该项补贴的儿童年龄扩大至0～6岁，且取消了收入限制。

此外，韩国采取对贫困儿童家庭的财政支持。从2007年开始韩国政府发起“梦想开始”（Dream Start）项目，有效地应对由于家庭破裂而导致的不断增加的贫困儿童问题。该项目旨在增加社会投资以预防儿童陷入贫困和帮助穷困儿童获得平等保障的机会。“梦想开始”项目的对象是怀孕妇女、接受国家基本生活保障和贫穷社区中接近贫穷标准家庭的0～12岁的儿童，并对指定地区内的每个社区的300名儿童提供该项服务。2007年该项目预算投资达到5.1万亿韩元，2008年达到9.8万亿韩元，增加近1倍。全国共有32个地区启动了“梦想开始”项目。政府认识到儿童成年后进入社会自立前需要如大学学费、就业费用、创业费用、生活费用等启动资金，政府引入儿童发展账户项目，为低收入家庭儿童和居住在儿童福利机构、寄养家庭、儿童之家、残疾儿童机构中18岁以下儿童的“儿童储蓄”提供1∶1的配套资金。该项目自2008年启动以来，至2012年已经有28000多名儿童开启了儿童发展账户。

2. 保障家庭福祉，促进性别平等

大多数发达国家都把性别平等作为促进儿童发展的主要政策内容。实施家庭的福利政策，优化父母育儿方面的分工和权利安排，提高家庭育儿的能力，促进儿童发展。

（1）德国的经验

德国政府以保障儿童基本权利为出发点，保障父母在照料儿童上的平等权利，促进家庭与儿童共同良性发展。在全国实行学前教育政策，在公共福利政策和公共教育政策的共同支持下，鼓励父母双方协调工作和生活安排，自由选择是家庭照顾还是公共照顾的育儿方式。

德国儿童发展政策经历了一次由传统家庭育儿方式到家庭育儿与公共育儿相结合方式的转变，而且儿童教育方式也发生了同样的转变。在家庭育儿方面，政府提倡父母双方需共同承担育儿的责任，设立了相关的经济支持政策，包括与儿童照顾相关的儿童津贴、基本育儿津贴、伙伴关系津贴、产假补贴等收入补偿制度，支持父母在家照顾儿童。时间支持政策，包括产假、亲职假（为了育儿而牺牲的工作时间，保证返岗后职位的保留）等。另外值得关注的是，在德国，幼儿园不属于国家所属的学校体制，而是青少年福利救济事业，不属于义务教育，所以德国的幼儿家庭可以自主选择是否进入幼儿园。

（2）法国的经验

法国为保障儿童基本权益，促进儿童发展，采取一些针对家庭的政策措施，将3岁以下幼儿的托育和提高幼儿入托率作为家庭政策的主要内容。法国已建立较为完备的婴幼儿教育和照料的托育服务体系，主要由团结和卫生部统筹负责相关政策的制定及协调，妇幼保健服务机构主要负责审核、监督婴幼儿照护服务机构，跨部门家庭问题委员会和附属机构则主要负责协调不同机构的政策执行。法国通过《国家幼儿保育宪章（2017）》规定了为3岁以下幼儿提供托育服务的专业机构和个人应遵循的原则，具体内容涉及幼儿教育、托育环境、幼儿安全和托育质量等。

法国0～3岁幼儿托育服务形式多样，主要分为机构服务和个人照护服务两类。机构服务包括集体服务，如集体托儿所、临时托儿所、企业托儿所、父母托儿所等，其中父母托儿所是基于家庭，由不同家庭的父母自发联合组成互助会轮流照顾幼儿；家庭服务主要由社区雇用具有专业保育资格的妇女，在她们家里为幼儿提供早期教育和照料服务，同时定期将幼儿集中起来在亲子中心开展活动，促进幼儿的社会性；个人照护服务则是家长雇用保姆，并直接将孩子送往保姆家里进行照看。截至 2015 年底，在法国除马约特岛外的地区，机构服务中托育幼儿中 89% 在集体机构，11% 在家庭托儿所。在所有类型的托育服务中，父母直接雇用保姆照管的幼儿最多，占全部托育幼儿的 69%。

法国不同类型托育服务的托育费用也不尽相同。为降低家庭负担，国家和地方政府相关部门、国家家庭补助基金等各级部门均为该阶段的儿童看护提供一定资金补助，但家庭也需要根据家庭收入状况缴纳一定的费用。

（3）北欧国家的经验

北欧国家以高福利制度闻名，构建了以婚姻政策、儿童补贴政策、双亲假政策以及公共照料儿童服务为主体的福利政策体系。儿童补贴政策是指所有本国公民未满 18 周岁均可享受的补贴，此外，为了赋予家庭对儿童教育方式选择的权利，还颁发了针对在家照料儿童补贴的政策。双亲假政策是为促进夫妻平等，在职父母为照料婴儿而享受的有偿假期，并且为了倡导父亲参与儿童早期照护，父亲的假期是无法转让给母亲的。如瑞典双亲假长达 480 天，其中 380 天休假的父亲或母亲可获得平时收入 80% 的补贴。在双亲假结束后，北欧各国以公共托幼一体化的形式提供完善的照料服务。2 ~ 6 岁儿童可享受日间照料服务（Day Care Service），一年级到四年级的小学生可享受课后照料服务（After-school Child Care Service）。除了照料之外，服务内容还涵盖儿童早期教育、协助儿童社会化及自我认同等。截至 2008 年，日间照料服务覆盖北欧 60% 以上的儿童及家庭，在瑞典、丹麦及冰岛，覆盖率在 90% 以上。2017 年北欧五国 2 岁以下儿童平均入托率为 49.84%；3 ~ 5 岁儿童平均入托率高达 93.08%。公共照料儿童服务基本由地方政府负责为所在地的适龄儿童提供服务，中央财政给予大量补贴，而且孩子父母也会缴纳一定的费用，该费用设置了缴纳上限。

3. 促进儿童现代化发展，提高适应社会能力

日本的经验

20 世纪末、21 世纪初，日本政府以促进生育为出发点，保障儿童基本权益，减轻家庭育儿负担。日本学前教育政策的主要目标是在人口老龄化的背景下提高生育率，其政策瞄准的对象也从 2010 年前对弱势家庭儿童的援助逐渐演变为对所有儿童家庭的援助，并且从经济政策、时间政策以及整合性育儿政策 3 个方面为儿童家庭提供支持。其中，经济政策包括提供生育的临时育婴金、生育津贴、育儿休假补助金；在时间政策方面，日本主要有产前产后休假、孕期休假和育儿休假等，并且无论男女均能够享受相应的政策福利；在整合性育儿方面，日本实行育儿新政后，整合了原有育儿体系，以育儿支援法为基础，建立儿童园、幼稚园、小规模保育机构等在内的育儿援助体系。另外，日本社会多方相互合作，由家庭、政府、社区、企业中多个主体共同参与政策制定和实施，使社会与家庭之间建立良好的互动，实现信息共享，以满足多元多样的托育需求。

（二）发展中国家儿童发展的经验

一些发展中国家在促进儿童发展方面也有一些好的做法，需要我们加以学习和借鉴。这主要体现在以下几个方面。

1. 强调儿童平等发展

（1）墨西哥的经验

墨西哥政府推出“机会均等计划”（CENDI），是一个关注社会公平的政治协会所管理的社区网络中心，主要目的是促进儿童适应社会、开展特色活动提高儿童个体的认知能力。墨西哥政府为教育部门提供资金以支持“机会均等计划”。该计划已发展成为以社区为基础的儿童综合性早期护理和教育计划，为出生 45 天后至 6 岁的儿童提供服务，主要专注于两种类型的照护：儿童每日在社区中心的照护和学习，以及为不参加中心活动的父母和儿童提供每周外展服务。具体到服务内容，“机会均等计划”通过各种各样的儿童项目，给予儿童直接的关注和优质的服务。

墨西哥的贫困儿童存在着高辍学率、受教育质量低等问题。对此，墨西哥政府从法规、目标规划、经济支持 3 个方面改善贫困儿童的教育困境。首先，在法规上墨西哥政府于 2002 年将义务教育年限由 9 年扩大至 12 年，即将幼儿园教育也纳入义务教育中；到 2012 年义务教育年限延长至 15 年，即将高中教育也纳入义务教育。在目标规划上，制定了 2030 年发展目标，该目标明确提出实现基础教育平等的具体措施和方针：关注弱势群体，扩大教育覆盖面，保障弱势群体享有受教育权利；关注偏远落后地区儿童及青少年教育，尤其是印第安人和贫困儿童。在经济支持方面，2001 年 12 月，在“2001—2006 年国家社会发展计划”中提出了“人类发展机会计划”。该计划的核心是以金钱换行动，通过直接的现金补贴，促进贫困儿童接受教育，提高人力资本水平。该计划有效提升了小学初中入学率、提升学习效果、减少性别差异。

（2）巴西的经验

巴西为提升家庭育儿能力，2003 年启动“更好的童年计划”，通过家访和小组活动的模式对弱势家庭的儿童进行干预，与此同时对父母进行了婴幼儿照护的指导，并通过小组活动为父母之间交流育儿经验提供机会。2013 年，巴西开始实施面向贫困儿童家庭的“家庭补助金计划”（BFP），并在全国范围内启动了“快乐儿童计划”，继续通过家访的形式，对 0 ~ 3 岁婴幼儿家庭的认知、情感和社会心理发展等进行多方面的干预，项目覆盖 2777 个城市。此外，巴西南部还实施了“大型家访计划”（PIM），该计划在“快乐儿童计划”的基础上持续了 20 多年，从母亲怀孕期间就对贫困儿童的发育进行监测。另外，家访计划项目的一个主要特点是家庭、社区以及不同管理部门和领域的积极参与。最近一项研究结果表明，怀孕期间的家访行为对于儿童以后的发展是最有效的。2015 年，巴西通过立法将家访计划作为儿童早期发展项目家访形式的基准模式。2016 年 3 月，巴西通过了《儿童早期法律框架》，强调儿童早期公共政策的重点领域，明确了各部门要通过协同合作，共同制定落实国家儿童早期综合政策。自此巴西政府各部门在儿童早期发展事业上达成了共识，并基于此整合了健康、教育、社会保障、技术支持等相关部门的职能与资源，在新成立的公民部下面设立专门的司局落实相关政策。

此外，儿童营养健康方面，巴西政府推出了“学校供餐计划”（PNAE）。该计划开始于 1954 年，是为解决营养不良和低水平教育问题的一个项目。该计划目前的目标是通过满足学生在学校的营养需要，并通过食品和营养教育来帮助学生养成健康习惯，以促进学生生理、心理和社会各方面的发展以及提高他们的成绩。该计划也促进了当地农业的发展。宪法规定，校餐是公立基础教育阶段学生的普遍权利，是国家的责任。“学校供餐计划”涵盖基础教育阶段所有的公立和社区学校，包括日托所、幼儿园、小学和初高中，惠及 45000 万学生。

（3）印度的经验

印度儿童综合发展服务项目开始于 1975 年，主要关注儿童的健康、营养以及教育问题，致力于提高 6 岁以下儿童的身体和心理素质，目前该项目开始逐步关注儿童的早期教育问题。具体而言，项目采用的是以安格瓦迪[①]为单位，在人口密集地区，无论是乡村还是城镇，只要是贫困家庭的聚集区都有安格瓦迪的设立。该组织类似一种养育中心，设立一名教师和一名助手，组织有儿童的家庭进行集体活动，也为孩子提供教育服务。此外，每个安格瓦迪都对接社区内有儿童或者有孕妇的家庭，成为家庭和社区部门的联络站。从项目的具体实施方式来看，项目纵向是由中央、邦区、地区、片区和村落合作实施，项目横向是由多级多个部门分工合作，主要分工方式就是根据服务种类进行分工合作，另外还有一个总管该项目的部门，即国家公民合作与儿童发展协会。该项目 2007—2010 年，随着财政投入的不断增大，安格瓦迪的数量不断增加，接受营养补充的孩子也成倍增加。

① 意思为一个庭院。

2. 普惠性的儿童发展

（1）越南的经验

为保障儿童健康成长，越南政府与公益组织开始关注母乳喂养问题。越南纯母乳喂养率在1997—2006年的10年时间里一直停滞在16%左右。到2014年，越南的纯母乳喂养率提高至24%。而在15省母乳喂养社区干预项目实施地区，纯母乳喂养率在4年时间里更是从19%提高到了58%。母乳喂养的改善主要依赖于越南政府提供的良好的母乳喂养法治环境，以及由社会公益组织联合发起的“生活与成长”（Alive & Thrive）项目。

具体而言，法治建设方面，为消除母乳代用品广告对母乳喂养产生的负面影响，越南在2012年新修订的《广告法》中全面禁止针对24个月以下婴幼儿的母乳代用品、6个月以内婴儿食品以及用于人工喂养的奶瓶和奶嘴的广告。为支持在职的婴儿母亲们在6个月内纯母乳喂养，越南国会于2012年颁布《劳动法》，将女职工可享受的产假延长至6个月。2015年，越南劳动部发布第85号令，鼓励工作单位通过建立哺乳室等措施支持婴儿母亲们在产假结束恢复工作后继续坚持母乳喂养。为全面规范和监管母乳代用品的营销和使用，越南卫生部于2014年发布了100号政府令《有关婴儿营养品、奶瓶和奶嘴的交易和使用的实施细则》。

社区支持方面，越南政府和“生活与成长”项目2010—2014年在15个省开展母乳喂养社区干预。该干预项目在社区层面建立了1100多个小太阳社区母乳喂养咨询中心。政府对社区的工作人员进行培训，并由这些社区工作人员在社区为婴儿母亲及家人提供咨询服务，向婴儿母亲及家人普及母乳喂养的知识，解决母乳喂养中的问题，提供专业的服务和支持。另外，政府和社区又合作推出了一系列促进母乳喂养的公益广告。这些公益广告在越南的国家级电视台播出，对普及母乳喂养知识，提高公众对母乳喂养的认知起到了积极的作用。

（2）古巴的经验

古巴对儿童发展的干预从母胎阶段就开始，无论是营养还是早期教育，政府均有不同程度的参与。在早期教育方面，以社区为单位为家庭提供相应的科学养育服务；在学前教育方面，为幼儿提供社区学校、幼儿园、学前班等多种选择，并且通过义务教育的方式强制执行。

古巴的国家儿童发展体系包括医疗保健和教育。古巴优先重视保健和教育，特别是儿童和孕妇的保健和教育。通过其公共政策和计划，国家力求确保所有儿童享有同等水平的综合发展服务，并在学校和生活的其他方面享有相同的机会。卫生部，教育部，国家、省和市人民议会，以及地方人民权力委员会和地方卫生委员会协调行动。服务覆盖全国绝大多数人口，在社区层面提供服务。具体而言，在古巴，教育被认为是国家的事，国家规定妇女生育后可有一年的产假，用来哺乳和养育孩子。1 ~ 6岁的孩子均可进入幼儿园、小学（学前班）和社区学校接受教育，费用完全由国家承担。近年来，古巴政府在联合国儿童基金会的支持下，开展了一个名为“教育你的孩子”的儿童早期教育项目，为超过 70% 的 0 ～ 6 岁孩子及其家庭提供以社区为基础的服务。这种服务主要包括：产前照顾，即在怀孕期为准父母提供系统的建议；产后照顾，即由医生和护士为 0 ～ 2 岁孩子的家庭提供个体照顾；针对 2 岁以上孩子的社区照顾旨在让孩子参与家庭以外的活动。另外，古巴的每个社区都设有社区学校，并配有专业人士为家庭提供早期教育方面的指导，家长每周可以带孩子参加一次活动。除社区学校外，学前儿童的正式早期教育在幼儿园和小学里的学前班完成。古巴的学前教育机构由教育部门和协会组织共同管理，要求幼儿园教师必须为师范学校毕业的中专生或大专生。

3. 消除儿童暴力，营造优质成长环境

克罗地亚的经验

为了消除儿童暴力，克罗地亚多个部门合作开展了安全和促进学校环境项目。该项目有两个组成部分。一是“停止儿童中的暴力行为”公共宣传行动，目的是提高防范身体和言语暴力的意识，特别关注校内同伴暴力、攻击和欺凌行为。二是在校园采取一些措施，减少校内同伴暴力行为并强化安全和改善学校环境，让儿童参与到学校阻止暴力的决策和活动中来。该项目的效果是明显的，2003—2011 年，克罗地亚 37% 小学的暴力行为减少 50%。在 301 个项目学校（大部分是小学）中，163 个学校赢得“无暴力学校”称号，85 个学校在参加项目 3 年后重获该称号（世界卫生组织，2017）。

三、对中国的启示

我国儿童具有数量多，地区分布较为分散的特点。儿童发展政策的重心是完善儿童全面发展的服务体系和提高儿童教育质量，其中农村儿童又是儿童发展政策最需要关注的群体。

总结发达国家和发展中国家的儿童发展政策和经验，可以从合作模式、服务模式、经济政策、法律法规和儿童保护 5 个方面得出相关启示。

政府、家庭、社区、企业共同协作的合作模式是经验之一。多方合作、责任明确是合作模式的基本原则，决定了儿童发展项目的可持续性。儿童发展是一个综合的过程，涉及营养、卫生保健、教育等多方面的问题，相应地也就需要多个部门的共同合作。一方面，家庭作为育儿的主力和摇篮，需要承担相应的主要责任；另一方面，政府以及社会组织为家庭减轻育儿负担，包括提供经济与工作时间福利支持以及科学育儿知识的传授等。同时，社区是距离家庭最近的社会组织，可提供更加精准的服务以及对儿童发展的监督。

提供以社区为基础，各级政府层层监管，各类部门分工合作的服务模式是国际儿童发展政策的一大特点。改善儿童发展相关服务模式，直接由中央政府执行是不切实际的，需要以社区为基础单位，每个社区中心对接相应的有儿童或者有孕妇的家庭，定期对其组织家访以及家庭集体辅导活动，由省级或市级部门提供相应的咨询服务与技术支持，并进行组织与指导。

实行因地制宜、因人而异的福利政策是促进儿童发展的国际经验。一些发展中大国都具有儿童分布比较分散，城市和乡村地区的儿童发展水平存在较大差异，同时不同地区的儿童发展所面对的困难不尽相同的特点。因此，政府在制定福利政策过程中需要对儿童发展不平等的区域分布情况及导致不平等的相关因素加以考虑，尤其需要持续关注农村地区，缩小城乡儿童发展差距。许多国家着眼于社会公平，为改善乡村儿童教育、医疗、福利等条件加大支持力度。此外，政府可以与社会组织，包括公益基金会等社会组织合作，广泛地在农村或其他偏远山区投入资金，建立学前教育机构，以解决地区缺少合规学前教育机构的问题。

通过立法提高教育质量，保障儿童接受学前教育的权利是又一值得借鉴的国际经验。许多国家目前已经将学前教育纳入义务教育的范畴，也有国家让家庭自主选择是家庭教育还是社会、政府教育（即接受幼儿园等学前机构的教育）。一些国家部分农村地区的家长对于儿童接受学前教育认识不足，存在主观认识问题。对于主观认识方面的缺陷，需要通过相应的法规来保障儿童接受学前教育的权利。

提高治理能力，加强儿童保护是国际社会的共同做法。根据世界卫生组织与其合作伙伴联合发布的《2020 年关于预防暴力侵害儿童行为的全球状况报告》，目前大部分国家都有预防儿童暴力的工作机制。这包括：①国家做出保护儿童的承诺，以提高所有利益攸关方针对儿童的暴力行为问题和后果的认识；②评估现行消除儿童暴力行为的有关政策、法律、预防规划、服务和基础设施状况；③针对性地采取干预措施，由于儿童身处文化背景不同，因此在实施干预措施时应当考虑对相关人群和环境最有用的干预措施；④制定中央计划和地方政府计划，加强地方设施等物资供应，同时中央应定期实行行动计划的评估与监测；⑤确定可持续的财政来源。

第十一章

农村儿童发展的愿景和政策建议

中国式现代化不仅需要"物"的现代化，更需要"人"的现代化。过去 40 多年改革开放激发的经济发展和社会进步促进了人的全面发展，积累了大量的人力资本，为实现中国确立的 21 世纪中叶的发展目标奠定了坚实的人力基础，使得"人"的现代化进程迈上一个新台阶。实现"人"的现代化必须关注儿童发展，特别是农村儿童发展，为此，本章展望农村儿童发展的未来愿景和进行政策设计。

中国农村儿童发展的愿景：全面建成社会主义现代化强国要实现人力资本的全面提升。2020 年全面建成小康社会的目标实现，中国在全面解决绝对贫困问题之后，还面临着相对贫困的严峻挑战。未来中国的发展，要求劳动力素质有显著提高，在实现这一历史性转变的过程中，提高农村劳动力的人力资本质量是关键。

解决农村人力资本短缺、人才不足问题的根本出路是从农村儿童发展抓起，以促进儿童发展为抓手，提高农村人力资本积累，带动农村人才振兴和产业振兴。

中国不仅需要设定全国儿童发展的中长期目标，也需要为农村儿童发展设定相应的目标。总体上讲，到 2035 年城乡之间儿童教育机会会更加均等，教育质量和健康水平的差异会有明显的缩小，甚至基本消失，农村儿童发展将达到很高水平，不仅要与城市儿童基本持平，而且争取追上发达国家儿童的水平。

改变农村儿童发展相对滞后的状态，需要农村儿童的超前发展和优先发展。这不仅是全面推进乡村振兴战略的需要，也是中国稳步实现社会主义现代化强国目标的需要，更是实现全体人民全面发展目标的需要。促进农村儿童的优先发展，需要从长计议，细致设计，制定切实可行的发展战略和政策体系。为了达到这一目的，提出以下政策建议。

一、完善农村儿童发展的治理模式

提高农村儿童发展水平需要制定长期发展战略，更需要切实可行的治理模式。这涉及政府、社会和家庭共同参与和协调配套的体制机制，涉及中央政府与地方政府之间的责任与分工模式等一系列问题。从一些国际经验和国内一些地方的创新实践来看，需要从以下几个方面来完善农村儿童发展的治理模式。

第一，建立政府、家庭、社区、企业共同协作的合作模式。这一合作模式的基本原则是多方参与、共同合作、责任明确。儿童发展是一个全面的过程，促进儿童发展是一个系统工程，需要多个主体和部门的共同合作，共同推动儿童发展项目的运行，充分发挥各个主体和部门的优势。

第二，建立以社区为基础，政府进行监管，各类部门分工合作的服务模式。社区是与家庭最为接近的社会组织，能够充分地获取儿童发展方面的信息，并且能够及时发现儿童发展方面的问题，及时对儿童的需求做出反应和提供帮助。这决定了以社区为主的服务模式是一种最优的模式。每个社区设立对接儿童或者孕妇的家庭服务中心，定期组织家访以及家庭集体辅导活动。在以社区为主的服务模式中，上级政府部门可以提供相应的咨询服务与技术支持，并提供资助。

第三，实行因地制宜、因人而异的儿童福利政策。中国是一个有着较大城乡差异和地区差异的国家，导致儿童发展水平上存在较大的差距。同时不同地区儿童面临着不同的发展问题，因此需要有差别又有针对性的儿童福利政策。尤其需要持续关注并缩小儿童发展的城乡和地区差距，努力改善乡村和落后地区的儿童教育、医疗、福利等条件。

第四，通过立法保障儿童发展的基本权利。这些权利包括儿童享有摆脱贫困和饥饿的权利，足够营养和健康水平的权利，接受学前教育和义务教育的权利，受到社会保护的权利，等等。特别是对于儿童发展中的一些薄弱环节，如学前教育、义务教育质量不高，营养不良，儿童保护不力等，政府需要通过制定相关的法律法规，强制出台有效的政策措施，来改善儿童发展的条件和加大支持力度。

第五，与国际社会共同合作，提高治理能力，加强儿童保护。保护儿童受到了国际社会的普遍关注，大部分国家都有预防儿童暴力的工作机制。中国应该积极参与到国际大家庭中，就儿童发展和保护方面加强交流和合作，特别是要借鉴一些成熟有效的国际经验和做法。

二、切实落实“幼有所育”，提高养育质量

农村婴幼儿 0 ~ 3 岁是“黄金发展期”，必须给予极大的重视。“幼有所育”的内涵和内容应随着时代进步不断丰富，不断升华，“幼有所育”的政策也需要不断优化。从农村儿童发展的现实出发，“幼有所育”的政策需要进行以下几个方面的完善和优化。

第一，农村落实“幼有所育”要有一个系统设计，与乡村振兴战略进行有机对接，能够嵌入乡村振兴战略中的“人才振兴”的部分。乡村振兴战略要增添促进农村儿童发展的部分内容，

在制定政策、采取措施、配置资源等方面，实施更加积极的政策，为婴幼儿发展的营养健康、教育服务、家庭支持等方面提供政府支持和服务保障。

第二，加大对农村婴幼儿早期养育的投入力度。政府部门需要通力合作，建立发展改革、财政、乡村振兴、卫生健康、教育、民政、妇联等部门的联动治理机制，为婴幼儿养育和照护服务提供全方位的支持。对于一些农村落后地区、边远地区和少数民族地区，需要加大资金和技术支持力度，改变这些地区和家庭在儿童养育和照护方面的状况。通过国家农村婴幼儿家庭照护行动计划，将农村婴幼儿家庭照护指导纳入农村地区基本公共服务，中央财政给予专项资金支持，实现农村地区婴幼儿照护服务全覆盖。

第三，提高照养人的早期养育知识水平。家庭和照养人是婴幼儿养育和照护的第一责任人，他们的照养知识和能力决定着婴幼儿是否能健康成长。加强对家庭和照养人科学育儿知识的传播和培训，通过开展入户指导，普及科学早期养育知识、家长课堂等活动，提高他们的养育和照护能力。同时，政府制定家庭支持政策来满足婴幼儿家庭的需求，减轻育儿的负担。家庭支持政策通过资金和服务，为家庭育儿提供支持。对一些困难家庭提供婴幼儿照顾津贴，使父母在婴幼儿照顾方面有更多的选择。

第四，探索农村婴幼儿早期养育服务的多种模式。考虑到我国农村地区人口居住相对分散，一些远离县城的乡村地区缺少婴幼儿照护服务资源，同时支付能力较低，需要充分利用我国完善的县、乡、村三级卫生体系，因地制宜，选取育婴辅导员入户的服务模式。在入户家访的基础上可以结合小组型、中心型等方式开展早期养育服务。由县级卫生部门统筹督导，在乡镇卫生院设立督导员，在村一级聘请育婴辅导员，形成一个从县到村的服务系统。

在发展多种婴幼儿早期养育服务模式同时，需要将入户家访与现行托育政策加以有效衔接。“十四五”规划要求，到 2025 年，努力实现每千人口拥有 3 岁以下婴幼儿托位数达到 4.5 个。这一目标对于农村人口较多、收入水平较低的农村地区不太可行，这些地区更适合采取入户家访的方式。

第五，发展多样化的托育服务模式。部分农村偏远地区婴幼儿分布分散，建立托育机构的成本相对较高，可以通过探索推进家庭托育服务发展来实现对婴幼儿的照护。0 ~ 1 岁婴幼儿适宜以居家养育和入户照料为主，1 ~ 2 岁婴幼儿适宜居家养育（结合托育）。政府通过建立家庭式托育的相关规范化标准，制定家庭式托育服务的相关法律法规，实现小规模的托育服务；鼓励有条件的村级幼儿园向下延伸，提供托育服务，建立托幼服务资源、场地共享，师资人员融通的托幼一体化的服务模式。

第六，为婴幼儿早期养育提供人才和技术支持。加强农村婴幼儿照护人才培养，强化专业技能培训。根据教育部专业调整相关要求，系统培育婴幼儿照护人才，大力扶持开放大学、职业院校、高等学校等增设 0 ～ 3 岁婴幼儿照护相关专业。推动婴幼儿照护从业人员资格认定，建立完善养育师职业资格认证标准。通过提高从业人员的工资待遇和增加补贴等多种方式，吸引更多从业人员服务于农村婴幼儿养育。同时，充分利用农村的人力资源，特别是妇女群体，就地招聘和培训初中以上学历的人员，稳定和壮大本土婴幼儿照护的服务队伍。

三、切实落实“学有所教”，提高教育质量

乡村人才振兴的根本是农村教育的高质量发展，农村儿童享受到高水平的学前教育、义务教育和职业教育。发展高质量的农村教育事业不仅关系到乡村振兴目标能否如期实现，也关系到中国式现代化目标的能否如期实现。针对农村儿童在不同教育阶段面对的突出问题，本章提出相应的解决方案和办法，将“学有所教”落到实处。

（一）持续提升农村学前教育的覆盖面和质量水平

在农村普惠性幼儿园的覆盖率不断提高和农村学前教育公共服务体系基本建成的情况下，进一步提升农村学前教育的覆盖面和质量将是重点工作。这需要持续的体制机制创新和资源投入。一是制定农村学前教育的发展目标和相应的指标体系。到 2035 年农村学前教育发展的目标和各项指标基本上达到全国的平均水平。同时，设定为实现上述目标需要的资金和师资投入的指标，并且将这些指标作为考核县乡级政府工作绩效的重要依据。二是加快农村普惠性幼儿园建设，完善吸引民办幼儿园进入普惠性学前教育的激励机制。农村普惠性幼儿园建设需要民间资源的参与，需要更有激励作用的制度体制，以及政府资金的投入，促进民办普惠性幼儿园的快速发展，进一步普及一些落后地区的普惠性幼儿园的发展，提高农村儿童学前教育的普及率和质量水平。三是充分认识到数字化、智能化技术对学前教育领域的影响，充分运用这些技术来推动学前儿童的学习绩效，在教学评估、家长服务、教师培训、督导评估等领域加以应用，以提升农村学前教育的整体质量。四是加大对农村学前教育的资源投入，包括资金投入和专业人员投入。教育质量的提高关键是师资水平，提高农村学前教育质量关键是引入高水平师资，要给予幼教老师有足够吸引力的薪酬，给他们提供住房条件和事业发展机会，以稳定高水平的幼教老师。

（二）促进农村义务教育高质量均衡发展

农村义务教育，首先需要高质量发展，其次需要均衡发展，改变部分地区义务教育发展严

重滞后的局面。在这两个方面，各级政府都要制定2035年农村义务教育发展的总体目标和具体指标，作为当地教育事业发展考核的主要依据。

首先要加大农村义务教育资源的投入，优化资源配置。一是要加大农村义务教育经费投入，完善义务教育经费保障机制。各级政府应建立和完善义务教育投入基本标准，逐步落实义务教育经费预算。为了使农村义务教育经费有更大幅度的增加，中央政府应该承担更大的责任，特别要保障一些脱贫地区义务教育的经费增加。二是要进一步完善农村学校办学条件。按照城市中小学校的硬件和软件条件，完善农村学校硬件和物资设备，加强实验室、图书阅览室等教学设施建设，做到硬件与软件更好匹配，提高使用效率。在保障基本办学条件的基础上，重点关注教育信息化和现代化技术的投入，逐步形成覆盖全部学校的数字教育资源网络。三是要提高农村教师待遇，吸引高水平师资。针对农村地区中小学骨干教师流失问题，政府和教育主管部门应尽快出台和完善骨干教师的优待和保障政策，加大农村教师补贴的政策力度。大力改善农村中小学教师教学工作条件和生活环境，解决农村教师住房、子女上学等困难。四是要增加教师培训机会，提升其综合素质。在教师继续教育方面，政府对农村教师培养要增强科学性、针对性、全面性，适当增加农村教师培训名额，将国培、省培等国家级或省级教师培训项目落实到农村学校。对农村教师进行培训时，探索建立农村小学划片研修和专项研修机制。加强“一专多能”乡村教师的培养。五是要加强城乡教师双向流动，鼓励城市优质教师下乡。推进构建义务教育阶段城乡教师资源共享机制，完善城乡教师流动机制。通过实行农村教师轮岗制，推进退休的高级教师或特级教师采取多种形式赴乡村学校任教和交流，鼓励城市优质教师到农村学校任教。依托新科技发展“互联网＋教育”，加强城乡教育资源的共享，缩小城乡教师的差距。依托互联网整合教育资源，通过多校同步在线课堂教学，直播和录播的方式共享优质教育资源。

其次要推进农村教育质量均衡发展。一是调整优化农村中小学布局，关注偏远地区学生发展需求。实时掌握农村中小学数量的动态变化规律，积极顺应社会经济发展趋势和人口流动等因素的变化，充分考虑学生数量、办学条件、群众需求等因素，因地制宜、合理布局农村义务教育学校。在人口稀少、地处偏远、交通不便的地区应保留或设置村小学和教学点。二是加强寄宿制学校建设，科学建设乡村小规模学校。要加大对寄宿制学校建设的各项投入，制定和完善农村寄宿制学校的建设标准，提高寄宿制学校教学质量。探索实行走读和寄宿相结合，各地根据不同年龄段学生的特征和当地环境等因素，安排好需要寄宿的学生，尤其要满足留守儿童的寄宿需求。三是要加大对薄弱学校改造投入力度。当前我国教育资源分配面临着农村不同地区间不均衡的问题。因此要坚持教育资源投入政策的公平性，推动教育资源向薄弱学校和欠发达地区聚集，促进农村义务教育均衡发展。中央可以考虑设立农村地区薄弱学校建设援助基金，专门用于改善这些学校的基础设施建设和人才引进。

（三）促进农村中等职业教育高质量发展

中国农村中等职业教育发展的主要问题是教育内容与社会需要脱节，教育质量不高，缺少社会的尊重。农村中等职业教育更应该对接乡村振兴战略需要，为乡村人才振兴培养高素质和有能力的现代化人才。针对目前存在的问题，提出以下政策建议。

一是要完善健全农村中等职业教育相关法律法规。建议将保障和促进农村中等职业教育发展写入法律，并且在和农村中等职业教育密切相关的其他法律法规中增加相关内容，如在教师法中增加农村中等职业教育师资队伍建设相关内容，形成完整的中等职业教育的法律体系。

二是要从不同层面解决农村中等职业教育的资金短缺问题。①建议从国家层面设立专项资金或项目保证资金投入力度。与普通教育相比，职业教育所需要的场地更大，设备更多，给一些经济较为落后地区造成较大的财政负担，需要从国家层面划拨专项资金或者设立相关项目，对发展困难的农村中等职业学校提供资金帮助，保证资金投入力度。②鼓励有条件的地方政府增设农村中等职业教育基金，通过设立专款账户用于推动农村中等职业教育的发展。③通过一些税收减免和其他优惠政策积极调动社会其他主体投入农村中等职业教育的积极性，扩宽资金来源渠道，保证农村中等职业教育的快速、稳定、健康发展。

三是要明确农村中等职业教育定位。农村中等职业教育要兼顾好就业和升学两方面的需求，建议将农村中等职业教育的办学定位确定为“服务多元主体职业发展”，即在类型教育的基础上，满足包括适龄学生、新型职业农民、退伍军人等多元主体的职业发展需要。一方面兼顾职业发展所需要的学历提升，另一方面也应保证职业发展中所需要的职业技能。同时，面对乡村振兴战略需求，农村中等职业教育应扩宽自己的服务面，培养出乡村振兴战略所需的新型职业农民。

四是要利用现代信息技术补足落后农村地区中等职业教育发展的短板。农村中等职业教育应充分利用好新兴信息技术，促进区域职业教育合作开展技能提升行动。建议区域内职业学校联合行动，共同组建移动职业教育设备中心，对优质的职业教育资源进行分享，缩小职业教育资源的城乡差距和地区差距。同时建议建立全国性的农村职业教育培训平台，提供便捷、一体化的信息服务。通过分享和下载共享至云端的优质教学资源，可有效弥补农村中等职业教育资源的缺失。此外，对于使用信息技术较为困难的农村人口，建议中等职业学校为其搭建“互联网＋职业教育”教室，便于这类群体更好地获得职业教育。

五是要培养高水平师资队伍。教育质量的提升关键是优质师资资源、教师的教学水平和内生发展动力。为了改变农村中等职业教育的现况，师资队伍的建设必须放在优先的地位。一方面通过市场机制引入高水平的职业教育师资，打破常规，高薪引进高水平教师；另一方面利用社会上师资人才，采取更加灵活的聘用方式，将退休教师、高级技术人才组织起来为职业教育做出贡献。应该考虑建立职业教育师范院校，专门培养中等职业学校教师，为城乡中等职业教育发展提供源源不断的优质师资。

四、切实落实“弱有所扶”，消除儿童成长的风险

儿童是社会中的弱势人群，农村儿童更是如此，他们最需要爱护、保护，得到全社会的关爱。保护儿童健康成长是一个重大的社会问题，也是推进乡村振兴战略过程中不可忽视的问题。

（一）完善多层次农村儿童保护体系

中国儿童福利与保护制度体系的建设应遵循儿童利益最大化的原则，着力解决发展不平衡不充分问题，最大程度保障儿童平等发展权利，让全体农村儿童获得全面发展。

继续开展儿童福利法立法研究，建立儿童福利领域专门法律，完善儿童福利制度体系。特别要加强监护制度研究，推动形成责任清晰、配套衔接的未成年人监护制度体系。同时理顺未成年人保护工作体制机制，健全完善部门间工作协调机制和联动响应机制，发挥部门协同优势，加快形成未成年人保护工作新格局。完善监督考核机制，加大未成年人保护协调机制的督促指导力度，将未成年人保护工作列入各级政府工作综合绩效考评指标。

（二）促进儿童保护工作人才培养及专业化

国家的儿童保护法律和相关政策需要专业机构和人员的推动落实。在当前编制和人员不足的情况下，比较有效的方式是培育专业社会组织，并依托它们培养专业的未成年人保护人才。因此，一方面要促进专业社会组织发展，尽快形成一定规模，满足社会需要；另一方面要更好发挥社会组织的作用，储备更多优秀的、专业的未成年人保护型社会组织人才。同时，加强完善专业化培训机制，编制适合中国乡村的儿童社工教材体系，凝聚专业领域师资力量和专家资源，建立健全儿童主任培训督导体系。加快推进儿童主任专职化进程，鼓励有条件的地区通过购买服务、发放补助等方式，率先建立职业化的儿童主任队伍，持续稳定提供相应服务。

（三）强化儿童保护的现代化理念

儿童保护需要全社会的关注，需要形成现代化理念。倡导更多人关注儿童保护工作，开设儿童保护普法课、培育文明使者，为学校、社会和有关单位提供更多儿童保护专业知识，同时可借助互联网传播儿童保护的理念和知识，提高儿童保护的知晓率。

针对儿童保护的案件处理程序，明确报告、立案、干预等基本流程，建立健全全方位的农村儿童保护强制报告的机制。提高社会公众参与儿童保护的积极性，共同践行强制报告制度，建立起长效的农村儿童风险预警机制。

（四）建立县乡村三级儿童综合保护机制

持续推进县乡村三级关爱服务平台建设。推进儿童福利机构优化提质和创新转型，开展儿童福利机构高质量发展实践基地建设。推动儿童福利机构和未成年人救助保护机构共同发展。建立健全防范化解儿童福利领域重大风险机制，提升突发事件下的儿童福利保障能力，加强儿童福利机构安全管理和常态化疫情防控工作。

（五）广泛应用大数据技术，提高儿童保护精准化

建立儿童伤害监测系统，增设儿童保护与福利领域可量化、可监测的儿童发展指标，统计监测分性别的农村儿童遭受身体暴力、精神暴力、性侵害、校园暴力等伤害行为发生率数据，引导全社会关注和发现报告儿童伤害事件。

（六）建立儿童保护不力的追责机制

保护儿童是全社会的责任，需要落实家庭、学校、社区、政府各方责任。建立追责机制，任何责任方在保护儿童中出现差错，工作失误，造成儿童伤害和不良社会影响，都要受到应有的惩戒。

五、提高儿童的营养和健康水平

农村儿童健康是其发展过程中的根本所在，提高农村儿童的营养和健康水平应该成为乡村振兴战略的重要任务之一。为了提高农村儿童的营养和健康水平，需要考虑以下几方面的政策内容。

（一）加大对农村儿童营养与健康方面的投入

政府要加大对农村基层医疗保健的投入，尤其需要加大对儿童医疗保健支出，让每一名农村儿童得到良好的健康监护和治疗。

营养改善项目逐步覆盖全部农村地区。针对农村地区儿童营养需要调整营养包所含营养素种类，制定一般营养补充、营养不良和严重营养不良儿童的辅食营养补充食品标准；加强营养和喂养知识传播和宣教；对营养包等干预产品开展监测，保障项目稳步前行；解决招标中存在的问题，消除其带来的断供及其对企业生产积极性的不良影响。

（二）为农村孕产妇普及营养和喂养的科学知识

通过政策和体系动员，切实提升全社会对农村地区早期儿童营养重要性认知，提升农村孕产妇对孕期、哺乳期和辅食营养重要性认知。建立相关的科普项目，因地制宜制定孕妇、母乳营养和早期儿童喂养的科学指南，开展区域性的精准分类指导和宣传教育。开展孕前和孕产期营养评价与膳食指导。推进县级以上妇幼保健机构对就诊人员进行营养指导，将营养评价和膳食指导纳入我国孕前和孕期检查，提高母乳喂养率，培养科学喂养行为。进一步完善母乳喂养保障制度，改善母乳喂养环境，在公共场所和机关、企事业单位建立母婴室。

（三）探索综合型妇幼营养干预服务模式

继续推进农村幼儿园建设，逐步覆盖到全部农村地区；为幼儿园儿童提供营养餐，并根据需要提供高蛋白营养补充食品、营养强化食品等；持续开展针对农村地区幼儿园营养健康状况、营养餐、营养食品的监测评估，逐渐普及学生营养餐。同时，建立幼儿园营养餐补助标准机制，保障营养餐项目的长期可持续性。

（四）加强对农村地区儿童心理健康干预

农村儿童的心理健康干预是一项长期工作，政府、学校、监护人和村（社区）都应发挥相应的作用，确保儿童健康发展，以学校为中心，以社区为辅助的干预模式，对改善农村儿童心理健康状况成效显著。儿童大部分时间在学校度过，认知、社交和情感等人格特征的形成与学校环境密切相关，以学校为基础的心理健康服务，对预防学生心理健康问题提供了独特且能获得较大收益的机会。

六、加大农村儿童高质量发展的资源投入

农村儿童发展不仅需要政府加大财政资金投入，也需要充分调动社会积极性，鼓励市场、社会、家庭等多方投入，形成多元化投入机制。建立以农村儿童发展需求为导向的资金投入机制，明确未来资金的投入重点。

（一）建立多元化投入机制

农村儿童发展需要政府、市场、社会和家庭共同协作，实现多元共治。政府应起主导作用，将农村儿童发展纳入乡村振兴发展规划和农村公共服务体系建设之中，在构建儿童友好型城市的同时，同步构建儿童友好型农村。通过财政政策鼓励社会公益捐赠，引导社会捐赠资金流向农村儿童发展领域。对于社会慈善机构、公益组织以及热衷于公益的企业、个人等参与农村儿童发展相关公共服务，可提供一定的财政补贴、奖励和税收优惠政策，引导社会力量参与儿童发展。创新金融工具，发行社会影响力债券，吸引社会资本投资农村儿童发展服务项目。同时，为参与社会影响力投资的企业给予一定的税收优惠，以鼓励更多的社会资本进入农村儿童发展领域。

在农村儿童发展中，要积极发挥财政的主导作用。在现有中央和地方财政支出责任划分的基础上，要进一步明确省级以下财政支出责任划分，在农村儿童发展领域，适度加强省级财政的支出责任，减轻县级的财政负担，通过加大省级财政统筹和转移支付力度，缩小省内的城乡儿童发展差距。在乡村振兴的过程中，中央对地方尤其是脱贫地区提供了大量的转移支付资金，建议从中央转移支付的乡村振兴资金中拿出一部分用于农村儿童发展。

（二）构建农村儿童发展经费投入监督保障机制

切实解决农村儿童发展经费投入各个环节中出现的问题。通过建立量化监测数据平台，对农村儿童教育发展成果进行客观和动态化的评价。中央政府依据监测数据对省域内的经费分配差距进行动态评估，督促缩小省域间的经费差距；省级政府应依据省域内监测数据，协调缩小县际及县域内的差距，提升统筹力度；县级政府应突出管理主体作用，定期统计县域内各地间的均衡程度，完善经费投入与分配体制，优化资源配置。

（三）科学评估未来资金投入需求

科学测算农村儿童发展的资金需求，实现精准投入。农村儿童发展应以健全的财政预算作

为制度保障，要结合农村儿童的实际情况，科学合理地确定预算标准。要充分结合本地的经济发展水平、人口和教育资源的配置和流向、适龄儿童数量以及流动情况、教育服务等成本的差异，科学测算本地区的儿童发展资金需求。

未来资金的需求重点是 0 ~ 3 岁阶段和学前教育阶段。针对 0 ~ 3 岁婴幼儿，资金投入的两个重点领域是婴幼儿营养改善和早期养育，其中婴幼儿营养改善针对农村地区 6 ~ 24 个月婴幼儿，需要营养补充的 6 ~ 24 个月婴幼儿约有 1614 万人，实现全覆盖每年需要财政经费 60 亿元。根据第七次全国人口普查数据推算，农村地区 0 ~ 3 岁婴幼儿 2539 万[①]，同时据中国发展研究基金会测算，采用早期养育照护服务，每个孩子每年的成本约为 3000 元，一年总的早期养育服务费用大概为 762 亿元。

针对学前教育阶段，未来资金投入主要用于学前营养改善和学前教育。根据第七次全国人口普查数据推算，农村地区约有 3 ~ 6 岁儿童 3236 万。解决农村地区学前教育问题简单可行的办法就是送教进村，在适龄幼儿人数 10 人以上的山区行政村及大的自然村全部实现“一村一园”。根据中国发展研究基金会在青海省乐都区的“一村一园”项目推算，一所 10 人以上的幼儿园成本中，每年教师人员工资福利 2.43 万元 / 园，运转经费和基本建设 3.73 万元 / 园，质量提升 0.25 万元 / 园，总成本为 6.41 万元 / 园，生均成本为 4006 元[②]。因此，若要覆盖 3236 万农村地区儿童，政府财政每年需投入 1296 亿元。

为农村地区 0 ~ 6 岁儿童提供包括营养和教育在内的初级儿童早期发展服务体系，年度财政投入大概为 2377 亿元，约占 2022 年 GDP 的 0.19%。这个投入对于当前政府的公共财政支出可承担，也是可持续的，对于 5775 万农村 0 ~ 6 岁儿童来说更是值得的。

（四）未来资金投入重点方向

调整投入资金结构，更多资金投向农村儿童早期发展。从人力资本投资角度看，投入越早，成本越低，回报越高。针对在 0 ~ 6 岁儿童早期发展领域资金投入不足的问题，需要采取具体的政策措施。

对于农村 0 ~ 3 岁婴幼儿，加大投入支持以家访或托育中心等形式提供儿童早期发展综合性的公共服务，支持在农村推行婴幼儿家访项目或建立农村社区托育中心。对于学前教育，由政府直接举办转向政府购买学前教育服务，创新学前教育供给模式。财政要重点瞄准农村地区学前教育发展，在保证现有入园率的前提下，大幅提升农村学前教育质量，加大对软件、教师

① 此处的农村地区包括镇和乡村。

② 按照每园总成本 / 每园儿童数计算所得。

培训和学前教育师资培养力度，加大购买学前教育服务等多种方式的学前教育投入，可采用发放学前教育券等形式，解决农村学前教育儿童的流动性问题。

适当调整儿童发展资金投入结构，将更大部分资金投向儿童保护领域。与儿童教育、营养健康和困境儿童福利保护投入相比，在农村儿童保护上的投入存在严重不足。加大对农村儿童保护领域的资金投入，实施农村儿童保护干预措施，注重对乡村儿童督导员和儿童主任队伍的培训与培养，同时建立完善的农村儿童保护机制。

要重视对人力资源的投入，重点投向农村师资队伍建设。农村儿童发展要坚持以人为本，在财政投入上，从“物本财政”转向“人本财政”，将财政资金更多地用到教师、育婴员等人才队伍的软实力上。

要遵循公平原则，重点投向欠发达地区和弱势群体。重点关注欠发达地区中农村和相对贫困农村家庭，在教育的各个阶段，要坚持“优质均衡”发展。中央财政加大对欠发达地区的转移支付力度，同时加强省级统筹，缩小省内城乡儿童发展差距。

参考文献

［1］ 白勤，林泽炎，谭凯鸣．中国农村留守儿童培养模式实验研究——基于现场干预后心理健康状况前后变化的数量分析．管理世界，2012（2）．

［2］ 毕节市人民政府办公室．毕节试验区农村儿童发展综合示范区 0–3 岁儿童早期养育项目实施方案．2022.

［3］ 蔡娜娜．西部地区城乡义务教育集团化办学研究——以青海省西宁市为例．西部素质教育，2018（14）．

［4］ 曹黎娟，颜孝坤．城乡居民教育收益率的差距——一个分阶段的考察．复旦教育论坛，2016（5）．

［5］ 曹堂哲，陈语．社会影响力投资：一种公共治理的新工具．中国行政管理，2018（2）．

［6］ 曾琦，芦咏莉，邹泓，等．父母教育方式与儿童的学校适应．心理发展与教育，1997（2）．

［7］ 陈纯槿，柳倩．学前教育对学生 15 岁时学业成就的影响——基于国际学生评估项目上海调查数据的准实验研究．学前教育研究，2017（1）．

［8］ 陈国华，袁桂林．学校联盟：农村小规模学校发展的新探索．中国教育学刊，2016（6）．

［9］ 陈平丽．我国贫困地区儿童营养状况得到改善．央视网，2022.

［10］ 陈子季．优化类型定位 加快构建现代职业教育体系．中国职业技术教育，2021（12）．

［11］ 程福财．中国儿童保护制度建设论纲．当代青年研究，2014（5）．

［12］ 崔艺，高嘉琪，岳爱，等．贫困农村地区婴幼儿发展现状及风险因素分析的队列研究．中华儿科杂志，2018（2）．

［13］ 杜智鑫，李雨童，郑云蔚，等．农村婴幼儿家庭照护情况．2022.

［14］ 范先佐．乡村教育发展的根本问题．华中师范大学学报（人文社会科学版），2015（5）．

［15］ 费梅苹．构建中国特色未成年人社会工作服务新体系——基于未成年人保护法的要求．中国社会工作，2020（31）．

［16］ 付卫东，范先佐．《乡村教师支持计划》实施的成效、问题及对策——基于中西部 6 省 12 县（区）120 余所农村中小学的调查．华中师范大学学报（人文社会科学版），2018（1）．

［17］ 高鸣，武昀寰，邱楠．乡村振兴战略下农村人才培养：国际经验视角．世界农业，2018（8）．

［18］ 高政，刘胡权．农村小规模学校教师队伍现状与改进对策．中国教育学刊，2014（8）．

［19］ 龚欣，李贞义．学前教育经历对初中生非认知能力的影响：基于 CEPS 的实证研究．教育与经济，2018（4）．

［20］ 郭开元，张晓冰．农村留守儿童权益保护研究报告．北京：中国农业出版社，2020.

［21］ 国家统计局．国家统计局关于统计上划分城乡的规定（试行）．1999.

［22］ 国家统计局．《中国儿童发展纲要（2011—2020 年）》终期统计监测报告．2021.

［23］ 国家卫生健康委员会．中国居民营养与慢性病状况报告（2020 年）．2021.

［24］ 国家卫生健康委员会．国务院关于儿童健康促进工作情况的报告．2022.

［25］ 国务院办公厅．国务院办公厅关于印发国家贫困地区儿童发展规划（2014—2020 年）的通知．2014.

[26] 韩凤芹，曹蕊．构建儿童早期发展公共服务体系：理论探讨与现实选择．财政研究，2020（9）．
[27] 韩凤芹，张宇暄．相对贫困山村学前教育供给方式的创新与改革．地方财政研究，2021（9）．
[28] 贺丹．促进贫困地区儿童早期发展，阻断贫困代际传递．人口与健康，2019（3）．
[29] 胡咏梅，陈纯槿．农村职业教育投资回报率的变化：1989—2009 年．教育与经济，2013（1）．
[30] 黄丹凤．基础教育阶段学校委托管理评估的基本框架及特征分析教育测量与评价．2014（4）．
[31] 黄艳苹，李玲．不同留守类型儿童心理健康状况比较．中国心理卫生杂志，2007（10）．
[32] 贾至慧，陈飞宇，李旭阳，等．江西省农村中小学生健康危险行为共发性及关联性．中国公共卫生，2022（1）．
[33] 蒋永穆，周宇晗．着力破解经济发展不平衡不充分的问题．四川大学学报（哲学社会科学版），2018（1）．
[34] 教育部发展规划司.2021 年全国教育事业统计主要结果.2022.
[35] 赖晓倩，陈蓉晖．我国农村学前教育资源投入的动态演进与趋势预测——基于 Kernel 密度估计和 Markov 链方法．教育学术月刊，2022（5）．
[36] 雷励华，张子石，金义富．教育信息化 2.0 时代城乡教育均衡发展路径反思与重构．中国电化教育，2019（10）．
[37] 李玲，蒋洋梅，孙倩文．人力资本理论下学前教育经历对初中生能力发展的影响．学前教育研究，2020（1）．
[38] 李珊珊，岳爱，刘国恩，等．母亲外出务工对儿童早期发展的影响研究——基于养育未来随机干预调查的证据．劳动经济研究，2021（2）．
[39] 李实，朱梦冰．推进收入分配制度改革 促进共同富裕实现．管理世界，2022（1）．
[40] 李晓琳．进一步完善农民工随迁子女教育政策——基于对 46 个地级及以上城市的问卷调查．宏观经济管理，2022（6）．
[41] 李英，贾米琪，郑文廷，等．中国农村贫困地区儿童早期认知发展现状及影响因素研究．华东师范大学学报（教育科学版），2019（3）．
[42] 李迎生，袁小平．新时期儿童社会保护体系建设：背景、挑战与展望．社会建设，2014（1）．
[43] 联合国儿童基金会．培育更好的大脑：儿童早期发展新前沿．2015.
[44] 梁波，董婷．农村义务教育“衰败”：危机与反思——以 J 省 N 地区六所农村小学为例的观察与分析．中国农业大学学报（社会科学版），2018（1）．
[45] 刘蓓，卜凡，梁博姣，等．农村婴幼儿照护服务现状、存在问题及政策建议．2020.
[46] 刘继同．当代中国的儿童福利政策框架与儿童福利服务体系（上）．青少年犯罪问题，2008（5）．
[47] 刘景景．美国农业补贴政策演进与农民收入变化研究．亚太经济，2018（6）．
[48] 刘善槐，王爽，武芳．中国农村小规模学校教师队伍建设研究．教育研究，2019（9）．
[49] 刘焱，秦金亮，潘月娟，等．学前一年幼儿入学语言准备的城乡比较研究．教育学报，2012（5）．
[50] 卢迈，方晋，杜智鑫，等．中国西部学前教育发展情况报告．华东师范大学学报（教育科学版），2020（1）．
[51] 栾江，陈建成，李强，等．高中教育还是中等职业教育更有利于增加西部地区农村劳动力非农收入？——基于异质性的处理效应估计．中国农村经济，2014（9）．
[52] 罗仁福，刘承芳，唐雅琳，等．乡村振兴背景下农村教育和人力资本发展路径．农业经济问题，2022（7）．
[53] 罗仁福，张林秀，刘承芳，等．提高人力资本质量重点在贫困地区．中国国情国力，2015（4）．
[54] 马凤岐，谢爱磊．教育平衡充分发展与共同富裕．教育研究，2022（6）．
[55] 中华人民共和国民政部．2018 年农村留守儿童数据．2018.
[56] 中华人民共和国民政部．2021 年民政事业统计发展公报.2022.

[57] 乜勇，闫慧聪，穆萍．“双师教学”：一种促进基础教育优质资源均衡发展的新模态．数字教育，2020（1）．

[58] 潘月娟，裘指挥，刘焱，等．学前一年幼儿入学数学准备的城乡比较研究．教育学报，2012（4）．

[59] 庞丽娟，金志峰，杨小敏．新时期乡村教师队伍建设政策研究．中国行政管理，2017（5）．

[60] 齐良书，赵俊超．营养干预与贫困地区寄宿生人力资本发展——基于对照实验项目的研究．管理世界，2012（2）．

[61] 秦玉友，曾文婧．新时代中国农村教育主要矛盾与战略抉择．中国教育学刊.2018（8）．

[62] 瞿连贵，石伟平，李耀莲．乡村人才振兴视野下职业教育的功能定位及实践指向．中国职业技术教育，2021（6）．

[63] 任采文．乡村振兴关键靠人才．中国人才，2018（3）．

[64] 任玉嘉，李梦龙，孙华．中国农村留守儿童孤独感的 meta 分析．中国心理卫生杂志，2020（10）．

[65] 任泽平．中国生育成本报告（2022）. 2022.

[66] 戎乘阳．中国农村义务教育经费投入研究．经济问题，2022（1）．

[67] 佘宇，顾严．点亮未来：构建中国幼有所育政策体系研究．北京：中国发展出版社，2019.

[68] 佘宇，史毅，白钰．我国托育服务体系建设：现状、问题与建议——来自托育机构典型调查的发展．2022.

[69] 沈文丽，王辉．豫南农村地区青少年校园暴力状况及其与性取向的关联分析．现代预防医学，2021.

[70] 沈祖芸．委托管理：农村学校内涵发展的创新．上海教育，2009（17）．

[71] 史耀疆，张林秀，常芳，等．教育精准扶贫中随机干预实验的中国实践与经验．华东师范大学学报（教育科学版），2020（8）．

[72] 宋映泉．我国学前教育事业发展主要矛盾与公共财政投入改革方向．教育经济评论，2019（3）．

[73] 宋映泉，康乐，张晓，等．城乡儿童发展与幼儿园质量差距：以华北某县为例．北京大学教育评论，2020（3）．

[74] 苏宜香．儿童营养及相关疾病．北京：人民卫生出版社，2016.

[75] 孙开，王冰．政府间普通教育事权与支出责任划分研究——以提供公平而有质量的教育为视角．财经问题研究，2018（8）．

[76] 孙冉，杜屏，杨靖．特岗教师会促进农村学生发展吗——基于新人力资本理论的视角．湖南师范大学教育科学学报，2022（1）．

[77] 万国威，徐毅成．性别视角下中国农村儿童的暴力经历及其对心理健康的影响．社会建设，2022.

[78] 王宝华，冯晓霞，肖树娟，等．家庭社会经济地位与儿童学习品质及入学认知准备之间的关系．学前教育研究，2010（4）．

[79] 王春超，林俊杰．父母陪伴与儿童的人力资本发展．教育研究，2021（1）．

[80] 王春超，肖艾平，于瀚辰．近朱者赤，近墨者更黑——教育中的非对称同伴效应研究．教育学报，2022（5）．

[81] 王春超，钟锦鹏．同群效应与非认知能力——基于儿童的随机实地实验研究．经济研究，2018（12）．

[82] 王广飞，符琳蓉．城乡教育一体化推进义务教育均衡发展的困境与对策．农村经济，2018（3）．

[83] 王培安．将贫困地区婴幼儿照护入户指导项目纳入“十四五”扶贫规划．健康中国观察，2020（6）．

[84] 王诗棋，李敏谊，李汪洋．贫困地区父母外出对儿童早期发展的影响及其作用机制．中国农业大学学报（社会科学版），2020（5）．

[85] 王文槿．美国的农村职业教育．中国职业技术教育，2005（3）．

[86] 王云峰，田一．北京市义务教育阶段学生语文、数学、英语学科学业水平的城乡差异研究（2006—2009 年）．教育科学研究，2012（7）．

[87] 邬志辉，秦玉友．中国农村教育发展报告（2019）．北京：北京师范大学出版社，2020.

[88] 吴晓英，朱德全．均衡与信息化：区域义务教育均衡发展的有效路径．教学与管理，2014（11）．
[89] 吴重涵，戚务念．留守儿童家庭结构中的亲代在位．华东师范大学学报（教育科学版），2020（6）．
[90] 肖正德．城镇化进程中乡村教师生存境遇与改善策略．中国教育学刊，2011（8）．
[91] 邢春冰，贾淑艳，李实．教育回报率的地区差异对其劳动力流动的影响 .2013.
[92] 杨海华，刘玉拴，赵础昊．教育财政分权对公共教育支出层级结构的影响及对策．地方财政研究，2022（5）．
[93] 杨洁，聂景春，安琪，等．推动儿童早期发展——从个体到社会．华东师范大学学报（教育科学版），2019（3）．
[94] 杨宁．动作和运动在儿童早期心理发展中的作用．体育学刊，2005（2）．
[95] 杨宁，任越境，罗丽红，等．过程性质量转向：城乡学前教育均衡发展的新着力点．中国教育学刊，2020（5）．
[96] 杨倩，谢作栩．规模扩张，城乡二元与高等教育机会变化——基于吉林省的实证调查．教育学术月刊，2017（1）．
[97] 杨润勇．中国农村教育发展报告 2010—2020. 北京：科学出版社，2021.
[98] 姚岩．党的十八大以来我国农村教育的改革与发展．中小学校长，2022（10）．
[99] 尤婧，汪三贵，孙凯．微观金融扶贫对“扶智”的政策效果，来源与作用机制——基于随机实地实验的因果推断．农业技术经济，2020（12）．
[100] 余群力．食品营养学．北京：中国农业大学出版社，2010.
[101] 袁玉芝，赵仪．学前教育对初中生认知能力的影响研究——基于 CEPS 数据的经验分析．教育科学研究，2019（11）．
[102] 张更立，阮成武．县域农村学前教育供给：现实困境与改进策略．教育发展研究，2015（24）．
[103] 张倩．中国学龄儿童营养健康状况及改善措施建议．中国学校卫生，2021（3）．
[104] 赵丹，范先佐，郭清扬．乡村小规模学校教育质量提升——基于集群发展视角．教育研究，2019（3）．
[105] 郑磊，翁秋怡，龚欣．学前教育与城乡初中学生的认知能力差距——基于 CEPS 数据的研究．社会学研究，2019（3）．
[106] 中国残疾人联合会．中国残疾儿童现状分析及对策研究 .2008.
[107] 中国发展研究基金会．脱贫地区儿童早期发展调查研究报告 .2020.
[108] 中国发展研究基金会．青海乐都“一村一园”项目评估报告 .2022.
[109] 中国发展研究基金会，中国儿童中心．中国母乳喂养影响因素调查报告 .2019.
[110] 中国发展研究基金会，中国儿童中心．脱贫地区儿童早期发展调查研究报告 .2021.
[111] 中国发展研究基金会，中国人民大学中国调查与数据中心．慧育中国：甘肃华池县项目终期评估报告 .2016.
[112] 中国发展研究基金会．中国儿童发展报告 2017. 北京：中国发展出版社，2017.
[113] 北京大学中国教育财政科学研究所．中国教育财政家庭调查（2017 年）. 2021.
[114] 中国科学院心理研究所国民心理健康评估发展中心．乡村儿童心理健康调查报告 .2021.
[115] 中华人民共和国国务院新闻办公室．人类减贫的中国实践 . 2021.
[116] 中华人民共和国教育部．国家中长期教育改革和发展规划纲要（2010—2020 年）. 2010.
[117] 国务院．国务院关于当前发展学前教育的若干意见 . 2010.
[118] 中华人民共和国教育部 . 2011 年全国教育事业发展统计公报 .2012.
[119] 中华人民共和国教育部 . 2018 年全国义务教育均衡发展督导评估工作报告 .2019.
[120] 中华人民共和国教育部发展规划司．中国教育统计年鉴 2020. 北京：中国统计出版社，2021.
[121] 周志男，雷海潮 .2010 年世界卫生报告综述．卫生经济研究，2011（2）．
[122] 朱成晨，闫广芬，朱德全．乡村建设与农村教育：职业教育精准扶贫融合模式与乡村振兴战略．华东师范大学学

报（教育科学版），2019（2）.

[123] 朱海涛 . 新城镇化背景下流动儿童义务教育入学困境与出路 . 教育与教学研究，2022（6）.

[124] 朱文辉 . 改革开放 40 年中国农村义务教育经费保障机制的回溯与前瞻 . 中国教育学刊，2018（12）.

[125] 宗晓华 . 城乡义务教育差距与共同富裕 . 教育经济评论，2022（3）.

[126] 邹培，雷明 . 教育帮扶：从脱贫攻坚到乡村振兴 . 首都师范大学学报（社会科学版），2022（19）.

[127] Bai, Yu, et al. "The Impact of Integrating ICT with Teaching: Evidence from a Randomized Controlled Trial in Rural Schools in China." Computers & Education, vol. 96, 2016.

[128] Becker, Gary S., and Nigel Tomes. "An Equilibrium Theory of the Distribution of Income and Intergenerational Mobility." Journal of Political Economy, vol. 87, no. 6, 1979.

[129] Beitchman, J H et al. "Long-term consistency in speech/language profiles: II. Behavioral, emotional, and social outcomes." Journal of the American Academy of Child and Adolescent Psychiatry, vol. 35, 1996.

[130] Black, Sandra, et al. "Why the Apple Doesn't Fall Far: Understanding Intergenerational Transmission of Human Capital." 2003.

[131] Bobonis, Gustavo J., et al. "Anemia and School Participation." Journal of Human Resources, XLI, no. 4, 2006.

[132] Brunello, Giorgio, and Martin Schlotter. "Non-Cognitive Skills and Personality Traits: Labour Market Relevance and Their Development in Education & Training Systems." SSRN, Institute of Labor Economics (IZA), 6 June. 2011.

[133] Burger, Kaspar. "How Does Early Childhood Care and Education Affect Cognitive Development? an International Review of the Effects of Early Interventions for Children from Different Social Backgrounds." Early Childhood Research Quarterly, vol. 25, no. 2, 2010.

[134] Cameron, Gary, and Nancy Freymond. "1. Understanding International Comparisons of Child Protection, Family Service, and Community Caring Systems of Child and Family Welfare." Towards Positive Systems of Child and Family Welfare, 2005.

[135] Camilli, Gregory, et al. "Meta-Analysis of the Effects of Early Education Interventions on Cognitive and Social Development." Teachers College Record: The Voice of Scholarship in Education, vol. 112, no. 3, 2010.

[136] Campbell, Frances A., et al. "Early Childhood Education: Young Adult Outcomes from the Abecedarian Project." Applied Developmental Science, vol. 6, no. 1, 2002.

[137] Campbell, Frances A., et al. "The Development of Cognitive and Academic Abilities: Growth Curves from an Early Childhood Educational Experiment." Developmental Psychology, vol. 37, no. 2, 2001.

[138] Chen, Kevin, et al. "Nutrition, Cognition, and Social Emotion among Preschoolers in Poor, Rural Areas of South Central China: Status and Correlates." MDPI, Multidisciplinary Digital Publishing Institute, 16 Apr. 2021.

[139] Cummings E, Kouros C. "Maternal depression and its relation to children's development and adjustment", Encyclopedia on early childhood development, vol.2, 2022.

[140] Cunha, Flavio, and James Heckman. "The Technology of Skill Formation." NBER, 19 Jan. 2007.

[141] De Benoist B, Cogswell M, Egli I, et al. "Worldwide Prevalence of Anaemia 1993-2005." World Health Organization, World Health Organization, 2008.

[142] Denham S A, Bassett H H, Zinsser K, et al, "How Preschoolers' Social - Emotional Learning Predicts Their Early School Success: Developing Theory - Promoting, Competency - Based Assessments", Infant and Child Development,

vol.23, No.4, 2014.

[143] Denton, Kristin, and Jerry West. "Children's Reading and Mathematics Achievement in Kindergarten and First Grade." PsycEXTRA Dataset, 2002.

[144] Duncan, Greg J., et al. "Early-Childhood Poverty and Adult Attainment, Behavior, and Health." Child Development, vol. 81, no. 1, 2010.

[145] Duncan, Greg J., et al. "Economic Deprivation and Early Childhood Development." Child Development, vol. 65, no. 2, 1994.

[146] Duncan, Greg J., et al. "How Much Does Childhood Poverty Affect the Life Chances of Children?" American Sociological Review, vol. 63, no. 3, 1998.

[147] Engle, Patrice L, et al. "Strategies to Avoid the Loss of Developmental Potential in More than 200 Million Children in the Developing World." The Lancet, Elsevier, 20 Jan. 2007.

[148] Feil E, Severson H, Walker H. "Identification of critical factors in the assessment of preschool behavior problems", Education and Treatment of Children, 1995.

[149] Gertler, Paul et al. "Labor Market Returns to an Early Childhood Stimulation Intervention in Jamaica." Science (New York, N.Y.), vol. 344, 2014.

[150] Gertler, Paul, et al. "Labor Market Returns to an Early Childhood Stimulation Intervention in Jamaica." Science, vol. 344, no. 6187, 2014.

[151] Gormley, William T., et al. "Preschool Programs Can Boost School Readiness." Science, vol. 320, no. 5884, 2008.

[152] Goswami, Usha, et al. "Children's Orthographic Representations and Linguistic Transparency: Nonsense Word Reading in English, French, and Spanish: Applied Psycholinguistics." Cambridge Core, Cambridge University Press, 28 Nov. 2008.

[153] Halfon, Neal, and Miles Hochstein. "Life Course Health Development: An Integrated Framework for Developing Health, Policy, and Research." Milbank Quarterly, vol. 80, no. 3, 2002.

[154] Heckman, J.J., et al. "Three Observations on Wages and Measured Cognitive Ability." Labour Economics, North-Holland, 17 Aug. 2001.

[155] Heckman, James J. "China's Human Capital Investment ." China Economic Review, 16. 2005.

[156] Heckman, James J. "Policies to Foster Human Capital." NBER, 1 Aug. 1999.

[157] Heckman, James, and Dimitriy Masterov. "The Productivity Argument for Investing in Young Children." 2007.

[158] Heckman, James, and Pedro Carneiro. "Human Capital Policy." NBER, 17 Feb. 2003.

[159] Heckman, James, et al. "The Impacts of a Prototypical Home Visiting Program on Child Skills." 2020.

[160] Heckman, James, et al. "Understanding the Mechanisms through Which an Influential Early Childhood Program Boosted Adult Outcomes." American Economic Review, 2013.

[161] Heckman, James, J., and Yona Rubinstein. "The Importance of Noncognitive Skills: Lessons from the GED Testing Program." American Economic Review, vol.9, no.2, 2001.

[162] Hopkins, Kenneth D., and Glenn H. Bracht. "Ten-Year Stability of Verbal and Nonverbal IQ Scores." American Educational Research Journal, 30 Nov. 1974.

[163] Horwitz F M, Heng C T, Quazi H A, "Finders, keepers? Attracting, motivating and retaining knowledge workers",

Human resource management journal, vol.13, no.4, 2003.

[164] Huo, Liyan, and Minyi Li. "Development and Pilot Application of an Integrated Support Model for Disadvantaged Young Children in Poor Rural China." International Journal of Child Care and Education Policy, vol. 6, no. 1, 2012.

[165] Iannotti, Lora L, et al. "Iron Supplementation in Early Childhood: Health Benefits and Risks." The American Journal of Clinical Nutrition, vol. 84, no. 6, 2006.

[166] Jansen, Duane G. "The Role of Vocational Education in Rural America. Information Series No. 328." ERIC, National Center Publications, Box F, National Center for Research in Vocational Education, 30 Nov. 1987.

[167] Kautz, Tim, et al. "Fostering and Measuring Skills." OECD ILibrary, OECD, 25 Nov. 2014,

[168] Knudsen, Eric I., et al. "Economic, Neurobiological and Behavioral Perspectives on Building America's Future Workforce." NBER, 12 June. 2006.

[169] Li, Minyi, et al. "A Critical Analysis of Education for Sustainability in Early Childhood Curriculum Documents in China and Norway." ECNU Review of Education, vol. 2, no. 4, 2019.

[170] Li, Wangyang, et al. "Double Jeopardy in Contemporary China: Intersecting the Socioeconomic Gradient and Geographic Context on Early Childhood Development." International Journal of Environmental Research and Public Health, vol. 17, no. 14, 2020.

[171] Liu, Taisheng, et al. "Vitamin D Deficiency and the Risk of Anemia: A Meta-Analysis of Observational Studies." Renal Failure, vol. 37, no. 6, 2015.

[172] Loyalka, Prashant Kumar, et al. "Pay by Design: Teacher Performance Pay Design and the Distribution of Student Achievement." SSRN Electronic Journal, 2016.

[173] Lozoff, Betsy, and Michael K. Georgieff. "Iron Deficiency and Brain Development." Seminars in Pediatric Neurology, vol. 13, no. 3, 2006.

[174] Luo, Renfu, et al. "Anaemia among Students of Rural China's Elementary Schools: Prevalence and Correlates in Ningxia and Qinghai's Poor Counties." Journal of Health, Population and Nutrition, vol. 29, no. 5, 2011.

[175] Luo, Renfu, et al. "Nutrition and Educational Performance in Rural China's Elementary Schools: Results of a Randomized Control Trial in Shaanxi Province." Economic Development and Cultural Change, vol. 60, no. 4, 2012.

[176] Luo, Renfu, et al. "Passive Parenting and Its Association with Early Child Development." Early Child Development and Care, 2019.

[177] McGuire, Shelley. "World Health Organization. Comprehensive Implementation Plan on Maternal, Infant, and Young Child Nutrition. Geneva, Switzerland, 2014." Advances in Nutrition, vol. 6, no. 1, 2015.

[178] Melhuish, E, et al. "A Review of Research on the Effects of Early Childhood Education and Care (ECEC) on Child Development." Curriculum Quality Analysis and Impact Review of European Early Childhood Education and Care, CARE - European Early Childhood Education and Care, 15 Sept. 2015.

[179] Newport, Elissa L. "Maturational Constraints on Language Learning." Cognitive Science, 1990.

[180] Nie, Jingchun, et al. "Seeing Is Believing: Experimental Evidence on the Impact of Eyeglasses on Academic Performance, Aspirations, and Dropout among Junior High School Students in Rural China." Economic Development and Cultural Change, vol. 68, no. 2, 2020.

[181] OECD, Engaging Young Children: Lessons from Research about Quality in Early Childhood Education and Care, Starting

Strong, OECD Publishing, Paris, 2018.

[182] Pears, Katherine C., et al. "Decreasing Risk Factors for Later Alcohol Use and Antisocial Behaviors in Children in Foster Care by Increasing Early Promotive Factors." Children and Youth Services Review, vol. 65, 2016.

[183] Republic of the Philippine, Department of Trade and Industry, "Great Women Project (GWP)", 2019.

[184] Reynolds, Arthur J., et al. "School-Based Early Childhood Education and Age-28 Well-Being: Effects by Timing, Dosage, and Subgroups." Science, vol. 333, no. 6040, 2011.

[185] Richter, Linda M, et al. "Investing in the Foundation of Sustainable Development: Pathways to Scale up for Early Childhood Development." The Lancet, vol. 389, no. 10064, 2017.

[186] Sabol, Terri J., and Robert C. Pianta. "Recent Trends in Research on Teacher - Child Relationships." Attachment & Human Development, vol. 14, no. 3, 2012.

[187] Schweinhart, Lawrence J. et al. "Lifetime Effects: The High/Scope Perry Preschool Study Through Age 40." 2005.

[188] Silva, Hudson Pacifico, et al. "Developing a Tool to Assess Responsibility in Health Innovation: Results from an International Delphi Study." Health Policy and Technology, vol. 7, no. 4, 2018.

[189] Sohr-Preston, Sara L., and Laura V. Scaramella. "Implications of Timing of Maternal Depressive Symptoms for Early Cognitive and Language Development." Clinical Child and Family Psychology Review, vol. 9, no. 1, 2006.

[190] Sylva, Kathy, and Edward Birkbeck Birkbeck. "Effective Pre-School and Primary Education Project 3-11 (Eppe 3-11)." OECD, 2006.

[191] Tette, Edem M., et al. "Factors Affecting Malnutrition in Children and the Uptake of Interventions to Prevent the Condition." BMC Pediatrics, vol. 15, no. 1, 2015.

[192] The Times of India, "Importance of Skilling and Re-skilling in Rural India". 2020.

[193] Thornton, Arland, and Donald Camburn. "The Influence of the Family on Premarital Sexual Attitudes and Behavior." Demography, vol. 24, no. 3, 1987.

[194] Walsemann, Katrina M., Arline T. Geronimus, Gilbert C. Gee. "Accumulating disadvantage over the life course: Evidence from a longitudinal study investigating the relationship between educational advantage in youth and health in middle-age." Research on Aging 30 (2).

[195] Wang, Chunchao, et al. "Teamwork and Human Capital Development." Journal of Human Resources, 2022.

[196] Wang, Lei, et al. "Are Infant/Toddler Developmental Delays a Problem across Rural China?" Journal of Comparative Economics, vol. 47, no. 2, 2019.

[197] Wang, Lei, et al. "Teacher Qualifications and Development Outcomes of Preschool Children in Rural China." Early Childhood Research Quarterly, vol. 53, 2020.

[198] Willson, Andrea E., et al. "Cumulative Advantage Processes as Mechanisms of Inequality in Life Course Health." American Journal of Sociology, vol. 112, no. 6, 2007.

[199] World Bank. "Early Childhood Development and Education in China: Breaking the Cycle of Poverty and Improving Future Competitiveness." Open Knowledge Repository, World Bank, Washington, DC, 2011.

[200] World Health Organization. "Nurturing Care for Early Childhood Development." World Health Organization, World Health Organization, 2018.

[201] Wu, Kin Bing. "Early Childhood Development and Education in China: Breaking the Cycle of Poverty and Improving

Future Competitiveness." World Bank, 2011.

[202] Wu, W. "Social Assimilation and Labor Market Outcomes of Migrants in China." SSRN Electronic Journal, 2019.

[203] Yi, Hongmei, et al. "Giving Kids A Head Start: The Impact and Mechanisms of Early Commitment of Financial Aid on Poor Students in Rural China." SSRN Electronic Journal, 2014.

[204] Yue, Ai, et al. "China's Invisible Crisis: Cognitive Delays among Rural Toddlers and the Absence of Modern Parenting." The China Journal, vol. 78, 2017.

[205] Yue, Ai, et al. "Do Infant Feeding Practices Differ between Grandmothers and Mothers in Rural China? Evidence from Rural Shaanxi Province." Family & Community Health, vol. 41, no. 4, 2018.

[206] Yue, Ai, et al. "Stimulation and Early Child Development in China: Caregiving at Arm's Length." Journal of Developmental & Behavioral Pediatrics, vol. 40, no. 6, 2019.

[207] Zhang, Siqi, et al. "Mental Health Issues among Caregivers of Young Children in Rural China: Prevalence, Risk Factors, and Links to Child Developmental Outcomes." International Journal of Environmental Research and Public Health, vol. 18, no. 1, 2020.

[208] Zhou, Huan, et al. "Impact of Text Message Reminders on Caregivers' Adherence to a Home Fortification Program against Child Anemia in Rural Western China: A Cluster-Randomized Controlled Trial." American Journal of Public Health, vol. 106, no. 7, 2016.

本书背景报告

背景报告名称	报告作者
农村地区 5 岁以下儿童营养健康发展背景报告	霍军生
农村学前教育的发展	李敏谊
中国农村义务教育发展中的问题和政策设计	王春超　王珧
农村中等职业教育的发展	李兴洲
农村儿童发展投入现状分析	韩凤芹　曹蕊　李丹　张宇暄
构建多主体共同参与的农村儿童保护体系	王振耀
农村婴幼儿家庭照护情况	杜智鑫　李雨童　郑云蔚
营养改善计划助力农村儿童健康发展	赵航　杜智鑫　常成